1781

Wolf von Lojewski

AMERIKA

Der Traum vom neuen Leben

Hoffmann und Campe

Die Deutsche Bibliothek – CIP-Einheitsaufnahme

Lojewski, Wolf von:
Amerika: Der Traum vom neuen Leben / Wolf von Lojewski. –
1. Aufl. – Hamburg: Hoffmann und Campe, 1991
ISBN 3-455-08423-0

Schutzumschlag- und Einbandgestaltung: Werner Rebhuhn
unter Verwendung eines Fotos von Stern Syndication
Gesetzt aus der Goudy Old Style Antiqua
Satz: Dörlemann-Satz, Lemförde
Druck und Bindung: Mohndruck, Gütersloh
Printed in Germany

Inhalt

Den Vereinigten Staaten

Amerika, du hast es besser
Als unser Kontinent, das alte,
Hast keine verfallene Schlösser
Und keine Basalte.
Dich stört nicht im Innern
Zu lebendiger Zeit
Unnützes Erinnern
Und vergeblicher Streit.

Benutzt die Gegenwart mit Glück!
Und wenn nur eure Kinder dichten,
Bewahre sie ein gut Geschick
Vor Ritter-, Räuber- und Gespenstergeschichten!

Johann Wolfgang von Goethe
Zahme Xenien 6

Träume, Licht und Schatten

Vorwort, erster Teil

Es ist so schwer, Amerikas Licht zu beschreiben. Später Nachmittag, der Himmel ist blau. Hart, grell, dennoch müde und schwer hat sich die Sonne über die Fassaden der Häuser gehängt, liegt sie auf Bäumen und Bergen, über der Öde auf dem Parkplatz eines Shopping Center, über dem Strand, dem Meer, über völlig verstopften Highways. Es ist ein Licht, das aus der Weite kommt und wieder unterwegs ist in die Unendlichkeit. Wahrscheinlich zieht der Strahl auf diesem weiten Weg auch durch die Seele des Betrachters und wird dort mit Hoffnungen, Erinnerungen, Enttäuschungen und Vorurteilen beladen, die anderswo nicht so aufdringlich sind. Denn ebenso scharf und intensiv schwarz sind die Flächen und Linien überall dort, wo Amerikas Licht nicht hinfällt. Wilde Schönheit neben wilden Scheußlichkeiten, in leuchtenden Farben Freiheit und Armut.

Der Traum, mein Traum, wiederholt sich so regelmäßig und so selbstverständlich, daß er mit dem wirklichen Amerika um mich herum zu einem Erlebnis zusammenfließt. Eine Situation und eine Landschaft, die immer wiederkehren. Ich gehe davon aus, es ist Kalifornien. Später Nachmittag, das müde strahlende Licht. Das Meer ist ganz nah. Ich kann es schon hören, spüren, riechen. Lange bleiben kann ich nie. Selbst im Traum verläßt den Menschen unserer Zeit nie die Gewißheit, daß alles Erleben hektisch ist. Das Flugzeug nach irgendwohin läßt zumindest dem Journalisten immer nur ein paar Stunden. Doch die – und sei es im Traum – will er haben und genießen.

Und dann, jedesmal, verschiebt sich die Kulisse. Immer noch Kalifornien, das so vertraute Licht. Auch das Meer ist noch da. Doch nicht näher, sondern ein Stück weiter entfernt. Hohe Häuser, verwirrende Highways haben sich vor die Küste geschoben. Das Wasser und der paradiesische Strand sind noch zu ahnen, aber zu sehen sind sie nicht mehr. Nur das Flugzeug, der Abschied, ist näher gerückt. Schwer zu sagen, woran die Sehnsucht nach dem kurzen Glück wieder einmal gescheitert ist.

Der Traum kommt immer wieder, in allen möglichen Variationen. Vieles ist wirr, nur eins ist sicher: Es ist Amerika.

Neun Jahre habe ich dort gelebt, in Raten zu einmal vier und einmal fünf. Das erste Mal waren Vietnam und Watergate die Themen des Amerika-Korrespondenten, eine Großmacht in Verwirrung. Jetzt ist es das Ende des Kalten Krieges gewesen, am fernen Golf ein militärischer Sieg. Nach zwei Jahrzehnten des Zweifelns an den eigenen Fähigkeiten wieder neues Selbstvertrauen. Und Hoffnung, daß der amerikanische Traum endlich Wirklichkeit wird. Was genau der Inhalt dieses Traumes ist, läßt sich nur vage beschreiben. Denn Träume sind nicht logisch, und nicht alle Menschen träumen exakt dasselbe.

Als Kolumbus vor nunmehr 500 Jahren Amerika entdeckte, war ihm selbst ja lange Zeit nicht klar, was er da eigentlich angerichtet hatte. Doch in den Jahrhunderten danach nährte der neuentdeckte Kontinent die Hoffnung und die Illusion, daß Gott den Menschen eine zweite Chance gegeben habe, mit dieser Welt doch noch etwas Sinnvolles anzufangen; all die Sünden und schlechten Gewohnheiten endlich abzustreifen, die das Leben im alten Europa so heillos und hoffnungslos erscheinen ließen.

Der Traum vom neuen Leben in Amerika – er ist bis heute die unerfüllte und dennoch nie ganz zu erschütternde Sehnsucht geblieben. Ein Traum für Menschen in aller Welt. Wo immer die Tyrannen ihr Volk unterdrücken, wo die Armut ohne Hoffnung ist, wie hell leuchten den Menschen dort die Sterne und Streifen der USA. Und geradezu zwanghaft ist diese hohe Erwartung, das Paradies zu sein, an Amerika selbst. In den Kirchen und auf den Fernsehschirmen der USA strahlen uns verzückte Gesichter entgegen. Tief gläubige Menschen, die sich leidenschaftlich und total in die Arme ihres Schöpfers werfen, die »neu geboren« werden. Einige schaffen den Anlauf zu Gott mehrmals im Jahr. Daß dasselbe Erlebnis eine Woche zuvor noch nicht die Erlösung war, schreckt sie nicht ab, immer und immer wieder neu geboren zu werden.

In jedem Wahlkampf, ob nun um das Amt eines Bürgermeisters oder eines Präsidenten, treten neue Talente mit der von keinem Zweifel getrübten Versprechung vor ihre Wähler, daß die Welt mit ihrer Wahl noch einmal von vorn beginnen werde. Eine Abkehr von der alten, bankrotten, moralisch völlig verlotterten Politik; die Hinwendung endlich zum unverfälschten Willen des Volkes; am Himmel leuchten Freiheit und Glück. Ein Glück, vor das sich – wie in einem frustrierenden, unerfüllten Traum – immer irgendein Hindernis geschoben hatte. Das Leuchten auf den Gesichtern gerade der jugendlichen Anhänger eines jeden Kandidaten läßt auch in der Politik alle vier Jahre mindestens einen Messias erahnen. Daß es am Ende dann doch nur ein Politiker war, kann die Begeisterungsfähigkeit beim nächsten Mal nicht dämpfen.

Jeder Gigant der Wirtschaft in seinem Streben nach der ersten oder dritten Milliarde ist zutiefst davon überzeugt, daß er endlich jene Barrieren durchbricht, die der Menschheit bisher den Zugang zum ewigen Glück versperrten. Und wenn am Ende nur verwüstete Landstriche oder die zerbrochenen Existenzen anderer stehen sollten, dann muß beim nächsten Anlauf die Glücksmaschine endlich doch den Gewinn auswerfen.

Wenn man Amerika und Deutschland vergleicht, ergeben sich Unterschiede in den Erwartungen und in den Dimensionen. So vieles ist nachdenklicher und auf den ersten Blick wohl auch langweiliger in der Alten Welt. In der Politik und in den Kirchen auf jeden Fall. Selbst die Träume sind verschämter und korrekter. Denn in Europa hat man schmerzvoll gelernt, damit zufrieden zu sein, wenn die Menschen ihren gröbsten Ehrgeiz zügeln. Der immer neue Anlauf zum Glück setzt eben auch zerstörerische Kräfte frei.

Sogar in Amerika – das ist mein fester Eindruck – gewinnt in den letzten Jahren die Einsicht an Boden, daß die einst wilde, üppig-weite Natur nicht mehr unbegrenzt zu erobern und wieder wegzuwerfen sei. Partiell ist das Streben nach gesunder Lebensweise und nach einem Schutz für bedrohte Tierarten und Pflanzen sogar intensiver und radikaler. Doch alles zusammengenommen, bleibt es der Auftrag an Amerika, größer und immer größer zu werden, Beschränkung und Bescheidenheit als unamerikanisch beiseite zu tun; aus allen Problemen herauszuwachsen, immer neue Energien freizusetzen durch Abenteuerlust an den

Börsen. Denn schließlich ist der amerikanische Schlüssel zum Paradies das Geld.

Aha, werden Sie sagen, hier ist er, der uralte Hochmut der Europäer! Mißtrauen ist angebracht, ob dieser Autor das Land auch wirklich begriffen hat nach all den Jahren in den USA oder ob er nicht nur seine Klischees und Vorurteile hegte und pflegte, unbelehrbar mit sich herumschleppte in all der Zeit. Der Faszination des frischeren, größeren Kontinents habe ich mich vom ersten Augenblick an nicht entziehen können. An seinen Schwächen habe ich mitgelitten – als wär's ein Stück von mir ... Amerika ist der Traum, den wir Europäer schon nicht mehr zu träumen wagen. Heute noch wie schon vor Hunderten von Jahren. Wir fürchten und bewundern diese Kultur jenseits des Ozeans, wir verachten sie, und wir beten sie an. Amerika ist für uns alle auf dieser Welt der heilige Hain und eben auch der Mülleimer unserer Träume.

Zum Auftakt ein Abschied

Vorwort, zweiter Teil

Im weißen Kittel ein deutscher Ingenieur. Er steht mir noch heute lebhaft vor der Seele. Es war, als ich schon einmal von Amerika Abschied genommen hatte, damals in den siebziger Jahren. Das Problem – technisch betrachtet – war dies: Vor uns auf dem Parkplatz des Hamburger Technischen Überwachungsvereins stand ein Automobil, ein Volkswagen, Baujahr 1972. Wie ich glaubte, ein ganz normaler Käfer. Ich hatte ihn in den USA gekauft und mit zurückgenommen in die deutsche Heimat. Mir war, als wenn der Käfer wie auch sein Fahrer nun heimkehren würden an die Stätten ihrer Geburt. Das war aber, wie sich nun herausstellen sollte, eine etwas simple Betrachtung.

Der VW-Käfer war wohl in Emden gebaut, doch zugeschnitten war er auf den amerikanischen Markt. Der Motor war stärker als die Antriebsmaschinen der sonst so völlig gleichen Automobile auf den europäischen Straßen. Die PS-Zahl ließ sich noch feststellen, um dem heimkehrenden Käfer einen deutschen Straßenpaß auszustellen. Aber die Phonzahl ... Wie laut war der Motor von Gang zu Gang bei soundsovielen Umdrehungen?

Da stand ich nun vor dem strengen Ingenieur wie jemand, der ein Auto selbst gebastelt hatte und die Obrigkeit mit dem Antrag überfiel, mit dieser neuartigen Erfindung die Sicherheit des deutschen Straßenverkehrs aufs Spiel zu setzen. Ich wurde zur Nachprüfung bestellt, einmal und zweimal. Der Hersteller, VW, wußte übrigens nichts zur Auflösung des Rätsels beizutragen. Es hatte wohl damals für den Export in die USA keine große Rolle gespielt, wie hoch die Phonzahl eines so kleinen Autos war. Der Käfer war ja auch nicht zu laut, doch im Zulassungsschein für ein Fahrzeug mit einem Verbrennungsmotor stand nun einmal die Rubrik »Phonzahl«, und dort mußte etwas Korrektes eingetragen werden.

Ich weiß nicht mehr, was am Ende die Lösung war. Um den Mann im weißen Kittel gnädig zu stimmen, habe ich mich mit ihm viel über Amerika unterhalten. Ich habe ihm schließlich sogar eins der Zulassungsschilder aus Washington vermacht, so als eine Art Anreiz, dem Käfer endlich die Hamburger Kennzeichen anzuschrauben. Nicht für sich erbat der Prüfer das Geschenk, wie er der Korrektheit halber betonte, es sei in der Dienststelle für den Gemeinschaftsraum. Wir haben uns im Verlauf so vieler Treffen natürlich auch über andere Themen unterhalten. Sein Amerika-Bild ist nicht sehr positiv gewesen, er hatte manches darüber in der Zeitung gelesen und im Fernsehen geschaut. Sein abschließendes Urteil lautete etwa so: »Die Amis sind doch wirklich zu blöde!« Ich stellte mir die bange Frage, ob der Mann nicht vielleicht einer Überdosis meiner Berichte ausgesetzt worden sei.

Er war in jenen ersten Wochen zurück in Deutschland nicht der erste, der mir das Herz erschwerte. Lieben, richtig lieben, lernt man wohl erst, wenn man Abschied nimmt. In Deutschland erschien mir plötzlich alles kompliziert, sehr grundsätzlich, die Menschheit schlecht gelaunt. War in Amerika meistens ich es gewesen, der jedem fröhlichen Handwerker und munteren Experten kritisch auf die Finger schaute, so war es nun plötzlich so, daß andere mir nicht ganz trauten. Wohin ich auch ging, ich packte es falsch an, drückte mich falsch aus, hatte die Unterlagen nie vollständig parat; die Zuständigkeiten und Richtlinien, überhaupt die gesamte Notwendigkeit des Verfahrens wurden von mir oft falsch eingeschätzt. Die elementaren Voraussetzungen eines korrekten Lebens wurden nur unter steter, strenger Ermahnung der Umwelt so gerade noch erfüllt.

Natürlich: Das Essen schmeckte plötzlich doch etwas besser, der Anzug war auf einmal gründlicher genäht, die Arbeit des Malers solider, die Gespräche tiefer, der Kaffee wieder mehr als nur braunes Wasser. Aber der Preis war eben höher, in Geld und in menschlichen Werten.

Der Beruf eines Journalisten ist wohl einer der schönsten und einer der seltsamsten unserer Zeit. Vier Jahre Amerika, sechs Jahre Deutschland, fünf Jahre England, dann wieder vier, bald sind es fünf Jahre Amerika. Hier eine Krise in Asien, dort in Afrika ein Krieg. Revolutionen, Hungerkatastrophen, das Gespräch mit dem Freiheitskämpfer, das Interview mit dem Diktator. Wie oft, bevor das Flugzeug überhaupt gelandet ist und bevor der herbeistürzende Chronist eine Chance hatte, zu sehen und zu erleben, sind die Satellitenübertragungen und Bildleitungen nach Deutschland schon gebucht. Manchmal, in den etwas ruhigeren Stunden, überfallen einen Zweifel, ob man denn auch ein eigenes Leben hat oder immer nur anderen zuschaut beim Leben.

Die Seelenlage eines solchen Herumtreibers zwischen den Kulturen hat, so glaube ich, kein Dichter und kein politischer Denker je treffender beschrieben als Freddy, ein

Sänger von der Waterkant. Immer wenn er in Hamburg und auf St. Pauli war, hatte er Heimweh nach dem Meer. Und war er auf dem Meer und in der Fremde, dann hatte er Heimweh nach St. Pauli. So geht es mir mit Amerika.

Ich möchte das, was ich auf der anderen Seite des Ozeans erlebte, hier einmal, aller Schwächen und Sünden bewußt, in sehr persönlichen Bildern erzählen, möchte da und dort auch mal verweilen, wo es nach einem strengen Maßstab der Zunft politisch und sozial nicht so bedeutsam wäre, und bitte um Nachsicht und Vergebung, wenn von den sonst immer erwähnten Namen und Daten mal etwas fehlt.

Zum Auftakt also ein Abschied. Es war im November 1974, nach meinen ersten vier Jahren in Amerika. Aus der Sicht eines Journalisten verließ ich das Land geordnet. Watergate, eine historische Krise, war abgeschlossen, Richard Nixon zurückgetreten. Das Bild auf der Titelseite der Washington Post, auf dem ihn seine Tochter Julie beim Abschiednehmen vom Weißen Haus weinend umarmt, hängt seitdem über jedem Arbeitsplatz, an den es mich verschlägt.

Mein Abschied damals von den Krisen und Sorgen, den Freunden und den Freiheiten der USA, er kam an einem sonnigen Nachmittag im Herbst. Die Lufthansa hatte alle Formalitäten schon erledigt, der Koffer war auf einem Fließband verschwunden. Ich stand draußen, vor dem Flughafengebäude, um einen letzten Blick auf Amerika zu werfen. Es war so recht ein typisches Fleckchen Amerika: ein gigantischer Parkplatz, Autos fast bis zum Horizont. Es roch nach Treibstoffen aller Art, Menschen sah man nur, sofern sie in oder aus Autos stiegen.

Es war der Himmel über alledem, dieses scharfgestochene, stahlige Blau, das sich zum Abschied noch einmal so tief in meine Seele kerbte, das mich festhielt und wehmütig stimmte. Natürlich, werden Skeptiker sagen, solche strahlenden Himmel, die gibt es doch überall, und auch in Amerika wird es schon hin und wieder regnen.

So stellt sich also wieder einmal die Frage, was den Zauber eines Bildes ausmacht. Irgend etwas war da mit diesem Himmel und diesem Licht, von dem ich glaubte, von dem ich wußte, daß ich es in Europa nicht finden würde. Vermessungstechnisch würde es wohl nicht aufklärbar sein. Jedenfalls nicht dort am Flughafen, vor einem Meer von geparkten Autos. Möglicherweise strahlte hier etwas von mir, von meinen Erlebnissen in jenen ersten vier Jahren auf das Objekt und wurde zurückgeworfen auf die Quelle. Irgendeine Dimension, ein Horizont fast unendlicher Weite. Das Gefühl, daß hinter diesem Parkplatz 4000 Kilometer eines Kontinents lagen, den ich kreuz und quer bereist und überflogen habe. Und überall war es formlos und einfach gewesen, meistens jedenfalls. Unkomplizierte Menschen, die einem auf Fragen unkomplizierte Antworten gaben. Freundschaften, die man auf Anhieb schloß und die sich ebenso schnell erschöpften, ganz einfach, weil man sich bald wieder aus den Augen verlor. Unmöglich war eigentlich selten etwas gewesen – vorausgesetzt, man hatte seine Kreditkarte dabei.

Und dann natürlich eine Kulisse, wie Europa sie schon seit tausend Jahren nicht mehr zu bieten hat. In einem Buch über frühe amerikanische Landschaftsmalerei habe ich einmal gelesen, daß die Schönheit der Gärten Englands, Frankreichs, Italiens oder Deutschlands eben eine Natur sei, die der Mensch geschaffen habe. Amerikas Landschaft aber, der wilde Zauber seiner Berge und Ströme, die Weite seiner Prärien und Wüsten, all das sei noch in seiner ganzen Urgewalt die Natur, der Garten Gottes.

Nun gut, das sind Gefühle bei einem Abschied; ein Teil ist Wirklichkeit, ein Teil ist Träumerei. Es wäre so schön, jenem Ingenieur, der mich in der Heimat mit seinen Richtlinien begrüßte, entgegenzuhalten: Sie irren sich, braver deutscher Mann! Amerika ist und bleibt das Glück, die Zukunft des Menschen, das Paradies! Irgend etwas hatte er schon richtig begriffen, auch wenn er mir so wenig gefiel in seiner Selbstgerechtigkeit. Und wie sollte er auch begreifen, daß da ein Deutscher vor ihm stand, der plötzlich tiefes Heimweh hatte. Heimweh nach Amerika.

Rising Sun Avenue

Den schönsten Blick auf die Stadt hat man vom Kunst-Museum aus. Das Philadelphia Museum of Arts ist ein gewaltiger griechischer Tempel, gelb die Giebel und gelb die Säulen, von denen sie auf ionischen und korinthischen Kapitellen getragen werden. Ausladend die Treppe zur Stadtseite hin, breit wie ein Wasserfall fließen die Stufen hinunter in den Fairmount Park. Dahinter glitzern nagelneu die Wolkenkratzer des Zentrums.

Philadelphia hat einen großen Namen in der Kunst. Und natürlich in der Politik, in der Geschichte. Hier wurde die Unabhängigkeit des jungen Staates ausgerufen, nachdem er sich von den Fesseln der britischen Kolonialmacht befreit hatte. Zehn Jahre lang, von 1790 bis 1800, ist die Stadt der »brüderlichen Liebe« die Hauptstadt der Vereinigten Staaten von Amerika gewesen. Der aus dem Griechischen entlehnte Name läßt erahnen, daß die ersten Siedler einst nicht irgendeine Ortschaft hatten bauen wollen, sondern etwas Großes, Ideales – einen Platz auf dieser Erde, auf dem die Menschen ihre guten Vorsätze und noblen Ideale endlich in die Tat umsetzen könnten.

Klar gegen den stahlblauen Himmel abgehoben das Rathaus, der Turm mit dem Begründer der Stadt auf seiner

Spitze. Eigentlich hatte das bronzene Bild William Penns ja auf alle Zeiten die höchste Erhebung seiner Traumschöpfung bleiben sollen. Aber das haben die »Developers«, die Entwickler, Stadtplaner und Baugiganten schließlich doch nicht länger dulden können. Sechs Türme überragen heute das alte Stadthaus aus Granit und Marmor und lassen William Penn recht klein erscheinen.

Downtown, das erste Mal im Zentrum einer großen amerikanischen Stadt zu stehen ist eins jener Urerlebnisse im Leben eines jeden Menschen, als stünde man das erste Mal am Ufer des Meeres, vor einer Wüste oder im Gebirge. Man schaut aus einer tiefen Schlucht nach oben und sieht an gewaltigen, mal tiefdunklen, mal spiegelglitzernden Flächen entlang ein kleines Stückchen Himmel. Ziehen die Wolken dort oben vorbei, oder drehen sich die Türme? Es flimmert vor den Augen, wenn man versucht, die Stockwerke zu zählen.

Wenn man einmal von New York absieht, das ja in der Entwicklung einer solchen Wolkenkratzerkultur der Vorreiter war, Millionen dicht gedrängt und hektisch, aber eine Stadt, die lebt im bunten Wirbel von Geschäften, dann erscheinen einem so viele der anderen amerikanischen Metropolen, der nachgemachten New Yorks, auf eine seltsame Weise tot. Philadelphia ist da noch eine der nicht ganz so kalten Kulissen. Aber die Türme, die aus der Weite und im Blick nach oben so eindrucksvoll sind, stoßen aus der Nähe, unten, an ihrem Sockel, mit der Nüchternheit und Strenge ihrer gläsernen Flächen und Marmorquader das menschliche Leben geradezu ab. Selten mal ein Schaufenster, das zum Stehenbleiben ermuntert, keine offene, einladende Tür, die innen und außen verbindet. Viele Fußgänger sieht man nicht auf den Straßen, der Raum zwischen den Schluchten ist keine Bühne, kein Treffpunkt, kein Miteinander. In amerikanischen Innenstädten herumzustehen, arglos vor sich hinzubummeln ist aus vielerlei Gründen kein behagliches, kein empfehlenswertes Konzept. In den Türmen stapeln sich die Büros in fünfzig, sechzig Lagen übereinander, man bewegt sich im Auto von Tiefgarage zu Tiefgarage über verstopfte Straßen – wie sicher eines Tages in der Zukunft von Raumstation zu Raumstation. Hin und wieder in den unteren Geschossen eines der Kolosse eine Shopping Gallery, ein nach innen verlegter Lebensraum, in dem sich die Menschen in temperierter Luft und bei stetig vom Band eingespielter Musik moderner, hygienischer und sicherer fühlen als draußen in der Außenwelt.

Aus Washington hierhergelockt in die Stadt der brüderlichen Liebe hat mich ein kleines rotbraunes Buch. Im verwaschenen Einband 73 Seiten, herausgegeben 1880 und gedruckt in Deutsch bei Kohler in der Archstraße von Philadelphia. Der Verfasser nennt sich »Der Alte vom Berge«, L. A. Wollenweber. In einstmals goldenen Lettern ist der Titel in das rotbraune Leinen gepreßt: »Die beiden ersten deutschen Ansiedler in Pennsylvanien«.

Der Stil des Buches ist dem Zeitgeschmack entsprechend lieblich. Die beiden Helden hießen Joseph Plattenbach und Heinrich Frey. Sie waren Seeleute und im Hafen von Rotterdam gestrandet – vor gut 300 Jahren, anno 1680. Ein gutherziger Bäckermeister brachte die beiden schon ziemlich heruntergekommenen Deutschen aus Heilbronn und Bruchsal mit dem Kapitän des Dreimasters »Markus« zusammen, der sich wieder einmal zur Reise nach Amerika rüstete – an die Mündung des Delaware-Flusses.

Die beiden jungen Deutschen hatten schon viel von jenem William Penn gehört, dem der englische König Hunderte von Quadratmeilen Land in der Neuen Welt überlassen hatte und dessen Werber nun quer durch Europa zogen, um Siedler zu gewinnen für das Land Pennsylvanien und für eine noch zu gründende Stadt der Bruderliebe: »Philadelphia«. Die Überfahrt hat 88 Tage gedauert. Viele derer, die damals in engen, überladenen Segelschiffen das Abenteuer dieser Reise auf sich nahmen, taten es als eine Art Test ihrer Berufung durch ein höheres Schicksal. Im durch Kriege, Hungersnot und fürstliche Willkür verdunkelten Europa erwartete sie ohnehin nicht viel, und sie nahmen ihr Leben als Einsatz in einer Art Lotterie: Falls sie krank würden und sterben sollten während der langen Überfahrt oder das Schiff unterginge, dann sollte es der Wille Gottes sein; falls sie aber heil ankämen drüben in der Neuen Welt, dann war dies das Zeichen, daß Gott noch Besonderes mit ihnen vorhatte.

Es ist ein seltsames Gefühl, mehr als 300 Jahre später am Ziel so vieler Träume zwischen Wolkenkratzern zu sitzen und in einem verspeckten Büchlein zu blättern, das einem als Führer dienen soll – durch das Philadelphia von heute und die leuchtende Vision von einst. Der Endpunkt der Expedition – und er war im Stadtplan der Zwei-Millionen-Metropole verblüffend schnell gefunden – ist eine Gegend, die den beiden Einwanderern damals schon nach dem ersten Winter Heimat werden sollte, ein Stück wunderschönes Land, das ihnen Indianer nach dem ersten Jahr des friedlichen und für beiden Seiten nutzbaren Zusammenlebens schenkten. Der Name war es, der mich anzog, ihren Spuren nachzugehen: »Rising Sun«, Land der aufgehenden Sonne.

Es lag in einem großen Urwald, so wie der Alte vom Berge es beschreibt. Vom Delaware aus, an dem Siedler ihre ersten provisorischen Lager aufgeschlagen hatten, zog man in Richtung Norden. Es gab keine breiten Wege dorthin, nur Indianerpfade. Man erzählte sich von Bären, Wölfen, Schlangen, sogar Panthern, die unter dem grünen Dach gewaltiger Bäume herumstreifen sollten. Doch die Indianer versicherten ihren neuen Freunden, daß all die wilden Tiere die Nähe der Menschen scheuten. Auf einer Lichtung eine Quelle: »Prachtvoll gefiederte Vögel überall«, so schildert es der Chronist, der sich in seiner Begeisterung für diese wilde, unberührte Natur auf noch ältere Bücher beruft, auf Chroniken in einer stark von Deutschen besiedelten Gegend, auf die Nachfahren der Freys, von denen auch 1880 noch viele in und um Philadelphia gelebt haben sollen.

Die Freundschaft zu den Indianern ist etwas ungewöhnlich nach allem, was uns die Geschichte über Amerikas Ureinwohner und ihr späteres Schicksal erzählt, über immer und immer neue besiegelte und dann gebrochene Versprechen im Umgang mit den Eindringlingen aus Europa. Doch Pennsylvania, das Waldreich William Penns, muß wohl damals, im 17. Jahrhundert, die noble Ausnahme gewesen sein.

Es wird unseren Streifzug nun hoffentlich nicht allzusehr in Verwirrung bringen – ein Besuch im heutigen Philadelphia, ein altes Buch, die ersten deutschen Siedler –, wenn ich Ihnen so etwa auf halber Strecke zum Ziel, zum Land der aufgehenden Sonne, vom Leben des William Penn erzähle. Seine Geschichte ist einer der klassischen Träume vom neuen Leben in Amerika. Nicht alle suchten dort Wohlstand und irdisches Glück, viele sehnten sich danach, in der noch unberührten Natur die Welt und ihre Sünden zu überwinden. Sie suchten Gottes direkte, besondere Aufmerksamkeit – wie sie in biblischen Zeiten Israel zugefallen war, dem auserwählten Volk.

William Penn also hatte diese gigantischen Ländereien vom englischen König übertragen bekommen. Von Philadelphia aus so etwa über den Daumen gepeilt 500 Kilometer nach Westen und 200 Kilometer nach Norden. Derartige Ländereien entsprachen im alten Europa mehreren Fürstentümern und übertreffen auch heute die Fläche der meisten europäischen Staaten. Die Indianer, die Leni Lenaps, die das Land am Delaware bewohnten, hatte Charles II. natürlich nie befragt. Sie ahnten nichts davon, daß fern auf einem anderen Kontinent ihre Jagdgründe und Wälder verhökert wurden. Penn erließ dem König im Tausch für das Land 16 000 Pfund Sterling, die sein verstorbener Vater der Krone einst geliehen hatte. Der neue Eigentümer selbst hat Amerika übrigens nur zweimal besucht, hat nur kurze Zeit in dem nach ihm benannten Staat gelebt. Die meisten Angelegenheiten seines Reiches regelte er bei Hofe und vor Gerichten in London viel wirkungsvoller als vor Ort, in der Wildnis am Delaware.

Also, ein kurzer Lebenslauf des bemerkenswerten Mannes. Geboren in London 1644, der Vater Admiral. Diesen Vater sah er kaum, der war stets unterwegs, Seeschlachten zu schlagen. Bis schließlich der Admiral – der kleine William war nun zwölf – in der Karibik eine größere Schlacht verlor. Man warf ihn in den Tower von London. Danach zog die Familie nach Irland, und William begann schon in jungen Jahren, religiösen Eifer zu entwickeln. Als er auf Wunsch des Vaters mit sechzehn das Studium der Rechte in Oxford aufnahm, lagen seine Interessen schon außerhalb dieser Welt, war ihm die Anglikanische Kirche nicht mehr fromm, nicht entschlossen, nicht radikal genug.

Der Puritanismus ist eine besondere englische Spezialität, ein Eifer, der das Leben, die Politik und die Kultur bis heute prägt. Spötter behaupten, daß das Gebot: »Thou shall not have fun!«, also: »Alles, was Spaß macht, ist Sünde!« vor allem die britische Küche so nachhaltig geprägt hat. Auf anderen Gebieten hat sich der heilige Zorn gegen die Freude am Leben glücklicherweise gelegt. Das 16. und 17. Jahrhundert sind auf der Insel zwischen Nordsee und Atlantik der Höhepunkt zahlreicher Glaubenskriege gewesen. Martin Luther und viele der anderen Reformatoren waren den englischen Puritanern nicht konsequent und nicht streng genug, die Kirche von allem Prunk und allen Überresten des Katholizismus zu reinigen. Sie wollten, daß die Bibel nicht nur Grundlage einer Religion, also die Predigt höherer Wahrheiten sein sollte, sondern Wort für Wort auf dieser Welt Gesetz.

Der junge William Penn schloß sich den Quäkern an, saß viermal seines religiösen Eifers wegen im Gefängnis, ein flammender Advokat für einen Glauben, der die Welt und ihre Fehler überwindet. Er verfaßte eine kämpferische Schrift nach der anderen, war selbst in Quäkerkreisen seiner radikalen Haltung wegen umstritten und zählte dennoch den König und führende Politiker seiner Zeit zu seinem Freundes- und Bekanntenkreis. In England konnte er sein Gottesreich nicht verwirklichen, und so sah er für sich und für andere mit festem Glauben in Amerika die große, neue Chance, sich als die Erwählten Gottes zu beweisen. Als Gegenwert für die 16 000 Pfund, die er der Krone erließ, sprach der König ihm jenseits des Ozeans seine gigantischen Besitzungen mit geradezu unbegrenzten Hoheitsrechten zu. Es soll sogar eine Idee des Königs gewesen sein, das Gebiet, das jener zweite Charles ja nur auf der Landkarte kannte,

Pennsylvania zu nennen – William Penns Reich in den Wäldern. Das geschah 1681.

Heinrich Frey und Joseph Plattenbach, die beiden Deutschen, waren schon zwei Jahre vor ihrem Landherrn und Obersten Gouverneur am Delaware eingetroffen. Sie hatten Indianern Äxte und Gewehre geschenkt und ihnen gezeigt, wie man sie benutzt. Besonders einer vom Stamme der Leni Lenaps fühlte sich zu den Weißen hingezogen, »Sanfter Wolf«, der später Häuptling wurde. Seine neuen Freunde nannten ihn Joseph. Und Joseph schenkte ihnen »Rising Sun«, das Land der aufgehenden Sonne.

Die Freys und die Plattenbachs sind übrigens in ihrer neuen Heimat glücklicher geworden als William Penn, der Moses seines heiligen Experiments in Amerika. Aus dem leidenschaftlichen Quäker war ein ziemlich liberaler Landesherr geworden, der auch andere Glaubensrichtungen als seine eigenen tolerierte. Die Ammoniten, die »Amish People«, haben zum Beispiel in Pennsylvania Fuß gefaßt und leben dort noch heute von allem Modernen zurückgezogen wie im 17. Jahrhundert. Den Indianern kaufte Penn das vom König erworbene Land noch einmal ab. Für allerlei Praktisches und allerlei Glitzerkram aus dem fernen Europa. Sein Traum vom neuen Gottesreich Pennsylvania zerrieb sich aber zwischen den Erwartungen der Siedler, den Härten des Alltags und den Schwächen der Menschen sowie den Forderungen der Krone im fernen London. So uneingeschränkt, wie König Charles dem frommen Mann die Macht auf Erden versprochen hatte, war der Freiraum schließlich nicht. Die Krone forderte auch von den Quäkern Waffendienst, den diese verweigerten. Enttäuscht vom Lebenswandel seines Sohnes und von der Unehrlichkeit seiner Verwalter nahm Penn 1702 Verhandlungen auf, die

Kolonie in Amerika wieder zu verkaufen. Der Mann, der heute auf dem Rathausturm von Philadelphia verewigt ist, starb nach langer Krankheit im Jahre 1718 in London.

Das Rathaus, William Penns Standbild im Rücken, das kleine, rotbraune Buch, den Stadtplan in der Hand, Philadelphia 1991, ein deutscher Tourist auf der Suche nach der Zukunft von gestern. Die Broad Street schnurgerade nach Norden, und dann irgendwo auf dem Wege nach Germantown muß eine Avenue die Breite Straße kreuzen. Sie trägt noch heute den Namen »Rising Sun«.

Also, eine liebliche Idylle hatte ich ja nicht erwartet. Keine Bären, keine bunten Vögel und keinen Wasserfall. Es würde wohl, so hatte ich es mir vorgestellt, eine jener amerikanischen Ausfallstraßen sein. Ein Wald bunter Reklameschilder, mal eine Tankstelle, mal ein Pizza-Restaurant, mal ein Hamburger-Schnellimbiß. Mal eine Reihe kleiner Häuser, dann ein Shopping Center mit riesigem Parkplatz, mal ein hochmodernes Bürogebäude, eine Kirche vielleicht, die bunten Girlanden eines Gebrauchtwagenhändlers. Eine Gegend also alles in allem, wo man auch einmal anhalten und über den Hamburger-Tresen fragen könnte, ob es noch Freys und Plattenbachs gebe an der Straße der aufgehenden Sonne. Ein paar Deutsche vielleicht? Irgend etwas, das zur Stimmung und zu den Geschichten aus einem alten, rotbraunen Büchlein paßt ...

Schon zwei Kreuzungen hinter dem Rathaus wird die Gegend etwas rauh und etwas ärmlich. Man wundert sich, warum sie eigentlich Wolkenkratzer bauen, wozu in kühnen Konstruktionen in die Höhe, wenn doch schon zwei Straßen weiter die ersten leeren Grundstücke zu haben sind, wenn die Landpreise – anders als einst in New York – ja wohl für Baugiganten erschwinglich sein dürften. Die ersten Hausruinen an der Straße nach Norden, die ersten zugenagelten Fenster, Menschen, die auf Treppen sitzen. An der Temple University wird die rechte Seite der Broad Street noch einmal freundlich und lebendig. Doch auf der anderen Seite der breiten Straße nehmen die mit Brettern vernagelten Fenster zu. Reihenhäuser mit aufgebrochenen Türen, die Wände mit Graffiti beschmiert ... Da und dort schaut ein Gesicht durch die zerbrochene Scheibe. In einem der Häuser hat es offensichtlich gebrannt. Dennoch: Auch aus verkohlten Fensterrahmen schauen dich Menschen an.

Dann plötzlich rechts das so lange gesuchte Straßenschild. Hier also ist sie, die »Rising Sun Avenue«! Sie ist eine jener städtischen Kulissen, in denen der einsame Fremde besser sein Auto von innen verriegelt, wo er vorsichtshalber an jeder Ampel nach links und rechts und vorn und hinten schaut – jederzeit bereit, auch bei Rot durchzustarten, wenn Menschen, die er nicht kennt und denen er nicht traut, dem Fahrzeug zu nahe kommen. Es mag ein Vorurteil sein, eine amerikanische Hysterie, in Gegenden wie dieser in jedem schwarzen Jugendlichen, der allein oder in der Gruppe an der Straßenecke steht, den Drogenhändler zu vermuten.

Zwischen der Achten und der Neunten Straße ist die »Rising Sun Avenue« eine besonders gruselige Landschaft. Eine vernagelte, längst geschlossene Bar, eine pleite gegangene Pizzeria, jemand hat einen riesigen Haufen aus alten Autoreifen bis an den Rand der Straße gestapelt. Ein Haus bewohnt, das nächste wieder von seinen Bewohnern aufgegeben. Man sieht tatsächlich nur junge Männer auf der Straße, die es nicht eilig haben. Das Ehepaar, die ältere Dame, der Briefträger – sie zeigen sich nicht. Das Trübsinnige und Bedrohliche an einer solchen Kulisse ist, daß man

Straße um Straße um Straße immer tiefer in die Hoffnungslosigkeit fährt. Wie soll jemand, der hier wohnt oder irgendwie existiert, wieder Anschluß an das normale, das menschenwürdige Leben finden? Die Verbindung zu Menschen, denen es besser geht, ist völlig abgerissen. Armut in Amerika ist so schwer mit Armut in Europa zu vergleichen. Sie ist keine versteckte und keine verschämte Armut, sie ist so schroff, so radikal, so offen und so ausgegrenzt in den für das Elend abgesteckten Reservaten.

Es mag ein zynischer, es mag ein zorniger Gedanke gewesen sein, der mir in dieser Elendsgegend mit dem poetischen Namen durch die Seele ging. Die Idee, sie würde nichts lösen und niemand glücklich machen. Was wäre, wenn man den Indianern ihr Land nach 300 Jahren wieder zurückgeben würde, das sie den deutschen Pionieren einmal schenkten? Sie würden es wohl nicht wiederhaben wollen. So gründlich hat der Traum der Europäer das Land der aufgehenden Sonne zerstört.

Cinderella

Es war im Zimmer 326 in einem schäbigen Washingtoner Motel an der New York Avenue. Robert Gaines saß auf einem der beiden Betten und spielte mit den Kindern. Nicky, damals vier, und Robbin, sechs Jahre alt, quietschten vor Vergnügen, zupften den Vater an der Nase und an den Ohren, während Valerie, die Mutter, in einem Haufen Kleider kramte. Es war früher Abend an einem Wintertag, am 19. Januar 1989.

Der Fernsehapparat lief stundenlang, wie in fast allen Hotelzimmern und Wohnungen in den USA – ganz gleich, ob einer hinsieht oder nicht. Und plötzlich sagte Robert Gaines zu seinen Töchtern: »Schaut mal, wer ist das?« Robbin, die ältere, hatte das weiße schmale Gesicht wohl schon irgendwo mal gesehen, und Nicky, die Jüngere, sagte: »That's our new President!« Robert hatte seinen Töchtern die Geschichte ja schon oft erzählt, aber da George Bush, der neue Präsident der USA, nun gerade wieder einmal über den Fernsehschirm strahlte, konnte er der Versuchung nicht widerstehen, sie noch einmal zu wiederholen: »Mom and Daddy are gonna meet the President tomorrow night. Anything you want us to tell him?« Nicky hatte eine Botschaft an den neuen Präsidenten, wenn ihre Eltern ihn nun also am

Abend darauf treffen würden: »Ich will mein eigenes Telephon!« Für sie war der Präsident der USA eben so eine Art Weihnachtsmann.

Die Geschichte der Familie Gaines hat in jenen Tagen die Gemüter der Amerikaner bewegt. So sehr, daß nicht nur die großen Zeitungen des Landes ihre Bilder auf der ersten Seite druckten. Fernsehteams, selbst das Deutsche Fernsehen, saßen nun auf der Bettkante im Zimmer 326, um sich die Umstände, die besonderen Merkwürdigkeiten des Falls, immer und immer wieder erzählen zu lassen. Denn das Motel in Sichtweite des Kapitols, das »Capitol Inn«, war ein Obdachlosenasyl. So etwa 250 Erwachsene und über 300 Kinder, alles in allem 194 Familien, waren hier untergebracht, um sie in der Strenge des Winters vom Leben auf offener Straße zu bewahren. Die 55 Dollar pro Nacht und Raum zahlte die Stadt.

Dies allein ist natürlich für die Medien, die immer vom Außergewöhnlichen angezogen werden, keine Sensation. Mindestens 10 000 Menschen in der amerikanischen Hauptstadt haben kein Dach über dem Kopf, die meisten schlafen sogar im Freien. Die Familie Gaines zählte also damals, im Januar 1989, noch zu den Glücklichen dieser sozialen Gruppe. Das Ausgefallene, Einmalige, geradezu Verrückte war, daß Robert und Valerie Gaines aus dem Obdachlosenasyl eine Einladung, eine Ehrenkarte zu einem Festball bekommen hatten, einem Ball aus Anlaß der Amtseinführung eines Präsidenten: »Zu Ehren von George und Barbara Bush« stand auf der vornehm-schlichten Karte. »Um Antwort wird gebeten ... Die Herren im Smoking, die Damen im langen Kleid ...« Freunde, die Zugang zu diesen Karten haben, hatten in einem Anfall reformerischer Ideen Robert und Valerie mit auf die Liste gesetzt.

Als die ausgefallene Geschichte zum erstenmal in der Zeitung stand, floß der armen, wohnungslosen Familie sofort ein Strom des Wohlwollens entgegen. Menschen, Firmen und Organisationen entdeckten plötzlich ihr Herz und überschlugen sich zu helfen. Ein Kaufhaus kleidete alle vier erst einmal neu ein; Anrufer stellten neuen Wohnraum in Aussicht; mehrere Firmen stritten sich darum, die Möbel beisteuern zu können. Robin Weir, der Hairstylist der Präsidentengattin Nancy Reagan, bot sich an, Valerie Gaines vor dem Fest kostenlos das Haar zu richten. Ein Kostümverleiher war spontan bereit, in seinen Beständen nach einem Ballkleid für Valerie zu suchen. Roberts Smoking für eine rauschende Nacht stifteten so exotische Leute wie das Deutsche Fernsehen. Die »Washington Post« zeigte sich nicht kleinlich, das Fernseh-Network CBS bestellte eine riesige schwarze Limousine mit Fahrer, um diese so besonderen Gäste vom Obdachlosenasyl zum Festball und vom Ball zurück zum Obdachlosenasyl zu chauffieren.

Am Abend vor dem großen Fest saß ein glücklicher Vater in jenem muffigen, engen und heruntergekommenen Zimmer auf dem Bett und erzählte seinen Töchtern: »Wir haben viel gemeinsam, die Familie Bush und die Familie Gaines. Für beide fängt morgen ein neues Leben an!«

George Bush, der Punkt 12 Uhr mittags am folgenden Tag den Eid als 41. Präsident der Vereinigten Staaten ablegte, hat in seiner ersten Ansprache an die Nation auch von den Obdachlosen gesprochen. Er nannte es die »Schande Amerikas«, daß in den großen Städten der USA so viele Menschen des nachts durch die Straßen irren, unter Brücken, in Zelten, neben Mülltonnen und auf den Bürgersteigen schlafen, daß Familien, daß Kinder in einem so reichen Land in einem Elend leben, wie es sonst nur Menschen in Afrika, in Asien oder in den Slums lateinamerikanischer Millionenstädte zu ertragen haben. Viele Kommentatoren haben daraufhin geschrieben, man habe es dem neuen Präsidenten angemerkt, daß er ein soziales Gewissen habe. Einige verglichen ihn sofort mit einem Demokraten im Präsidentenamt, mit Jimmy Carter. Nicht mit seinem unmittelbaren Vorgänger Ronald Reagan, dem Republikaner, seinem Parteifreund, dessen Vizepräsident er acht Jahre lang gewesen war. Doch in der Praxis, in seiner zu Ende gehenden ersten Amtstzeit, hat George Bush nicht viel zur Tilgung dieser Schande seines Landes getan. Statistiker weisen sogar darauf hin, die Obdachlosigkeit habe eher noch zugenommen.

Allerdings – in ihren positiven wie in ihren negativen Trends – traue ich der Wissenschaft nur noch bedingt, seit ich eines Nachts mit den Volkszählern durch das nächtliche Washington zog. Es war das Gebot ausgegangen, daß ein jedermann sich schätzen ließe, und nun wollten die Behörden mit ihren Fragebogen auch die Obdachlosen statistisch erfassen. Da lagen sie neben ihren Plastiktüten auf den Belüftungsschächten der U-Bahn, in den Eingängen von Banken und Bürogebäuden, auf Hinterhöfen, die jemand, dem es gutgeht, niemals suchen und erst recht nie finden würde. Selbst vor der Tür unseres Studios im hübschen Washingtoner Stadtteil Georgetown schlafen Nacht für Nacht ganze Gruppen. Ich habe den Eindruck, daß es immer wieder andere Menschen sind und daß es geradezu albern gewesen wäre, hätte in jener statistisch erheblichen Nacht auch nur einer ernsthaft den Fragebogen ausgefüllt, den ihm der Zähler unter die Nase hielt: »Sind Sie Mieter oder Eigentümer? Welche ist – von Ihrem Wohnsitz aus – die nächste größere Straßenkreuzung?«

Warum ausgerechnet in Amerika? Sind Elend und extremer Reichtum die ganz natürlichen Symptome der Freiheit? Das Beispiel der Familie Gaines, ihr »altes Leben«, ist eine klassische amerikanische Geschichte. Sie kamen beide aus South Carolina, einem Staat im tiefen Süden der USA, aus dem es schwarze Amerikaner seit den Tagen des großen Bürgerkrieges so unwiderstehlich nach Norden zieht. Viele warnen die jungen Schwarzen vor dem Elend und der Kriminalität, vor der hohen Arbeitslosigkeit und der sozialen Kälte in den alten, krisengeplagten Industrieregionen, aus denen im Bürgerkrieg die Befreier kamen. Sie sehen die Berichte vom Verfall und vom Aufruhr in den schwarzen Ghettos ja täglich in den Nachrichten des Fernsehens. Aber abhalten kann sie das nicht, im Norden nach dem Glück zu suchen.

Die Gaines heirateten, als er 24 und sie 21 Jahre alt war. Auf Umwegen erreichten sie schließlich Washington. Valerie fand eine Stellung als Sekretärin, Robert wurde Vermessungstechniker bei der Stadt. Als sieben Jahre später zunächst Robbin und dann Nicky geboren wurden, hatte jede der Töchter ihr eigenes Zimmer in einem Apartment in der Q-Street im angenehmen Washingtoner Stadtviertel Nordwesten. Photos aus jenen Tagen zeigen eine stolze, glückliche Familie, die Valeries Mutter ins Städtchen Sumter nach South Carolina schrieb: »We've got it made! Wir haben's geschafft!«

Das Unheil schlug zu, als Robert sich im November 1987 bei der Arbeit am Rücken und am Knie verletzte. Er stürzte vom Gerüst. Es hätte schon früher passieren können, so erschien es ihm, die Sicherheitsvorkehrungen seien sträflich vernachlässigt worden. Er hat seinen Arbeitgeber verklagt, was – wie er später einsah – ein schwerer Fehler war. Sie haben ihn sofort entlassen. Wie das Unglück es will: Ein paar Wochen darauf war auch Valerie ohne Arbeit.

Eine Weile konnten sie sich noch mit Erspartem über Wasser halten, dann blieben sie zum erstenmal die Miete schuldig. Der Hauswirt hatte es zunächst schwer, die Familie aus der Wohnung zu klagen. Vor allem die Zwangsvollstrekkung war schwierig, solange immer jemand in der Wohnung war und sich weigerte, die Tür zu öffnen. Das sind so Feinheiten des Vollstreckungsrechts in Washington, dem District of Columbia. Doch eines Tages war Robert beim Arzt, Valerie wollte schnell etwas vom Kaufmann holen, die Kinder waren bei einer Nachbarin. Als sie wiederkam, standen die Möbel auf der Straße. Das heißt: Nur ein paar Reste standen noch dort. Alles, was halbwegs brauchbar war von dem, was der Gerichtsvollzieher einfach aus der Wohnung auf den Bürgersteig tragen ließ, war inzwischen schon gestohlen. »Obdachlosigkeit«, so erinnerte sich Valerie, »kam zu uns von einer Sekunde auf die nächste. Du hast zwar im Augenblick keine Arbeit, aber du hast doch noch deine Möbel und deine feste Adresse, und plötzlich besitzt du nur noch das, was du am Körper trägst. Du schaust zum Himmel auf, und dir wird klar: Der Bürgersteig ist jetzt dein Zuhause.« Daß ihnen schließlich jemand half, in einem der Obdachlosenasyle aufgenommen zu werden, war dem Umstand zu verdanken, daß sie zwei kleine Kinder hatten.

Homelessness, Obdachlosigkeit, warum hat diese soziale Plage so zugenommen im letzten Jahrzehnt? Als ich in den frühen siebziger Jahren zum erstenmal Korrespondent in Washington war, hat es wohl Armut gegeben in den USA, aber so sichtbar wie heute war sie nicht. In New York gab es die Bowery, da tranken sich Männer auf der Straße langsam zu Tode, und Touristen photographierten sie dabei, aber sonst waren Menschen auf den Bürgersteigen eine Gruselgeschichte aus dem fernen Indien.

Das steigende Elend allein der Ära Ronald Reagan anzulasten, wäre gewiß nicht fair. Aber seine politische Philosophie, der speziell durch ihn verkörperte Zeitgeist der achtziger Jahre, hat stark zu diesem Unheil beigetragen. Und sein Glaubensbekenntnis war nun einmal, daß Regierungen überhaupt nicht in der Lage seien, Probleme zu lösen, Regierungen seien das Problem. In all den acht Jahren als Präsident muß man ihm einfach immer verschwiegen haben, daß er ja schließlich als Chef der Regierung auch Teil der Regierung sei, gegen die er stets so gewettert hat. Wenn man die Reden dieses Präsidenten hörte, mußte man ganz einfach den Eindruck gewinnen, daß Regierung nichts weiter sei als Bevormundung der Bürger. Schafft man sie ab, ist die Welt wieder heil.

Der Sozialhaushalt ist jedenfalls das große Schlachtfeld der Reagan-Jahre gewesen, die Macht des Staates zu »entregulieren«. So wurden zum Beispiel die öffentlichen Gelder für den sozialen Wohnungsbau von etwa 35 Milliarden Dollar jährlich auf nur sieben Milliarden zusammengestrichen. Und selbst dieses Geld – das stellte sich später heraus – wurde nicht so sehr nach dem Bedarf oder der Überzeugungskraft der Projekte vergeben. Es wurde sehr oft nach dem Gesichtspunkt verteilt, ob der Bauunternehmer ein in Wahlkämpfen spendenfreudiger Republikaner war.

Die Arbeitslosenquote ist ja in den Reagan-Jahren eher niedriger gewesen als in den Jahren zuvor. Aber Drogen waren ehedem noch nicht jene so verheerende soziale Seuche, die menschliche Existenzen, Familien, ja ganze Stadtteile zerstörte. Bei der Betreuung psychisch Kranker wurde fortan drastisch gespart. Heilanstalten überall in den USA mußten schließen, weil ihnen die Zuschüsse gestrichen wurden. So mancher der von den Ärzten nicht als gemeingefährlich eingestuften Patienten wurde wie die Möbel der Familie Gaines einfach auf die Straße geschoben.

Konservative fanden die Idee, den Staat aus all diesen Bereichen möglichst herauszuhalten, vor allem deshalb faszinierend, weil sich Steuergelder sparen ließen. Die Reagan-Zeit hat ja eine drastische Senkung der Einkommensteuersätze gebracht. Und die Vordenker und die Aktiven auf der sonst immer sozialen Seite der Politik haben den Trend der Zeit eher beschleunigt als gebremst. Der theoretische Ansatz ihres Denkens war, es sei nicht Aufgabe der Gesellschaft, das Verhalten von Menschen zu normieren, zu zensieren oder gar zu korrigieren. Viele im rechten wie im linken Lager waren sich einig, daß es so etwas wie Verhaltensstörungen überhaupt nicht gebe. Dagegen heißt es in einem Bericht, den die Bürgermeister der dreißig größten amerikanischen Städte veröffentlicht haben, etwa jeder dritte Obdachlose bedürfe heute ärztlicher Hilfe.

Jede einzelne Gruppe, jedes einzelne soziale Übel erklärt natürlich noch nicht die für ein reiches, zivilisiertes Land so rätselhafte Erscheinung. Es sollen ja mindestens 500 000 Amerikaner sein, die nirgendwo eine Bleibe haben. Es sind Menschen darunter wie jene Wohngemeinschaft in einem Zelt auf dem Bürgersteig der Virginia Avenue in Washington, sechs junge Männer, von denen einige tagsüber arbeiten, die auf neugierige Fragen nach dem »Warum« mit verblüffender Selbstverständlichkeit antworten, sie könnten schließlich nirgendwo sonst so preiswert wohnen. Rund um das Weiße Haus schlafen ein paar junge Männer, die man überhaupt nicht versteht, wenn sie einem etwas erklären wollen. Ihre Geschichten sind monoton und nach der Logik des Alltags konfus. Einer verbirgt immer sein Gesicht unter einer Maske. Er will nicht, daß Menschen ihn sehen. Und die Antwort, die John Jungers gibt – 44 Jahre alt, ein ehemaliger Sergeant der Airforce, wohnhaft auf wechselnden Parkplätzen in einem alten Auto: »Ich schlafe eben gern im Freien, ich will nichts vom Staat oder von irgend jemand. Ich will nur, daß man mich in Ruhe läßt.« John ist so etwas wie Amerikas Antwort auf Diogenes, den Griechen, der in der Tonne schlief.

Der wesentliche Unterschied zwischen den siebziger Jahren und heute scheint mir einfach zu sein, daß Obdachlosigkeit fast eine akzeptierte Form des Lebens geworden ist in den großen Städten der USA. Man sieht schon nicht mehr hin, man steigt einfach darüber hinweg, wenn irgendwo ein menschlicher Körper auf der Straße liegt. Hin und wieder versucht ein Polizeichef, die Obdachlosen aus seiner Stadt zu jagen. Das funktioniert aber auch nur beim ersten Mal. Schon bald steht auf der anderen Seite der Brücke, an der County Line, ein Streifenwagen des Sheriffs, der die Ausgewiesenen und gleich ein paar drüben unliebsame Obdachlose dazu wieder in die andere Richtung schickt.

*D*ie Familie Gaines und die Familie Bush haben sich übrigens an jenem festlichen Abend im Januar 1989 nicht getroffen. Es gab insgesamt fünfzehn Inaugurationsbälle für den neuen Präsidenten, und er hat es einfach nicht geschafft, überall seine Runde zu machen. Robert und Valerie haben sich dennoch prächtig amüsiert.

Es ist verblüffend, was ein Kleid und was ein guter Smoking aus jedem Menschen machen können. Valerie hat lange mit einem Senator getanzt, einem Republikaner. Sie sprach natürlich viel von Cinderella in dieser Nacht, einer amerikanischen Märchengestalt wie bei uns Aschenputtel. Ein guter Geist hatte Cinderella ein schönes Kleid geliehen, damit sie zum Ball des Prinzen gehen konnte. Um Mitternacht mußte Cinderella das Kleid wieder zurückbringen, und der Zauber war verflogen …

Natürlich war das Märchen da noch nicht zu Ende. Und nachdem die große schwarze Limousine von CBS das Paar wieder zum Obdachlosenasyl gefahren hatte, als Roberts Smoking wieder beim Verleiher abgegeben war, blieben sie noch genau einen Monat in der schäbigen Herberge. Dann zogen sie in eine Dreizimmerwohnung in einem Apartmentgebäude vor den Toren der Stadt. Robert bekam einen Job als Monteur, Valerie wurde als Computerkraft in den Stab jenes Senators aufgenommen, der beim Ball für den neuen Präsidenten so lange mit ihr getanzt hatte.

Leider – sonst gehen mir diese politischen Schicksale ja nicht so zu Herzen – hat jener Senator Rudy Boschwitz, ein Republikaner aus Minnesota, bei den Wahlen zwei Jahre später seinen Sitz verloren. Damit war auch sein Stab von heute auf morgen auf der Straße, zum Beispiel Valerie Gaines. In dem Apartmentgebäude, in das die Familie gezogen war, brach Feuer aus. Schon wieder waren sie ohne Dach über dem Kopf. Das Schicksal machte es ihnen nicht leicht.

Nun kann man über konservative Politiker sagen, was man will. Ihr Bild von der Gesellschaft ist manchmal etwas streng, nicht so sensibel gegenüber den sozial Schwachen. Dafür kommt es ihnen aber hin und wieder in den Sinn, einzelnen Menschen zu helfen, Menschen, die sie zufällig kennen, ihren Mitarbeitern zum Beispiel. Denen mit der großen gesellschaftlichen Vision fehlt es für solche Kleinigkeiten manchmal an der Zeit. In den USA ist das jedenfalls so. Der abgewählte Senator Boschwitz hat Valerie Gaines im

Stab eines anderen konservativen Senators untergebracht, bevor er Washington verließ.

Robert Gaines hat seinen Arbeitsplatz noch einmal gewechselt. Die Familie nahm einen Kredit auf und kaufte sich ein Häuschen in Maryland. Das Märchen von Cinderella hat also ein gutes Ende gefunden. Die Familie Bush – für die ja genau wie für die Familie Gaines am 20. Januar 1989 ein neues Leben begann – wohnt noch immer im Weißen Haus.

Das Amerika der Kettler Brothers

Die Interstate 66 ist eine der intensivsten Formen, Amerika zu erleben. Wer einen Highway wie diesen noch nie durchlitt und schließlich im Triumph bezwang, dem bleibt die Seele des Landes fremd. Amerika bedeutet Auto, und die Interstate 66 bedeutet Autos bis zum Horizont. Ein gigantisches, mal dreispuriges, mal fünfspuriges Band von Fahrzeugen in jeder Richtung. Und wenn man einen bestimmten Zeitpunkt erwischt, dann stehen sie alle still. Kritische Geister nennen das tägliche Ritual die freiwillige Selbstzüchtigung des modernen Menschen, die Haftstrafe, das durchschnittlich zweistündige Eingesperrtsein des Pendlers in seinem Käfig aus Blech und Glas. Aber das ist nur die eine Sicht einer amerikanischen Straße wie der I-66.

»Sie können sich ja so ungefähr vorstellen, wie mein Leben abläuft«, sagte eine Kollegin einmal zu mir. »Morgens die Familie, die Kinder müssen zur Schule; tagsüber die Arbeit im Büro; abends warten wieder die Familie, der Garten, der Hund. Die zwei Stunden im Auto auf dem Weg zur Arbeit und die zwei Stunden wieder zurück, das ist die Zeit an jedem Tag, die ich ganz für mich allein habe!«

Und ein gläubiger, mehrfach schon »neugeborener« Christ aus Kalifornien hat mir einst mit großem Ernst erklärt: »Wenn ich am späten Nachmittag auf dem San Diego Freeway nach Hause fahre – links, rechts, vorne und hinten Autos, und alle stehen sie still –, in solchen Augenblicken höre ich die Stimme Gottes. Er spricht zu mir, und ich spreche mit ihm, es ist in meinem sonst nicht immer leichten Leben die tiefste Form der Besinnung!«

Der Name Interstate 66 erinnert an eine Traumstraße, an eine Legende in Amerikas Liebesromanze mit dem Automobil: an die »Route 66«. Sie führte einst von Chicago nach Santa Monica in Kalifornien und war fast 4000 Kilometer lang. Die Helden in John Steinbecks Roman »Früchte des Zorns« wurden auf dieser berühmten Straße von ihren hohen und später so grausam enttäuschten Erwartungen nach Kalifornien gespült; es gab eine Fernsehshow in den sechziger Jahren, die den Namen dieser Straße trug. Bobby Troup schrieb den Schlager, der das Lebensgefühl der frühen Nachkriegsjahre ausdrückte: »You get your kicks on Route 66 ...« Kabrioletts mit wilden Chromverzierungen und weit geschwungenen, manchmal messerscharfen Flossen am Heck, Neonreklame an der einsamen Raststätte in der Wüste, die Sehnsucht, mit dem treuesten Gefährten des Menschen, der das Pferd des Pioniers und Cowboys ersetzte, weiter und immer weiter nach Westen zu ziehen ... Sie ist in Amerikas Seele die Straße so vieler Träume gewesen.

Diese Route existiert heute nicht mehr, sie ist in die Autogeschichte eingegangen. Doch es wird schon wieder an einer neuen »Route 66« geplant, die von Washington im Osten der USA nach Kalifornien im Westen führen soll. Das Projekt würde zwanzig Milliarden Dollar kosten, die Bauzeit zwanzig Jahre dauern. Von Washington westwärts ins nördliche Virginia gibt es bereits die ersten achtzig Meilen, und das ist die Kulisse unserer Expedition. Steigen Sie ein, wir fahren ins seelische Zentrum Amerikas! Es ist früher Nachmittag. Von Georgetown, vom Studio der ARD, nur über die Key Bridge – schon sind wir in Virginia; und dann rechts ab auf jene »Interstate 66« . . .

Es fängt richtig schwungvoll, wider Erwarten zügig an. Denn eigentlich müßten nach allen Gesetzen der Logik die Ausfallstraßen aus der Großstadt zu Beginn des einsetzenden Feierabendverkehrs das Nadelöhr, die kritische Stelle der Verstopfung sein. Wo sind sie heute, die Heere der Heimkehrer aus den Ministerien? Wo sind die vielen Mitarbeiter des Parlaments? Die Leute aus den Botschaften, die Journalisten aus aller Welt, sie müßten jetzt eigentlich auf dem Weg nach Hause sein – am Start der Rennstrecke in das Häusermeer des nördlichen Virginia, im dunkelsten Käfig einer Autofahrer-Passion, aus dem der Mensch erst Meile um Meile Erlösung findet, je weiter er sich vom Explosionspunkt der Lawine entfernt.

Die erste, dritte, fünfte Meile, sie sind das reinste Fahrvergnügen. Auf drei Spuren rollen die Autos – viele, aber nicht zu viele – etwas oberhalb der Höchstgeschwindigkeit von 55 Meilen dahin. Allenfalls wer allein im Wagen sitzt oder nur zu zweit, muß immer ein angespanntes Gewissen haben, denn in der verkehrsstarken Zeit und im wechselnden Rhythmus der Gezeiten dürfen Highways wie die I-66 nur befahren werden, wenn mindestens drei Menschen im Auto sitzen.

Vor der 495, der Ringautobahn etwa zehn Meilen außerhalb der Stadt, wird der Verkehr schon etwas stopfiger. Langsam, mal mit fünf, mal mit zehn Meilen pro Stunde, nähert man sich den kühnen Konstruktionen einer Highway-Kreuzung, den verschlungenen Bändern aus Beton, die ihres verwirrenden Äußeren wegen stets mit einem Teller Spaghetti verglichen werden. Man schleicht darauf zu, man schleicht daran vorbei. Und dann – als das Hindernis endlich vorüber ist – rührt sich überhaupt nichts mehr. Hier, etwa zwölf Meilen vom Zentrum Washingtons entfernt, müßte doch endlich die Freiheit beginnen. Und ausgerechnet hier fängt das Chaos an.

Erst waren es die Vororte, die Suburbs, nun ist es Ex-Urbia, ein zweiter und dritter Gürtel jenseits der alten vorgelagerten Bereiche, wohin die Menschen aus den großen Städten flohen. Und die Wirtschaft, die Betriebe flohen gleich mit. Draußen in Vienna, Gainesville oder Manassas, in Tyson's Corner oder am Rockville Pike, kurz vor dem Flughafen in Herndon, etwa dreißig Kilometer vor der Metropole, ist ein riesiges Siedlungskonglomerat entstanden: die sogenannten »Developments«, »Industrial Parks«, die Mini Malls und Mega Malls der Shopping Center.

Wenn man im Anflug auf den Washingtoner Flughafen Dulles einen Blick nach unten hat, schaut man auf riesige Areale eines immer gleichen Häusertyps. Das Luftbild erinnert an Verästelungen auf Blättern, wobei die größeren Adern in kleinere übergehen und schließlich in »Sackgassen« enden. So viele Straßen gleichen Zuschnitts, so viele Häuser gleichen Typs wird man anderswo auf der Welt lange suchen müssen.

Anders als Deutschland ist Amerika eine Gesellschaft des Hauseigentums. Häuser oder Wohnungen zu mieten bleibt vor allem Ausländern oder sozial wirklich sehr Schwachen vorbehalten – Leuten, die es einfach schwerer haben, von den Geldinstituten einen Kredit zu bekommen. Das Eigenkapital der amerikanischen Hausbesitzer ist meist gering. Zu achtzig, neunzig, ja einhundert Prozent gehören die

Häuser der Bank. Man kauft und verkauft in der Hoffnung, daß die Grundstückspreise in der Zwischenzeit steigen werden, meist aber geht das Geschäft für die eigene Kasse plus/minus Null aus. Wer Pech hat und beim nächsten Umzug weniger für sein Haus zurückbekommt, als er einst dafür bezahlt hat, der schleppt eben am neuen Wohnort noch alte Schulden mit sich herum.

Die Leichtigkeit, auch die Geschwindigkeit, mit der der Amerikaner umzieht, bringt es nun mit sich, daß kaum einmal jemand ein eigenes, individuelles Häuschen baut, ein Haus nach seinem Geschmack. Die Gestaltung Amerikas, die Formung eines einst so weiten, wilden Kontinents ist total in die Hände sogenannter »Developer« gelegt. Das sind Leute wie die Kettler Brothers im Großraum Washington, die sich nicht mit dem Bau von zwei, drei Häuschen aufhalten, sondern ganze Areale, ganze Ortsteile, ganze Städte weiter und immer weiter in die Natur vorschieben – komplett mit Highways, Shopping Centers und frischem Sortiment an Industrien. Es ist nicht mehr Gott, der einen der letzten großen Gärten dieser Erde bestellt, es sind Leute wie die Kettler Brothers.

Erst wird gebaut, dann wird die neue Stadt in ihren Einzelteilen zum Verkauf angeboten. Und wenn der Absatz schwierig sein sollte, machen eben irgendwelche Banken Pleite. Die »Entwickler« sind inzwischen schon weitergezogen, das nächste Projekt aus dem Boden zu stampfen.

Wer die Zeitung aufschlägt, liest von den luxuriösesten Projekten: mehr Country Club als Siedlung. Das neue Haus kommt komplett mit neuem sozialem Image für den Besitzer. Golfplatz dabei und in jedem Haus ein voll eingerichteter Fitneß-Raum. Der Baustil erinnert oft an alte englische

Schlösser: voller Erker, manchmal sogar mit bleiverglasten Fenstern und länglichen Schornsteinen auf dem Dach. Natürlich kommt kein Rauch aus dem Schornstein, denn das Schloß ist ja mit Air Condition ausgerüstet. Etwas enttäuschend ist es, das Nachbarhaus noch als Baustelle zu erleben. Man sieht kahle Sperrholzwände, sie werden mit Isolierwatte gefüllt, dann mit irgendwelchen Pappen verklebt. Dies bringt den amerikanischen Traum- und Luxushäusern das Urteil hochnäsiger Europäer ein: Schlösser aus Pappe. Die Bauzeit ist kurz.

Die Grundstücke sind im Vergleich zu Europa riesig, meist Rasen, um den sich wöchentlich die Mähkolonne kümmert. Die Auffahrt vor dem Portal – meist hölzerne Säulen, nachempfunden dem Weißen Haus – ist jedesmal gewaltiger als der Garten. Ich habe einen Freund, der seinen Garten nachträglich mit einer großen Auto-Vorfahrtsschleife asphaltieren ließ. Das hat, wie er mir erklärte, den Wiederverkaufswert des Hauses erheblich gesteigert. Land ist ja billig dort draußen vor der Stadt.

Dies – während wir in der Weite des Irgendwo auf einem Highway im Verkehrsstau stecken – ein erster Versuch, nach den Ursachen des ländlichen Chaos zu forschen. Draußen in Ex-Urbia brodeln Wirtschaft und Verkehr viel heißer und stärker als in den müde gewordenen, von ihren sozialen Lasten gedrückten Städten. Also, es ist keine Baustelle, es ist kein Unfall, der unser Auto nicht von der Stelle kommen läßt, es sind einfach zu viele unterwegs kreuz und quer zwischen diesen nagelneuen Wohn- und Wirtschaftszentren.

Die erste Reaktion dessen, der so etwas nicht täglich miterlebt, ist Verzweiflung. Die schlagartige Erkenntnis, daß Pläne, die man hatte, alle nicht mehr einzuhalten sind. Was tun? Wenden? Zurück in die Idylle der Stadt? Die nächste

Ausfahrt ist noch drei Meilen entfernt, und bei einem Tempo von null Meilen in der Stunde scheint jede Hoffnung auf Flucht Illusion.

Die meisten in dem Meer von Autos dürfen von Flucht nicht einmal träumen. Sie müssen geschäftlich irgendwohin, sie werden zu Hause erwartet – wie lange die Reise auch dauern mag. Die Makler haben es ihnen ja von Anfang an nüchtern vorgerechnet: ein Haus, vier Zimmer, angenehme Lage, fünfzehn Autominuten von der Innenstadt, hätte 400 000 Dollar gekostet. Und dann ein anderes Angebot, sogar zwei Zimmer mehr, das Grundstück größer, auch noch mit Swimmingpool, nur 250 000! Die Differenz im Preis und an Komfort zwischen den beiden Angeboten ist durch die tägliche Pendlerpassion abzubüßen. Morgens anderthalb Stunden und abends anderthalb Stunden.

Ein Kollege von der »Washington Post«, Steve Coll, der später Indien-Korrespondent seiner Heimatzeitung wurde und der in seiner Kindheit von den Bulldozern der »Developers« im steten Aufstieg der Familie immer weiter in die Vorortlandschaft hinausgeschoben wurde, schildert bissig, welche Schwierigkeiten er hatte, seinen indischen Freunden zu erklären, was für die Identität des Asiaten besonders wichtig ist: Wie heißt der Ort, wie heißt das Dorf, aus dem du kommst, in dem du aufgewachsen bist? Die Häuser seiner Kindheit im Großraum Washington – so konnte er den staunenden Hindus erzählen –, sie seien immer größer geworden und dabei immer weiter in Richtung Horizont gerückt. Man habe nicht in Dörfern oder Nachbarschaften gelebt, sondern in einem Zustand des ewigen Übergangs, der permanenten Entwicklung. Bis seine Erinnerungen an eine amerikanische Kindheit schließlich aufgegangen seien im Nirwana, einem preisgünstig-erschwinglichen Nichts.

Zurück in den Autostau, das Radio eingeschaltet. Mein Lieblingssender in Situationen wie dieser ist »Extra One-O-Four«, und mein Lieblingsmoderator heißt Steve. Nachnamen haben Moderatoren nicht. Dafür hat Steve aber eine so wunderbare Art, Hunderttausende im Feierabendverkehr eingekeilte Autofahrer zu einer großen Familie zusammenzuschweißen. Das Programm des Senders in diesen besinnlichen Stunden wendet sich ausschließlich an die Menschheit auf den Highways, speziell an die, die Autotelephone haben. »Hey there, where are you?« fragt Steve, und ihre Antworten gehen meist so: »Hi, ich bin auf der I-66, nichts rührt sich, nichts bewegt sich!« Oder: »My Name is Chris, right in the middle of Wilson Bridge. Everything is pretty messed up!« Daß auf der Wilson-Brücke ein so herrlicher Schlamassel herrscht, gibt all den Eingesperrten auf den Highways das beglückende Gefühl, im Leiden nicht allein zu sein. Und Steve, der ja frei und unbehelligt in seinem Studio sitzt, wird immer fröhlicher, je weniger sich auf den Straßen rund um Washington der Verkehr bewegt. Eine stolze, trotzige Stimmung kommt unter den Autofahrern auf. Jeder Anrufer hat einen Musikwunsch frei: »Wie wär's mit Buddy Hollie? That'll be the day that I die . . .«

Zunächst merkt man es nicht, aber irgendwie bewegt sich die Karawane doch! Nicht schnell, aber irgendwann löst sich der Fuß doch von der Bremse. Man findet sich plötzlich hinter der so lang herbeigesehnten ersten besten Ausfahrt und stellt fest, daß man ausgehalten hat und nicht einfach geflüchtet ist. Man schaut sich seine Nachbarn an – in den Spuren links und rechts –, und man stellt fest, daß einige ganz originelle Typen sind. Der eine im Truck, im Kleinlaster, ist wild tätowiert. Sein Auto hat keine Kotflügel und keine Motorhaube, dafür schwebt die Karosse fast einen Meter über den viel zu großen Rädern, das Auto schaukelt wie eine indische Sänfte auf dem Elefanten. Im nächsten Wagen sitzt eine einsame Fahrerin und liest, in einem anderen springt einer wild mit den Armen fuchtelnd immer rauf und runter. »Extra One-O-Four« kann er nicht hören, die Bewegungen passen nicht zum Takt. Viele schlafen und haben die Füße aus dem offenen Fenster gestreckt, ein Lastwagenfahrer rasiert sich.

Um die Interstate 66 und das ganze System der Highways ist nun ein für Amerika ganz ungewöhnlicher Streit entbrannt. Soll man das Straßennetz ausbauen, mit neuen Tangenten und Fahrspuren ergänzen, oder würde eine Verbreiterung der Straßen nur die Entwickler zu neuen Entwicklungen animieren? Bedeuten also noch mehr Straßen ein schöneres Leben, oder ziehen sie nur neue Autos an? Das erste Mal in der Geschichte der USA beginnt sich landesweit ein neuer Trend abzuzeichnen. Vor allem im Süden Kaliforniens wird dem Ausbau neuer Highways in jüngster Zeit ein grober Riegel vorgeschoben. In Volksabstimmungen stemmen sich Bürger dagegen. Es werden mehr und mehr lokale Politiker ins Amt gewählt, die gegen neues Entwickeln sind. Viele Menschen, die einst dort unter den Palmen am Pazifik die Grenze des Kontinents, das Paradies, die »kalifornischen Träume« suchten, ziehen um in den Nordwesten, nach Oregon oder in den Bundesstaat Washington an der kanadischen Grenze. Was haben sie vom milden kalifornischen Klima, von den Bergen und vom Strand, wenn keiner mehr Lust hat, sich stundenlang über verstopfte Straßen dorthin zu quälen?

Schnellbahnen, überhaupt der öffentliche Nahverkehr, können auf absehbare Zeit keine Entlastung bringen. Viele regionale Verkehrsnetze wurden ja in den fünfziger, sechziger Jahren abgewrackt, weil die Nation so völlig dem Rausch des Autos verfallen war. Die Automobilindustrie hat durch kräftige Schmiergelder an örtliche Politiker dem Trend damals kräftig nachgeholfen. Und das Problem dieser totalen Umerziehung zur Autokultur sind in vielen der Metropolen heute nicht die großen Strecken. Washington zum Beispiel hat eine hochmoderne U-Bahn. Die Schwierigkeit ist, von der Station in der Nähe des Ziels auch wirklich ans Ziel zu kommen. Überdimensionale Straßen, eine überall in die Breite gewalzte Umwelt, verführen dazu, daß Menschen von Geschäft zu Geschäft in die Tiefgarage fahren, raus aus dem Auto, wieder rein ins Auto, und daß von da nach dort zu Fuß zu gehen zur gefährlichen, widernatürlichen, fast asozialen Unternehmung wird.

Man geht einfach nicht zu Fuß! Die Stadtlandschaft ist nicht auf solche Sonderlinge eingestellt, und in den unendlichen Weiten der Vororte bringen Mütter ihre Kinder mit dem Auto zur Schule, selbst wenn diese Schule – ein sehr hypothetischer Fall – nur zwei Straßenkreuzungen vom Haus entfernt sein sollte. In Suburbia oder Ex-Urbia irgendwohin zum Einkaufen zu Fuß zu gehen wäre schlicht eine Versuchung des Schicksals. Amerika ist eben nicht mehr auf den Menschen, sondern auf das Auto zugeschnitten.

Immer noch im Verkehrsstau auf der Interstate 66, doch die Nadel auf dem Tacho beginnt, sich wieder zu bewegen. Das Leben, der Mensch ist viel robuster, als man glaubt. Gut, es hat anderthalb Stunden gedauert, doch jetzt ist die Ausfahrt in Sicht. Es waren, so kommt es einem vor, aber auch anderthalb Stunden in einer Gemeinschaft und anderthalb Stunden Radio »Extra One-O-Four«. Die rechte Fahrbahn führt stets an der nächsten Abfahrt in die Freiheit. Die Glücklichen, die sich rechts einordnen, sie haben ihre

Zeit abgesessen, sie können auf der letzten halben Meile sogar den dritten Gang einlegen. Man spürt an der forschen Fahrweise die frohe Erwartung der Fahrer. Wie Vögel, die der Freiheit entgegenflattern nach langer Zeit im Käfig. Ein wehmütiger, ein mitleidiger Blick zurück auf die, die noch bleiben müssen – schon ziehen wir stolz auf jener rechten Bahn am Stau vorbei, und aus dem Radio, vom Sender »Extra One-O-Four«, die hell aufjauchzenden Töne der »Beach Boys« . . .

Zur freien Verfügung

In Bill Covington habe ich einen Freund fürs Leben. So etwa alle drei Monate ruft er mich an, meist abends oder am Wochenende. Nur, um mal wieder zu hören, wie es mir geht und ob es Probleme gibt mit den Autos der Familie. Er ist wohl seelisch darauf eingestellt, daß die Autos ganz einwandfrei funktionieren, was ihn einerseits freut, denn er hat sie mir ja verkauft. Andererseits ist auch ein bißchen Wehmut spürbar am anderen Ende der Leitung, eine milde Form von Verzweiflung, denn Bill würde mir gerne neue Autos verkaufen – zu sagenhaften, in der Branche unschlagbaren Preisen.

Meinungsumfragen muß man natürlich immer mißtrauen. Aber wenn die Ergebnisse amüsant sind, dann ist es doch eine faszinierende Wissenschaft. Irgendeins der vielen Institute hat herausgefunden, daß für Amerikaner das Einkaufen eine der schönsten Freizeitbeschäftigungen sei. Auf den Fragebögen der Meinungsforscher weit häufiger angekreuzt als Urlaub oder Sex. Für viele meiner amerikanischen Freunde – das ist mein fester Eindruck – ist das »Shopping« tatsächlich mehr als nur das Anschaffen von Dingen, die man braucht oder die einem in einer bunten, geschickten Werbung ins Auge fallen. Das Einkaufen in den USA ist ein Austoben von

Jagdinstinkten, eine Kunst, Persönlichkeitsentfaltung, eine Schatzsuche in einem Meer von Möglichkeiten, eine besonders erfüllte Form zu leben.

Meine Freundschaft mit Bill zum Beispiel hat ihr solides Fundament in der gegenseitigen Achtung. Als ich an einem Sonnabend abends in den gläsernen Laden mit den funkelnden japanischen Autos kam, zeigte er mir als erstes sein Diplom, das ihn nach der Zahl der verkauften Automobile als »Top Salesman« der amerikanischen Ostküste auswies. Ein selbstbewußter, elegant gekleideter schwarzer Amerikaner, der nun mit mir den fairen Zweikampf suchte.

Ich habe mich sofort als Deutscher zu erkennen gegeben, und damit war meine Strategie klar abgesteckt. Denn auf der anderen Seite des Highway, im Städtchen Arlington/Virginia, vor den Toren der Hauptstadt, leuchtete die Reklame von Volkswagen am abendlichen Himmel. Es sei natürlich klar, so mein Eröffnungszug in unserem Verkaufsgespräch, daß ich als Deutscher wohl auch ein deutsches Automobil kaufen müsse. Nicht nur aus nationaler Pflicht, sondern auch der vielen Vorzüge wegen, die das deutsche Auto nun einmal so weltberühmt gemacht hätten. Allenfalls – und deshalb sei ich ja nun hier – müsse man als preisbewußter Käufer eben auch die Angebote der Konkurrenz sorgfältig studieren, um keins der sensationellen Angebote zu übersehen. Also, kurz gesagt, nur bei äußerst niedrigen Preisen sei mein Patriotismus noch zu erschüttern. Bill lehnte sich auf seinem Top-Salesman-Sessel zurück und strahlte mich an: »Try me! Fordere mich heraus!«

Der Preis, den ich ihm nannte, lag 2000 Dollar unter dem, was an der Windschutzscheibe des nagelneuen Schauwagens in dem Laden als empfohlener Richtpreis vermerkt war. Radio, Stereo-Lautsprecher, Air Condition, Mehrwertsteuer müßten im Preis schon eingeschlossen sein. Bill lachte so laut und herzhaft, daß irgendwo hinten im gläsernen Raum das besorgte Gesicht eines kahlköpfigen, korpulenten Mannes hervorschaute. Es stellte sich heraus, daß dies ein Mr. Politano war, der Chef. Denn später, als sich unsere Preisvorstellungen anzugleichen begannen, verschwand Bill immer zu Konsultationen hinter die Spiegel des Manager-Kontors.

So etwa nach einer Dreiviertelstunde der Gespräche über Japan und über Deutschland, über den Markt, die Wirtschaft im allgemeinen, über Bills Kinder in der Schule und über meine familiäre Situation war ein Punkt erreicht, an dem Bills Firma durch meine halsstarrig-unrealistischen Preisvorstellungen an den Rand ihrer Existenz geriet. Und immer in dem Maße, mit dem bei ihm der Widerstand gegen weitere Nachlässe wuchs, drängten aus meinem schlechten Gewissen die patriotischen Bedenken hervor.

Ein letzter Gang hinter die Spiegel, ein letztes Wort von Mr. Politano, und dann, nach einem langen, sinnenden Blick eine leicht hingeworfene Frage des Kunden, die beim Top Salesman der amerikanischen Ostküste zunächst Unglauben, dann unverhohlene Bewunderung auslöste: »Was wäre denn, wenn ich zwei von diesen kleinen roten Autos kaufte?« Bill sprang auf, wieder hinter den Spiegel, und zum zweitenmal zeigte sich Mr. Politanos rundes, besorgtes Gesicht.

Ute, meine Frau, hatte mir ja längst den klaren Auftrag erteilt: »Dieses Auto oder keins!« Aber das konnte Bill ja nicht wissen. Denn zwei Menschen, die es über den Atlantik verschlägt, brauchen nun einmal jeder ein Gefährt – in einem Land, das nicht auf Menschen zugeschnitten ist, sondern auf Autos. In der Achtung Bills ist Deutschland seit jenem Tag erheblich geklettert. Wir sind uns schließlich einig geworden, und jedesmal, wenn er mich anruft, versichert er mir, wie sehr es ihm eine Herausforderung sei, mit mir noch einmal zu handeln. An diesem Punkt nimmt das Gespräch dann immer einen tragischen, kulturhistorisch schwer zu überbrükkenden Verlauf. Ich lobe jedesmal die Qualität der ja von ihm verkauften Autos, was Bill nur partiell überzeugt und glücklich macht. Denn gute Autos, so versichert er mir, bedeuten hohen Wiederverkaufswert. Und der wiederum sei doch der erste Schritt zum immer neuen Auto.

An dieser Stelle zerfasert dann das Gespräch. Bill versucht mir klarzumachen, daß die Welt sich nun einmal nach vorne bewegen müsse, daß es auf längere Sicht sozial nicht verantwortbar sei, nur deshalb kein Auto zu kaufen, weil man schon eins hat. Die Wirtschaft lebe schließlich davon, daß Menschen immer neue Dinge kaufen. Hierfür sein Geld auszugeben, noch besser, hierfür zu einmalig günstigen Konditionen einen Kredit aufzunehmen, das sei man seinem sozialen Status, seiner Familie, seinen Freunden und Nachbarn, ja letztlich der ganzen zivilisierten Menschheit schuldig. In solchen grundsätzlichen, sehr philosophischen Gedanken enden alle die Gespräche zwischen Bill und mir.

Das Problem taucht aber immer wieder auf im Alltag der USA. Kaum eine Woche vergeht, in der mir nicht zwei Banken oder Kreditkartengesellschaften schreiben, ich brauchte nur den beigefügten Vordruck zu unterzeichnen, und – keine weiteren Fragen, keine Nachprüfungen zur Person – schon stünden mindestens 1500 Dollar zu meiner freien Verfügung. Aus der computerhaften Aufmachung und aus dem billigen Porto solcher Post läßt sich schließen, daß diese Institute massenhaft Briefe versenden: »Pumpt, kauft, über alles andere reden wir später!«

An der immer mal aufflammenden Diskussion über die Erhöhung oder die Senkung von Zinsen läßt sich der Unterschied in den nationalen Temperamenten der Deutschen und der Amerikaner aufzeigen: Der Durchschnittsgermane hat irgendwo Erspartes und ist daran interessiert, daß es Zinsen einbringt; der Durchschnittsamerikaner manövriert bei seiner Bank und zahlreichen Kreditkarteninstitutionen durch ein Gestrüpp von Schulden und freut sich, wenn die Zinsen niedrig sind. Der Sohn eines Freundes, der im dritten Semester »Financing« studiert, hat mir die Vorteile amerikanischer Lebensart so erklärt: »Ihr Europäer spart, solange ihr jung seid, und könnt das Leben erst genießen, wenn ihr alt geworden seid. Wir leisten uns alles sofort und heben uns das Abzahlen für später auf!«

Ich kaufe ein, also lebe ich! Vor allen Festtagen wirbt es im Radio oder im Fernsehen: Verbringt Ostern, Pfingsten oder Washingtons Geburtstag bei Sears! Oder: Weihnachten bei Woodward & Lothrop, ein Festtagsspaß für die ganze Familie! Die Zeitungen am Sonntag sind so dick wie zwei Telephonbücher, und siebzig Prozent sind Reklame. Nicht nur beim Autohändler kann man handeln, ganz Amerika ist ein riesiger, bunter Bazar. Und so völlig kann sich auch der Europäer seinem Zauber nicht entziehen.

Wer könnte zum Beispiel so völlig stur und prinzipienstreng bleiben, wenn er in einem Kaufhaus die folgende Ansage hört: »Achtung, ab sofort für die nächsten sechzig Minuten kosten alle Waren in der Elektroabteilung nur siebzig Prozent!« Diese Aktion ist kein Ausverkauf, um alte Modelle und Ladenhüter loszuwerden. Sie wird in Tageszeitungen angekündigt, um zu verkaufsschwachen Stunden Menschen ins Geschäft zu locken. Man geht davon aus:

Wer einmal da ist, der kauft auch gleich mehr. Nach Ablauf der magischen Stunde kosten alle Artikel wieder den vollen Preis.

Jemand, der solchermaßen im richtigen Augenblick an der richtigen Stelle ist, genießt seinen Triumph meistens dadurch, daß er seinen Freund und Nachbarn harmlos fragt: »Was hast du eigentlich für deinen CD-Player bezahlt?« Und wenn der dann antwortet: »438 Dollar«, dann wirft der Erfolgsmensch leichthin ein: »Ich hab' dasselbe Modell für 306 gekauft!« Alle Erzählungen von sonstigen Heldentaten, mit denen ein Mensch sich sonst so brüsten könnte, verblassen vor soviel Genie.

Das Wort »Sale« ist in den USA auch nicht mit Ausverkauf zu übersetzen, es bezeichnet die Preiskürzung aus jedem beliebigen Anlaß. Der Geburtstag des Managers eines Ladens ist zum Beispiel ein sehr beliebter Grund, alles mögliche billiger anzupreisen. Eigentlich hat jedes Geschäft immer irgendeinen »Sale«. Wenn Bücher frisch auf den Markt kommen, verkauft sie die erste Ladenkette schon mit zwanzig Prozent Rabatt. So etwas wie Markenartikel mit unumstößlich festen Preisen gibt es nicht.

Jene Berge von Prospekten und Broschüren in der Sonntagszeitung geben dem stets jagdhungrigen »Shopper« den lückenlosen Überblick, wo er zum Beispiel den exakt gleichen Typ von Fernsehapparat zum garantiert niedrigsten Preis erhalten kann. Kreditkarten-Unternehmen haben dem Fieber nach dem besten Kauf noch eine neue Dimension hinzugefügt. Wer seine Ware mit einer Karte der Citybank bezahlt hat und plötzlich in einer Zeitungsanzeige den Artikel irgendwo anders zu einem niedrigeren Preis angeboten findet, braucht nur die Anzeige und den Kassenzettel seines Kaufs an die Kreditkartengesellschaft zu schicken, und die erstattet ihm die Differenz. Wie die Kreditkartenleute bei soviel Samaritertum noch ein Geschäft machen können, ist den Experten nicht ganz klar. Das Konzept kann wohl nur sein, möglichst viele Millionen von Amerikanern damit zu locken, sich auch noch diese Kreditkarte anzuschaffen, und von jedem Umsatz bekommt das Geldinstitut dann seine Prozente. Nach dem Gesetz der hohen Summe muß dabei unter dem Strich eben ein Gewinn herauskommen.

In Amerika – mehr als in Europa – wird die Schlacht um den Käufer in erster Linie durch niedrigere Preise ausgefochten. Hin und wieder werden schon mal Kriterien wie Qualität oder Geschmack in die Debatte gebracht, meist aber von der werbenden Firma selbst – wie etwa die Fernsehreklame für Pulverkaffee, dessen Duft und Aroma morgens die ganze Familie aus dem Bett springen läßt. Jeder Germane, der schon einmal zu Besuch in den USA gewesen ist, weiß, daß das Wort Aroma ausgerechnet im Zusammenhang mit Amerikas Kaffeekultur die reine Satire ist.

Der heftige Preiskrieg ist übrigens für die Wirtschaft wie für den Verbraucher auch nur eine gemischte Segnung. So wie der Wettbewerb der Fluggesellschaften mit immer niedrigeren Tarifen zu schlechter Wartung der Maschinen, Entlassungen beim Personal und Pleiten im Kreis der Luftfahrtgesellschaften geführt hat, geht es auch dem amerikanischen Einzelhandel eher schlecht als recht.

Rund um Washington sind in den letzten Jahren immer neue Shopping Centers aus dem Boden gestampft worden – die meisten mit immer der gleichen Mischung von Geschäften. Der Drang, in »Pentagon City«, »Tyson's Corner II« oder jedem anderen der neuen Prunk- und Glitzerparadiese unbedingt dabeizusein, hat dazu geführt, daß sich eine jede Handelskette inzwischen schon selbst die Kundschaft abwirbt. Wer seine Kosmetik bei »Woodies« in Chevy Chase einkauft, geht eben auch bei Woodies Downtown oder in deren Einkaufshallen in Tyson's Corner verloren.

Die besten Adressen wie »Macy's«, die sich von New York inzwischen über die ganze USA ausbreiteten, erwirtschaften Verluste. Ein Traditionskaufhaus wie »Garfinkel's« in Washington mit seinen soundsovielen Filialen machte Pleite.

Und noch etwas unterscheidet speziell Deutschland von den USA: die Öffnungszeiten. Es ist für Amerikaner ein unvorstellbarer Gedanke, irgendwann irgendwohin hasten zu müssen, weil der Laden demnächst schließt. Sicher, in den Innenstädten machen die Geschäfte irgendwann zu, doch an den Highways, in den Shopping Arcades der Vororte brennen die Lichter bis spät in der Nacht. Selbst der, der um Mitternacht oder morgens um vier den unstillbaren Drang verspürt, einkaufen zu müssen, wird irgendwo ein 24- Stunden-Geschäft finden, das sich seiner annimmt. Die Verkäufer sind meist Studenten oder Amerikaner, die zwei oder drei Jobs haben, oder Menschen, die gerade erst aus anderen Kontinenten ins Land gekommen sind. Die Löhne sind niedrig. Wenn man ins Elektrogeschäft geht und nach einer Glühbirne fragt oder nach einer Verlängerungsschnur, dann weiß der Verkäufer auch in Amerika, was damit gemeint sein könnte. Garantiert ist es allerdings nicht. Die Lehrzeit für die meisten Verkäuferberufe beträgt etwa eine halbe Stunde.

Geradezu traumhaft ist in amerikanischen Geschäften das Reklamations- und Umtauschverfahren geregelt. Man kauft irgend etwas – sagen wir einmal einen Anzug oder eine

Badehose –, und nach dreimaligem Tragen verstärkt sich der Eindruck, daß diese Kleidungsstücke einem doch nicht so recht stehen. Verknittert, wie der Anzug dann auch sein mag, bringt man das gute Stück wieder in den Laden, in dem es gekauft wurde, und sagt: »I don't like it!« Sofort bekommt der Kunde sein Geld zurück. Die Verkäufer in den USA sind geradezu darauf trainiert, in solchen Situationen besonders höflich zu sein. Ob dieser Anzug oder die schon im Swimmingpool getragene Badehose je wieder zu verkaufen ist, scheint keine bedeutsame Frage.

Im Umkreis von Washington spricht man voller Bewunderung von einer resoluten Dame, die die Kunst des Umtauschens wahrhaft zur Perfektion entwickelt hat. Einige meiner Bekannten behaupten, sie hätten die brave Frau schon beim Einkauf getroffen – und zwar in den Tagen nach dem Weihnachtsfest. Sie sei jedesmal mit einem Haufen von Spielzeug im Geschäft erschienen – so etwa um den 28. Dezember herum – und habe alles wieder auf den Tisch gelegt. Begründung für die Rückgabe der Weihnachtsgeschenke: keine. Die Verkäuferin habe ihr dann eine Gutschrift ausgestellt, die Kassiererin habe den Betrag bar ausgezahlt. Und da alle Geschäfte gleich nach Weihnachten besonders Spielzeug drastisch heruntersetzen, sei die Königin unter den Shoppern jedesmal sofort wieder vor die Regale getreten und habe alles – Stück für Stück – sorgfältig noch einmal gekauft. Diesmal mit dreißig bis vierzig Prozent Rabatt. Mir ist sie zwar noch nie begegnet, aber ich glaube, daß es sie gibt.

Auf wenigen Gebieten unterscheiden sich die USA und Europa so drastisch wie in ihrer Einkaufskultur. Für jemand wie mich, der das eine kennt und auch das andere, kommt immer mal die Frage: Was ist besser? Die Antwort ist ganz einfach: Wenn ich in Washington oder New York einkaufe, wird mir klar, wie attraktiv doch die Auswahl und die Bedienung in Kiel, Hamburg oder München sind. Und geh' ich in Deutschland durch die Läden, dann fehlt mir die Lässigkeit, dann vermisse ich die große Einkaufsfreiheit von Amerika. Vor allem vermisse ich natürlich Autoverkäufer wie Bill Covington, mit denen man über so etwas Wesentliches wie den Preis erst einmal richtig gründlich reden kann. Ich fürchte, da wie dort bin ich als rundum glücklicher Kunde verdorben.

Wie Politik funktioniert

Es geht nichts über das politische Urteil des Experten! Staunend blättere ich in meinen eigenen Manuskripten und lese mir noch einmal vor, wie ich an jenem 20. Januar 1989 einem deutschen Publikum einen neuen amerikanischen Präsidenten vorgestellt habe. George Bush sei von nachdenklich-nüchterner Art. Eher langweilig, aber kompetent. Ganz anders als sein zu dramatischen Aktionen neigender Amtsvorgänger Ronald Reagan, der die Maschine der internationalen Politik so oft laut aufheulend in allen Gängen rauf und runter gequält habe.

Ich habe dann noch einmal zusammengestellt, auf welcher Laufbahn, mit welchen beruflichen Qualifikationen dieser neue amerikanische Präsident ins höchste Amt der Großmacht USA vorgestoßen ist. Abgeordneter ist er gewesen, er war auch im Ölgeschäft in Texas, Generalsekretär der republikanischen Partei, Leiter des Geheimdienstes CIA, Botschafter der USA bei der UNO, Leiter des ersten Verbindungsbüros in der Volksrepublik China, acht Jahre Vizepräsident. Und nun kommt's: Der Mann sei gemessen an seinen Vorgängern Carter und Reagan ein Präsident, der das Land und die Welt in eine Phase der Beruhigung führen werde. Von seiner ganzen Ausstrahlung her eine eher europäische als eine amerikanische Heldenfigur – nicht Cowboy, sondern öffentlicher Dienst ...

Dann schickte der nachdenklich-zurückhaltende Mann Luftlandetruppen nach Panama, es kam der Krieg am Golf. Nicht nur die Zunft der Journalisten, auch die Herren Noriega und Saddam Hussein müssen irgend etwas an George Bush falsch kalkuliert, nicht richtig verstanden haben. Die sogenannten Psychogramme wurden neu geschrieben. Ein Präsident spielt Golf, während über Bagdad Bomben fallen, er schläft gut, während Kinder sterben. Verstörte Redakteure riefen den Washingtoner Korrespondenten an. Auf den sonst so angeglichenen Höhen der Ethik taten sich zwischen Deutschland und den USA plötzlich Gräben auf.

Die Einzelheiten und Hintergründe dieses Krieges kommen nun nach und nach ans Licht. In den USA kommt alles ans Licht. Das ist die unsentimentale Stärke dieses Landes, der gnadenlose Jagdinstinkt seiner Journalisten, das ist ganz allgemein die größere Helligkeit der amerikanischen Demokratie. Denn bei allen Fehlern eines manchmal geradezu chaotischen Systems, dem hohen Einfluß und den Versuchungen des Geldes, bei allen Schwächen der Menschen und der Macht: Amerika ist in einem Ausmaß demokratisch, wie es andere Länder und Kontinente bisher noch nicht wagten. Man kann es beschreiben, historisch und wissenschaftlich begründen. Aber letztlich ist es das Gespür in tausend Situationen des Alltags, das einen ausländischen Gast – oft so kritisch, oft so hochmütig, oft so enttäuscht – doch neidvoll zu der Erkenntnis bringt: Wenn es überhaupt so etwas geben kann wie eine Regierung durch das Volk, dann hier.

Und wie immer man eines Tages die Luft- und die Bodenschlachten fremder Heere über dem Irak und den Wüsten Kuwaits und Saudi-Arabiens beurteilen mag, ob es um Öl ging oder um ein Prinzip, eine neue Moral zwischen den Völkern, ob das zurückeroberte Kuwait die Opfer wert gewesen ist oder ob so viele Araber letztlich sinnlos gestorben sind: die Art, wie ein amerikanischer Präsident sein Volk und die internationale Völkergemeinschaft Schritt für Schritt hinter seine Überzeugungen brachte – wenn Saddam sich nicht zurückzieht, Krieg! –, ist einmalig in der Geschichte. Er gewann zunächst die amerikanische Öffentlichkeit für seine Sicht der Dinge, dann die ersten Regierungen in Nahost und Europa, dann die UNO und schließlich und zuletzt das eigene Parlament.

Alle, die er nicht von der Vertretbarkeit eines solchen Krieges überzeugen konnte, sie mögen nach den Maßstäben eines höheren Gerichts die besseren Menschen gewesen sein. Aber – ganz unsentimental nach den Regeln der Demokratie – die Mehrheit waren sie nicht. Und das ist nun einmal die Ethik Amerikas: Die Mehrheit mag in dieser oder jener Frage schon mal ein schlechter Schiedsrichter sein, aber keiner darf für sich in Anspruch nehmen, daß seine Stimme schwerer wiegt als die eines jeden beliebigen nächsten. Und so sehr verirrt in ihrem Urteil über Gut und Böse wie in anderen Ländern – zum Beispiel in Deutschland während der Nazizeit – hat sich die öffentliche Stimmung in den USA noch nicht. Es mag dabei geholfen haben, daß die Menschen dieser Vereinigten Staaten ja Menschen aus so vielen anderen Ländern sind.

Gerade um die dramatischen Ereignisse zwischen dem Spätsommer 1990 und dem März 1991 in ihrem demokratischen Wirken etwas besser zu verstehen, ist es nützlich, einen Einblick in das Rollenspiel der Politik zu tun. Wie funktioniert sie im Alltag, die Demokratie in Amerika? Welche Stellung hat der Präsident? Welche Macht das Parlament? Welche Rolle fällt den Journalisten in Presse und Fernsehen zu? Der Krieg am Golf, so wissen wir heute, wurde auf den Fernsehschirmen genauso entschieden wie vor Ort in der Wüste. Denn in den Medien tobte die Schlacht um Amerikas »Ja« oder »Nein« zu diesem Abenteuer. Alle hatten ihre Chance, hier ihre Argumente einzubringen, zu überzeugen und zu manipulieren; sogar Saddam Hussein.

Der englische Philosoph John Locke hatte den Wortklang der Bibel im Ohr – das Erste Buch Mose, die Schöpfungsgeschichte. Er schrieb: »Am Anfang war die ganze Welt Amerika . . .« Es liegt soviel Romantik in diesem Satz, der Glaube an eine unverdorbene Natur, der totale Bruch mit den Sünden menschlicher Geschichte.

Fast neunzig Jahre nach dem Tode dieses Philosophen wurde auf dieser Trauminsel Amerika ein Experiment unternommen: Zum erstenmal räumten nicht irgendwelche Regierungen den Regierten gnädig Rechte ein, zum erstenmal setzten sich Menschen zusammen und berieten über die Frage, ob sie denn überhaupt eine Regierung wollten. Und falls ja, welche? Braucht man überhaupt eine Armee? Steuern? Eine Außenpolitik? Braucht das neue Paradies Amerika überhaupt Beziehungen mit dem Rest der Welt?

Die allgemeine Tendenz war: Wenn schon eine Regierung, dann eine möglichst schwache. Man hatte ja nicht ein neues Leben angefangen, den Urwald bezwungen und sich vom englischen König befreit, um diesen ganzen Unsinn wichtigtuerischer Hierarchien nun noch einmal neu zu erfinden. Es gab wohl auch Leute damals in Amerika, die wollten einen eigenen, amerikanischen König. Aber der Charme selbst dieser Idee war, daß im ausgehenden 18. Jahrhundert Könige nicht mehr allzuviel zu sagen hatten.

Daß es am Ende eines Präsidenten bedurfte, der möglichst wenig in das Leben freier Amerikaner eingreifen würde, war schließlich der weniger faszinierende Teil des neuen Konzepts. Klar war den Vätern der Verfassung vor allem, daß nur ein einziger Mensch überhaupt in Frage kam, dieses möglicherweise nicht so wichtige Amt zu bekleiden: George Washington, der General und Held der Befreiungskriege. Der Historiker James Thomas Flexner nennt ihn schon im Titel seines Buches den »Unentbehrlichen Mann«.

Der General zeigte sich von der Aussicht auf soviel Ehre nur milde begeistert. Er hatte zunächst davon geträumt, seine Pflicht als Volksheld und Befreier getan zu haben und sich nun zurückziehen zu können auf seine Ländereien in Virginia. Aber nach dem gemeinsamen Krieg gegen die Engländer wurde in den dreizehn ehemaligen Kolonien auf einmal klar, daß sie sich untereinander so sehr auch nicht liebten und vertrauten, um freudig und spontan zusammenzuschmelzen zu einem gemeinsamen, neuen Staat. Die Farmer in Virginia hielten von den Händlern in Massachusetts nicht viel mehr, als sie noch kurz zuvor von den Engländern gehalten hatten. Und umgekehrt war das Mißtrauen genauso groß.

Es gab also vor der Wahl eines ersten Präsidenten keine Politiker, die sich um das Amt bewarben. Das Amt suchte verzweifelt nach dem einzig tauglichen Mann; dem einzigen, der in allen dreizehn Staaten Ansehen und Vertrauen genoß, dem einzigen, der ein so loses Gebilde wie die Vereinigten Staaten von Amerika überhaupt zusammenhalten konnte. James Madison, ein Berater Washingtons und später der vierte Präsident der USA, wird mit dem Satz zitiert: »George

Washington an der Spitze zu haben war der einzige Aspekt an dieser ganzen Regierung, der den Menschen damals gefiel.«

Zwei Amtsperioden hielt der unersetzliche Mann durch. Die Sehnsucht, sich unter dem Druck der auseinandertreibenden Kräfte im Staate aus dem hohen Amt zurückzuziehen, überfiel ihn oft. Bis er schließlich unumstößlich entschied, »kein Argument auf Erden« könne ihn davon abhalten, sich 1797 nun endlich ins Privatleben zurückzuziehen.

Der erste Präsident der USA hat das Amt sehr wesentlich geprägt. George Washington empfand sich als Mittler, als Schiedsrichter gesellschaftlicher Kräfte. Vor allem eben regionaler, von Staat zu Staat verschiedener Interessen und Lebensphilosophien. Die Menschen im Süden sahen das Glück auf riesigen Ländereien, die Leute im Norden träumten vom Reichtum durch Industrie. Links und Rechts als ein Grund, sich zu hassen, waren noch nicht erfunden.

*D*ie Angst vor zuviel zentraler Macht, die Angst vor einem Tyrannen, die Angst vor allem vor einem Führer, der in dem sich anbahnenden Nord-Süd-Konflikt Partei für eine Seite nehmen könnte, hat viele Kompetenzen des Präsidentenamtes bis heute im Zustand eines kreativen Chaos belassen. Immer wieder kommen Historiker und Politikwissenschaftler zu dem Schluß, die Machtverteilung nach der amerikanischen Verfassung sei nicht darauf zugeschnitten, klare Entscheidungen zu ermöglichen, sondern darauf, sie zu verhindern. Und das ist wahrscheinlich richtig.

Weder Parteitagsbeschlüsse noch der Individualistenclub des Parlaments, nicht der Chef der Regierung oder seine Minister bestimmen Amerikas Politik. Es ist eine Kunst des wechselseitigen Gerangels, wobei noch die Gerichte, die

Interessenvertreter, die Meinungsforscher und die Journalisten ihren Teil mal zur Lösung und mal zur Verwirrung der Probleme beitragen.

Was wäre zum Beispiel gewesen, wenn vierzig Präsidenten nach George Washington auch nur eine Kammer des amerikanischen Parlaments seinem Amtsnachfolger George Bush nicht die Ermächtigung erteilt hätte, »notfalls auch mit den Mitteln der Gewalt die Besetzung Kuwaits durch den Irak wieder rückgängig zu machen«? Hätte der Präsident den seit Monaten vorbereiteten Angriff in der Wüste artig wieder abgeblasen, einen Termin, der überall auf der Welt als Drohung fest in den Terminkalendern stand? Der Befehl, sich mangels Prokura einfach wieder zurückzuziehen oder 500 000 Soldaten wie einst in Vietnam auf unbestimmte Zeit in einem fernen Krisengebiet zu stationieren, hätte nicht nur Amerikas Ansehen als Großmacht ruiniert, er hätte die in ihrem Selbstvertrauen stark angeschlagene Nation in seelische Depressionen gestürzt.

Aber das beantwortet ja noch nicht die 200 Jahre alte Frage: Darf ein Präsident die Nation in eine Lage bringen, in der nur der Rückzug des feindlichen Heeres oder ein Krieg als Optionen bleiben? Wahrscheinlich nicht. Eines der nie ganz geklärten, von Präsidenten beider Parteien stets vage und offengehaltenen Verfassungsprobleme wurde in der Praxis durch die Autorität und wohl auch die besseren Nerven des Präsidenten nach seinem Willen gelöst. Und nach dem schnellen Sieg hatte dann bis zum nächsten Konflikt niemand mehr ein Interesse daran, die Rechtsgrundlagen ein für allemal zu klären. Wäre die riskante Aktion aber nicht nach dem Geschmack der Mehrheit verlaufen, dann hätte wohl kein Meinungsforscher noch zehn Cents auf die Zukunft der Präsidentschaft Bush gewettet. Die Entschuldigung, er habe sich ja dem Beschluß des Parlaments beugen müssen, hätte dem Mann im Weißen Haus keiner durchgehen lassen.

So regiert Amerikas Präsident auch heute noch durch die Überzeugungskraft des Amtes und der Person. Letztlich nicht durch Vorschriften, sondern Erfolge. Ist ein persönliches Ansehen angeschlagen, das Glück nicht mehr auf seiner Seite, dann – das haben schon so viele Präsidentenschicksale belegt – wird aus einem der mächtigsten Politiker dieser Erde im Urteil zuerst der Journalisten und dann schnell auch des ganzen Landes nicht viel mehr als »a lame duck«, eine lahme Ente.

Rollenspiele

In einem Vorort der Hauptstadt ein chinesisches Restaurant. Fünf Journalisten sitzen in einer Ecke und stochern in ihrem Essen. Die übrigen Gäste der an diesem Abend nur mäßig besuchten Gastwirtschaft sind auf eine geradezu festliche Weise erregt. Denn in einer anderen Ecke – auf eine Distanz, daß die Journalisten zwar gut sehen, aber nichts hören können – sitzt in einer kleinen Gruppe der Präsident der Vereinigten Staaten.

Präsidenten beim Essen zuzuschauen ist eines der etwas langweiligeren Privilegien des Journalistenberufes. Mir ist dieses Glück nun schon mit vier Präsidenten zuteil geworden – meist bei sogenannten »Luncheons«, den Mittagessen als Gast irgendwelcher Organisationen, wo nach einem unumstößlichen Zeremoniell Gang für Gang zu absolvieren sind, bevor der Präsident dann eine Rede hält und wieder geht. Einer der Gründe, warum bei solchen Anlässen dringend gegessen werden muß, ist das Anliegen des Veranstalters, für den jeweiligen Zweck Geld zu sammeln. Es würde sich merkwürdig ausmachen, wollte man für eine Rede des Präsidenten 10 000 Dollar Eintritt kassieren. Doch für ein Menü – ob das Essen nun schmeckt oder nicht – gelten solche Preise als akzeptabel.

Das Abendessen in jenem chinesischen Restaurant ist allerdings ohne Pomp und Festlichkeit. Ein bißchen Abwechslung im Alltag einer Familie, die einfach mal andere Tapeten sehen will als die des Weißen Hauses. Ein so schneller, verblüffender Vorstoß aus dem festen Rahmen des Protokolls, daß ihm auch der Secret Service, der Geheimdienst, ab und zu seinen Segen erteilt, da ja nach allem menschlichen Ermessen keine gefährliche, politisch fanatisierte Gruppe bei so spontaner Planung Böses inszenieren kann. Wer soll denn schon ahnen, daß der Präsident heute auf dem anderen Ufer des Potomac chinesisch essen geht.

Vier Sicherheitsbeamte sind natürlich auch im Raum. Man erkennt sie an ihren Kunstfaseranzügen und dem korrekten Haarschnitt, an jenem Knopf im Ohr und dem dünnen Kabel, das oben im Jackett verschwindet. Manchmal redet einer in seinen linken Unterärmel, wo ein winziges Mikrophon versteckt ist, und schickt so eine Funkmeldung an die Zentrale. Sie essen nicht, sie diskutieren und sie lachen nicht, sie starren nur die anderen Gäste an.

George Bush hat einmal beim Korps der »White House Press« den Wunsch eingebracht, er möchte hin und wieder allein essen gehen. Zwar mit Geheimdienst, aber doch wenigstens ohne Journalisten. Der Antrag wurde debattiert und dann abgelehnt. Die Begründung: Der Präsident könne sich ja beim Essen mal an einer Gräte verschlucken, und dann sei kein Chronist zur Stelle, dies der amerikanischen Öffentlichkeit in allen Einzelheiten zu beschreiben. Und selbst der Einwand des Staatsoberhaupts und Regierungschefs, eine solche Gräte könne ihm doch schließlich auch in seinen privaten Gemächern im Weißen Haus im Halse steckenbleiben, dann sei ja auch kein Journalist im Zimmer, überzeugte die Nachrichtenbranche nicht.

Es blieb bei der Regel: Wann immer der Präsident das Weiße Haus verläßt, hat zumindest ein »Pool« der Medien dabeizusein. Das ist eine Abordnung der im Weißen Haus akkreditierten Journalisten, Kameraleute und Photographen, die anschließend ihre Bilder und Erlebnis-Protokolle mit der gesamten Zunft zu teilen hat.

Von besonderer Verantwortung gegenüber der Geschichte, ein bißchen makaber, doch im Fall aller Fälle von besonderem Nachrichtenwert ist der sogenannte »Travel Pool«: ein Mann mit einer Videokamera, ein Gehilfe und der Fahrer, die im Wechsel untereinander von den großen amerikanischen Networks abgestellt werden. Der Kameramann fährt etwa im fünften Fahrzeug der Kolonne, wo immer der Hausherr des Weißen Hauses auch hinfährt, im Sommer wie im Winter im offenen(!) Wagen und hält einfach die ganze Reise lang seine Kamera auf die Limousine des Präsidenten.

Das Produkt sieht dann so aus wie die Werke einer filmischen Mode von gestern, die einen besonderen Reiz darin entdeckte, gleichmäßige Handlungsabläufe aufzunehmen, etwa Menschen beim Schlafen. Stundenlang dasselbe Auto, nur die Kulisse verändert sich. Alles, was eben an Bäumen und Häusern, an Ampeln und vorübergehend gestopptem Verkehr auf der jeweiligen Strecke zu sehen ist. Sinn dieses Aufwands ist es, Zwischenfälle im Bild festzuhalten, praktisch jede Sekunde im Leben des Präsidenten lückenlos zu dokumentieren. Es könnte ja zum Beispiel jemand auf ihn schießen.

Passiert nichts Ungewöhnliches während der Fahrt, wird das Band wieder gelöscht. Doch leider hat es ja schon Fälle gegeben, in denen die ganze Welt die Bilder des »Travel Pool« über die Fernsehschirme flimmern sah. Als John F.

Kennedy erschossen wurde, kannte man diese totale elektronische Überwachung noch nicht. Man mußte sich auf zufällige Produkte von Amateuren verlassen. Das hat den beruflichen Stolz der Fernseh-Branche hart getroffen.

Der Beruf eines »White House Correspondent« ist eine seltsame Mischung aus Weltpolitik und fast familiärer Fixierung auf das Objekt. Die großen Zeitungen und die großen amerikanischen Fernsehsender haben zwei, drei, manchmal vier Journalisten permanent ins Weiße Haus abgestellt. Dazu kommen noch die Photographen und Tag für Tag mehrere Schichten von Kamerateams. Oft läßt sich am Vortag schon übersehen, was auf dem Terminkalender des Präsidenten und seiner engen Mitarbeiter steht, ob ausländische Politiker empfangen werden oder Abgeordnete und Senatoren, Vertreter besonderer Organisationen oder Sieger in Schülerwettbewerben. Pressekonferenzen werden meist sehr kurzfristig auf das Programm gesetzt. Auf dem Rasen vor dem Haus mit den weißen Säulen stehen die Korrespondenten zur Nachrichtenzeit und berichten »live«.

An einen Tag, an dem nichts »from the White House« in den Abendnachrichten war, kann ich mich nicht erinnern. Natürlich, wenn der Präsident auf Reisen geht, dann fliegt ein Jumbo-Jet voller Journalisten mal vor und mal hinterher, um die Nation live oder zum Andruck der Morgenzeitung über den Tagesablauf des Präsidenten auf dem laufenden zu halten. Ein »Pool« – also aus der Zunft von jeder Gattung einer – klettert jedesmal an Bord der »Airforce One«, reist also in der Präsidentenmaschine mit. Meist – zwischen Alaska und Tokio oder zwischen Washington und Texas – kommt der Präsident in der Pressekabine vorbei – nur, um mal zu sehen, wie es den Journalisten so geht. Sofort setzt ein lautes Konzert von Fragen ein – wie das Gezwitscher junger Vögel in ihrem Nest, wenn sich die Eltern nähern. Jeder Satz, eine Bemerkung des Präsidenten, ist immer »News«, besonders, wenn das Problem, um das es da geht, nicht direkt in seine Kompetenzen fällt.

Wenn ein Politiker derart am Kabel der Öffentlichkeit hängt, wird auch das sonst Banale zum Ereignis, erhöht sich alles Politische und alles Private vor den Augen der Nation zum Teil ihres täglichen Lebens. Mir ist kein anderer Regierungschef der Welt bekannt, der so intensiv beobachtet wird, kein Staatsoberhaupt, das so direkt zum Bürger durchgeschaltet ist. Der Präsident und seine Familie leben auf einer Bühne und müssen auch jene Bereiche menschlicher Neugier befriedigen, die sonst von den Filmschauspielern und allenfalls noch von der englischen Königsfamilie abgedeckt werden.

Sogar die Diagnosen seiner Ärzte werden nicht nur dem Präsidenten schonungslos offengelegt. Jeder Bürger der USA hat einen Anspruch darauf, bei jeder Unpäßlichkeit den Befund, die Testwerte und die Dosierung der Medikamente zu erfahren. Ob es die Funktion seiner Schilddrüse ist, der Herzschlag des Präsidenten, die Urinanalyse oder Ablagerungen an der Hüfte – jeder Fischer in Maine und jeder Farmer in Kansas soll wissen, wie gesund oder krank, wie dienst- und belastungsfähig der erste Mann im Staate ist. Gibt es hier Anlaß zu Zweifeln oder Sorgen, dann wendet die Presse sich gleich seinem Vertreter, dem Vizepräsidenten zu, und die Meinungsforscher fragen landauf und landab: Halten Sie diesen Vizepräsidenten denn überhaupt für geeignet, das Amt des Präsidenten auszuüben?

Die Steuererklärung der Bewohner des Weißen Hauses wird Jahr für Jahr in der Zeitung abgedruckt. Alle Vermögenswerte sind auf den Dollar genau aufgelistet; alles wird von einem Treuhänder verwaltet, damit Interessenkonflikte zwischen Präsidentenamt und persönlichen Finanzen überhaupt nicht erst aufkommen können. Die 16 660 Dollar pro Monat als Präsidentengehalt, 14 282 Dollar als Honorar für ein Buch, alle Geschäftsanteile und Aktienausschüttungen, alle Spenden, Aufwendungen und Abschreibungen ergaben im Jahre 1989 unter dem Strich eine Einkommensteuerschuld der Familie Bush von exakt 101 382 Dollar. Wer aus irgendwelchen Gründen Zweifel daran hat, kann sich auch selbst noch an die Abteilung »Öffentliche Information« beim Finanzministerium wenden und um nähere Aufklärung bitten.

An jedem Sonntag – wo sie auch sind – wird der Gang der Bushs zur Kirche gefilmt; jeder Geburtstag der Enkelkinder wird registriert. Die Kameras werden zum Teil des Privatlebens, das Golfspielen wird zum Teil des Berufs. Nur auf dem Landsitz in Camp David versperren die Zäune auch den Journalisten den Zutritt. Meistens jedenfalls. Die Frau des ehemaligen Präsidenten Nixon hat der Frau des damals gerade ins Amt kommenden Präsidenten Reagan den Rat gegeben: »Nutzt Camp David, so oft ihr es könnt. Denn ohne euch wenigstens hin und wieder mal nach Camp David zurückzuziehen, werdet ihr verrückt!«

Im Weißen Haus liegen die Quartiere der Presse genau zwischen dem Wohntrakt und dem Arbeitszimmer des Präsidenten. Wenn er morgens durch den Rosengarten zum Dienst geht, muß George Bush an den Türen des »Briefing Room« vorbei. Die Journalisten wachen dort in den Presseräumen in einer Früh-, Nachmittags- und Abendschicht. In Krisenzeiten wie während des Golfkriegs gehen die Lampen nicht aus. Einige haben sich jedes Privatleben inzwischen schon abgewöhnt, sie wohnen gleich in der Nähe und besuchen auch nur noch Restaurants im engen Umkreis um die Arbeitsstätte. Die Kollegen und der Stab des Weißen Hauses werden zur Ersatzfamilie.

Es ist eine enge, eine verhältnismäßig kleine Welt. Und selbst wenn alle gemeinsam nach Peking, nach Prag oder nach Kolumbien reisen, so verlassen sie eigentlich nie die Plastikglocke des Weißen Hauses. Ich bin mit diesem »Zoo«, wie sie sich selbst stolz nennen, zu Richard Nixons Zeiten in Moskau gewesen, und unsere ganze Aufmerksamkeit blieb dabei auf Washington konzentriert. Das große Thema war »Watergate«, ein Skandal, ein Machtkampf zwischen dem amerikanischen Präsidenten, der Justiz und dem Parlament. Und das Weiße Haus beteiligte sich in jener hochdramatischen Zeit eben aus Moskau an diesem heimischen Disput. Ich war mit Ronald Reagan unterwegs in die Sowjetunion; der »Zoo« war gerade in Helsinki gelandet – Finnland war ohnehin kein Thema, das die Leute aus dem Weißen Haus in Atem hielt –, da kam plötzlich eine Meldung aus Panama, und alle White House Correspondents stellten sich vor ihre Kameras und Mikrophone, um von Helsinki aus General Noriega eine ernste Warnung des Weißen Hauses entgegenzuschmettern. Mit George Bush waren wir in Tokio, um einen japanischen Kaiser zu Grabe zu tragen. Doch das fliegende »Weiße Haus« war vor allem dadurch aufgewühlt, daß John Tower, den der neue Präsident als Verteidigungsminister wollte, vom Senat nicht die Bestätigung erhielt. Die Parlamentarier daheim am anderen Ende der Welt hatten keine fachlichen, keine militärischen Bedenken gegen den Mann; es ging um Alkohol und Frauen, »die nicht seine Ehefrauen waren«. Unter dem dumpfen Trommeln der Shinto-Priester stand ein amerikanisches Pressekorps vor japanischen Tempeln und erzählte Washingtoner Geschichten. Das »Weiße Haus« auf Reisen – eine Wundermaschine, die Raum und Zeit überbrückt!

In einem Punkt des Protokolls, so hatte George Bush sich vorgenommen, werde er die Journalisten erziehen. Wann immer ein ausländischer Gast neben dem Präsidenten sitzt – sagen wir, die Königin von Dänemark oder ein Regierungschef aus Afrika – filmen und photographieren Amerikaner vor allem den Amerikaner in diesem Arrangement, kommen White House Correspondents herbeigeeilt, die sich für den Gast so gut wie überhaupt nicht interessieren. Und so rufen sie ihrem eigenen Präsidenten laute Fragen zu, die mit Dänemark oder Afrika nicht das geringste zu tun haben. Irgend etwas, das eben Amerikaner an diesem Tag bewegt. Der Gast sitzt hilflos da und lächelt. Dies also sollte in Zukunft nicht mehr geduldet oder ermuntert werden, hatte George Bush mit fester Stimme verkündet.

Viel ist aus diesem guten Vorsatz nicht geworden. Denn allzuoft ist für den Präsidenten selbst die Versuchung unwiderstehlich, zu einem Thema Stellung zu nehmen. Nicht durch langatmige offizielle Erklärungen, sondern so nebenbei auf Zuruf. So, als wollte er seinen Landsleuten nur mal eben sagen, daß er als Mensch, nicht als Politiker, diese und jene Entwicklung mit Sorge betrachte. Und für eine solche fernsehgerechte Form im Umgang mit dem heimischen Publikum müssen auswärtige Gäste eben oft als Statisten herhalten. Das Interesse einer Weltmacht an der Welt hat seine natürlichen Grenzen.

In einer derartigen Kulisse mitzuverfolgen, wie sich in einer fernen Wüste ein Konflikt zum Krieg aufbaut, ist ein seltsam unwirkliches Erlebnis. Es ist, als wenn man über ein Drehbuch für eine Fernsehinszenierung debattiert. Und alle Ideen und alle Bedenken werden schon einmal gesendet. Alle Hauptdarsteller haben Vorstellungen von ihrer Rolle; Politik verliert den Charakter des Geheimnisvollen und Komplizierten. Auch das Publikum wird in den Kreis der Drehbuchautoren miteinbezogen. Wer ist dafür? Wer ist dagegen? Und falls es zum Krieg kommen sollte, warum? Wegen Kuwait? Wegen des Öls? Oder geht es darum, Saddam Hussein zu stürzen?

Michael K. Deaver, ein Freund und der Medienzar des Präsidenten Ronald Reagan, hat in seinem Buch »Hinter der Bühne« Theorien über das Verhältnis von präsidialer Macht und Fernsehen aufgestellt. Einer seiner Lehrsätze lautet: Solange ein Präsident in der Bevölkerung populär ist, halten sich die Journalisten in ihren Attacken zurück. Auch Präsident Carter hatte ja bitter geklagt: Sie stützen dich, wenn du stark bist, und sie schlagen auf dich ein, wenn du Schwäche zeigst ...

Aber in einem anderen wichtigen Punkt sollte das Public-Relations-Genie Michael Deaver nicht recht behalten. Er schrieb: »Amerikaner wollen nach Vietnam in ihren Wohnzimmern nie wieder massenhaftes Töten sehen. Ein Präsident kann für dreißig Minuten Bomben über Libyen werfen lassen, aber er kann nicht Tag um Tag ein Land bombardieren. Und er kann auch keine Truppen mehr irgendwohin in den Einsatz schicken. Das Fernsehen hat unsere militärische Strategie grundsätzlich geändert. Ich bin fest davon überzeugt, daß Amerika nie wieder einen Bodenkrieg führen wird!« Zu den Opfern des Krieges am Golf gehören nun einmal auch ganze Bataillone von Experten.

»Ich in die Politik? Ihr seid verrückt!«

Er sitzt im 34. Stock eines Bürogebäudes in Century City. In der Ferne sieht er die Türme von Los Angeles, unter ihm in der Tiefe schaut er auf das Studiogelände von »20th Century Fox«. Das Leben eines ehemaligen Präsidenten ist ebenso abgeschirmt wie einst das Leben im Weißen Haus. »Man sieht die Menschen draußen vorübergehen«, sagt Ronald Reagan, »und man kann nicht einfach hingehen und sich unter sie mischen.« Wer einmal auf die Höhen der Politik geklettert ist, ist für das normale Leben verloren.

Das heißt: Am Weißen Haus kamen noch Menschen vorüber, der Präsident konnte sie aus der Ferne sehen. Touristen standen am Zaun und photographierten sich gegenseitig, manchmal wurde demonstriert, auf dem Rasen liefen die Journalisten herum. Hier in Century City bei Los Angeles sieht man kaum einen Menschen. Vielleicht mal nebenan am »Marriott Hotel«, wenn sie aus ihren Autos steigen und die Hoteldiener in ihren bunten Märchenuniformen die Türen aufreißen, das Gepäck entladen, die Autos in die Tiefgarage fahren. Es ist eine saubere, funkelnde, glatte Welt, auf die der alte Herr heute herunterschaut.

Eine Zeitlang hat er hier oben seine Memoiren diktiert. Hier empfängt er Gäste, die zum ehemaligen Präsidenten pilgern und ihn bitten, aus alter Freundschaft mal diesen und jenen anzurufen an den Hebeln der Macht. Mit der Post kommen Bitten um Autogramme; Organisationen und Länder fragen an, ob Reagan wohl bereit wäre . . .; was es denn kosten könne, ihn als Redner zu engagieren. Aus dieser kalifornischen, sonnenbeschienenen, etwas sterilen Höhe hat er als Rentner miterlebt, wie die Welt sich auf eine dramatische, atemberaubende Weise verändert hat, seit er an jenem 20. Januar 1989 mit seiner Frau Nancy die Stufen des Kapitols in Washington herunterschritt, einen Hubschrauber und dann zum letzten Mal das Flugzeug des Präsidenten bestieg, um heimzufliegen ins Leben eines Privatmanns. So viele Krisen, die ihn einst im Weißen Haus beschäftigten, lösen sich nun auf eine manchmal turbulente, aber dann auch wieder harmonische Weise wie von selbst. Von den vielen Feinden, die Ronald Reagan hatte, sind die meisten plötzlich verschwunden.

Wir hatten ihm einen Brief geschrieben, als in einem jahrzehntelang zugemauerten Teil Deutschlands plötzlich freie Wahlen abgehalten wurden. »Sie haben doch einst vor der Berliner Mauer gestanden und gerufen: Mr. Gorbatschow, reißen Sie die Mauer nieder! Haben Sie damals ernsthaft geglaubt, er würde das eines Tages tun? Wir möchten gerne mit Ihnen über Deutschland reden.« Der alte Herr fand die Idee gut.

Das Problem bei Interviews mit Ronald Reagan – das hatte ich schon im ovalen Arbeitszimmer des Weißen Hauses mit ihm erlebt – ist seine entwaffnende Unkompliziertheit. Journalisten – besonders Europäer – haben sich so oft die verzwicktesten politischen Fragen ausgedacht über Konflikte, die nie lösbar sind, wo immer man auch anpackt, und für Ronald Reagan war die Welt stets einfach und klar. Die

Hoffnung, daß man ihn je unsicher erleben würde, zweifelnd, mit sich ringend vor dem Einsatz der Macht, ist stets Illusion geblieben. Vor allem jene Interviews, die endlich mal den Menschen hinter dem Politiker hervorkehren sollten, waren meist sehr enttäuschend ausgegangen. Der Mensch und der Politiker, sie waren immer derselbe.

Was er uns damals in die Kamera sagte, ist heute nicht mehr neu. Doch an jenem Tag im März 1990 waren viele Aspekte einer deutschen Einigung noch sehr verwirrend. Die Sowjets wollten kein Deutschland in der Nato. Der alte Herr sagte: »Ich glaube, man sollte offen mit ihnen reden und ihnen die Vorteile klarmachen, wenn Deutschland nicht isoliert und allein ist, sondern in einem Bündnis mit anderen westeuropäischen Staaten!«

Der damaligen britischen Premierministerin, seiner politischen Freundin Margaret Thatcher, ging alles zu schnell; Deutschland wurde ihr zu plötzlich zu groß. Ob er ihre Sorgen verstehen könne? »Nein«, sagte er schlicht. »Ich glaube, daß das Führungszeugnis der Deutschen aus den letzten vierzig Jahren all denen widerspricht, die ihre Sorgen auf zurückliegende Zeiten gründen.« Alles in allem: »Ich habe mir immer vorgestellt, es gäbe eine Mauer am Mississippi quer durch die USA. Es ist doch natürlich, sich zu wünschen: Weg mit ihr!« Also habe er auch geglaubt, als er über die Berliner Mauer rief: »Mr. Gorbatschow, tear down that wall!«, Gorbatschow werde eines Tages darauf hören. »Das Ding war so etwas Unnatürliches, das konnte nicht ewig da stehen bleiben.«

Es war, wie gesagt, schwierig, Reagan Probleme einzureden, und es wäre ja auch eine etwas komische Rolle für einen deutschen Reporter gewesen, da immer und immer wieder einen neuen Anlauf zu nehmen. Beim Abschied steckte er den Daumen der rechten Hand in die Luft und rief fröhlich die deutschen Worte: »Auf Wiedersehen!« Die Sache mit Deutschland war für ihn gelaufen.

Es gibt vieles an Ronald Reagan, das nach den Regeln der üblichen Politik schwer zu verstehen ist. Aber sein Bild war von Freund und Feind so scharf gezeichnet worden, daß niemand etwas anderes wollte als ein Klischee. Zum Beispiel: Warum ist er ein so Erz-Konservativer gewesen?

Wenn man seine politischen Reden hörte und die Reden seiner politischen Gegner, dann konnte man nur zu dem Schluß kommen, er sei unter den Präsidenten der USA einer der gläubigsten Ritter für die Sache des Kapitalismus gewesen und einer der entschiedensten Gegner staatlicher Wohlfahrt. Dabei ist der Mann in Hollywood Gewerkschaftsfunktionär gewesen.

Aufgewachsen ist er als Sohn eines Schuhverkäufers. Reagans Vater war Demokrat und hat die Familie während der großen Depression lange Zeit durch die sozialen Programme des demokratischen Präsidenten Franklin D. Roosevelt über Wasser gehalten. Jack Reagan war Leiter der Fürsorgestelle im Städtchen Dixon in Illinois. Und der junge Ronald fühlte sich als »Demokrat von Geburt«, als ein glühender Verehrer des sozialpolitischen Reformers Roosevelt. Später in seinem Leben trat er in den Ring der Politik, um alles wieder zurückzurollen, wofür der Name Roosevelt stand. Er wetterte so sehr gegen eine alles lähmende, die Freiheit erdrosselnde Regierung, daß sich wohl weder in seiner Zeit als Gouverneur von Kalifornien noch als Präsident der USA einer seiner Mitarbeiter traute, dem schimpfenden Manne zu eröffnen, daß er doch selbst der Chef einer Regierung sei.

Ausgerechnet 1960, als Richard Nixon gegen John F. Kennedy um die Präsidentschaft stritt, wandelte sich Ronald Reagan vom Demokraten zum Republikaner. Richard Nixon, den Republikaner, hatte er nie leiden können. In seinen Memoiren »Ein amerikanisches Leben« werden viele Witze über die Bürokraten erzählt, doch so richtig überzeugend aus dem Lebenslauf des Helden wird an keiner Stelle klar, warum er persönlich wohl diese schrecklichen Erlebnisse mit Bürokraten hatte. Wo waren die Grauen, die seine Revolution so zwingend nötig machten? Die Gegentheorie zahlreicher Biographen dieses Präsidenten ist, daß nicht er es war, der in die Politik drängte – die Politik griff sich ihn. Republikaner mit Einfluß hatten Gefallen an einem Schauspieler gefunden, der bei den Menschen ankam. Was er dann immer beklagte, mag anderen, reicheren, schwerer auf der Seele gelastet haben als ihm.

Ronald Reagan war Hollywoods direkter Eingriff in die Politik. In den fünfziger Jahren hatte die General Electric Company ihn zunächst für die Wirtschaft entdeckt. »GE« suchte nach einer Public-Relations-Figur, nach einem Werbeträger für ihre Produkte. Nach einem Mann, der nicht nur in einer von der Firma bezahlten, »gesponserten« Fernsehserie den Helden spielte. Dieser Held zog kreuz und quer durch die USA, in die 139 Fabriken des Konzerns, und sprach vor der Belegschaft. Das gab den Mitarbeitern in den abgelegensten Gegenden des großen Landes das Gefühl, Teil einer großen Sache zu sein. Er war oder er spielte, er repräsentierte den Mann zum Produkt, »Mr. General Electric«. In seine Reden flossen da und dort politische Sätze ein – Harmlosigkeiten zunächst, nichts Radikales. Besonders gut konnte er Witze erzählen. Dem Publikum gefiel's und General Electric auch.

Eine Rolle führte zur nächsten. Bei den Präsidentschaftswahlen 1964, als sich im Lager der Republikaner der Konservative Barry Goldwater und der liberal-konservative Nelson Rockefeller zerfleischten, unterstützte der Schauspieler und reisende Redner den Senator aus Arizona, Goldwater, der schließlich als Spitzenkandidat seiner Partei in den Endkampf gegen den Demokraten und Präsidenten Johnson zog. Zum erstenmal auf der größeren Bühne der Politik aufgetreten ist Ronald Reagan mit einer Fernsehansprache, die er zur Unterstützung Goldwaters hielt. Nun war die politische Gangart des Mannes aus Hollywood schon etwas schärfer: Die Bürokraten hatten inzwischen bereits die Kontrolle über Amerikas Wirtschaft, die Demokraten, die im Weißen Haus den Präsidenten stellten, waren dabei, das Land dem Sozialismus auszuliefern. Das Ganze war angereichert mit den Schicksalen von Menschen, die alle Opfer der Bürokratie oder einer hemmungslos-verschwenderischen Regierung waren.

Barry Goldwater, der Held der Konservativen in jenen Tagen, hat hoch gegen Lyndon Johnson verloren. Doch zwei Jahre später wurde in Kalifornien wieder der Gouverneur gewählt. Parteifreunde, die aus nicht ganz uneigennützigen Gründen in jedem Wahlkampf Geld in politische Talente investieren, hatten eine Idee. Ihr Wunschkandidat reagierte auf den Antrag mit den Worten: »Ihr seid verrückt. Ich bin Schauspieler und kein Politiker!«

Er wurde Gouverneur von Kalifornien, er wurde wiedergewählt. Und in all den Jahren wurde sein Name auch einem nationalen Publikum bekannt. Aus den frühen siebziger Jahren kann ich mich schon an einen Präsidentschaftskandidaten Ronald Reagan erinnern. Die Tagesschau sendete meinen Bericht über seine Mission und seine Witze nicht in der Hauptausgabe, sondern um 13 Uhr. Der Mann war damals noch nicht ernst zu nehmen. Aber ich kannte nun seine Reden und seine Witze, und er hat beharrlich an seinem Repertoire festgehalten. Zum Beispiel an der Geschichte vom Bomberpiloten, den sein Vaterland mit dem lausigsten Gerät in den Einsatz schickte. Immer mußte dieser Pilot eine leere Cola-Dose zwischen seine Navigationsgeräte klemmen, um Wackelkontakte zu beheben. Auf derart sträfliche Art vernachlässigte Amerika die Wacht gegen den Kommunismus. Der Witz kam alle vier Jahre wieder.

Wie man Präsident der Vereinigten Staaten wird, ist meistens nur im nachhinein zu erklären. So chaotisch ist das Verfahren, von so vielen Zufällen abhängig das Resultat. Die Parteien spielen dabei keine so große Rolle. Sie halten sich in den sogenannten Primaries, den Vorwahlen zur Ermittlung ihrer Spitzenkandidaten, zurück wie ein Rudel Wild, das den rivalisierenden Hirschen beim Kampf zuschaut. Sie laufen einfach dem hinterher, der der Stärkste war.

Natürlich ist ein solcher Ausleseprozeß voller Merkwürdigkeiten, eine Zerreißprobe, die wirklich nur robuste Talente heil überstehen. Sie stapfen zunächst in den nördlichen Bundesstaaten Iowa und New Hampshire durch den Schnee, sitzen mit Lastwagenfahrern am Tresen der Raststätte, laufen Farmern auf dem Acker hinterher. Und überall ziehen Kamerateams, Journalisten und Photographen mit, die jede Hürde, jedes Stolpern genußvoll zur politischen Story auswalzen. Und schließlich fliegen sie von Nord nach Süd, von Ozean zu Ozean, um als der zukünftige Präsident der USA Ranchern höhere Fleischpreise und Hausfrauen und Rentnern billigere Lebensmittel zu versprechen. Die

Journalisten schießen sich derweil auf sogenannte »issues« ein, die wichtigen Themen: Abtreibung, Waffenkontrolle, Sozialhaushalt, Steuern. Der Slalom ist immer so angelegt, daß das, was in dem einen Staat, bei der einen Gruppe Wählerstimmen bringt, in einer anderen Region die Chancen drastisch senkt, gewählt zu werden.

Und doch ist dieses Verfahren ein Teil des amerikanischen Traums. Es ist der Traum eines jeden versteckten Talents und eigentlich hoffnungslosen Kandidaten, daß es nie zu spät ist, nach den höchsten Sternen zu greifen. Und der Traum des Wählers auf Erlösung, der Traum, daß eines Tages einer kommt, der das Land aus der leidigen, festgefahrenen Politik zu neuen Horizonten führt. Kein Zweifel, Ronald Reagan war einer dieser Hoffnungsträger.

Auf dem langen, harten Marsch von nun schon drei amerikanischen Präsidenten ins Weiße Haus habe ich mir aus dem Journalisten-Troß heraus so oft genußvoll vorgestellt, wie es wohl wäre, wenn auch deutsche Politiker in dieser Vorauslese nicht nur die Parteihierarchien als ihre Schiedsrichter hätten. Es wäre schon eine hübsche Idee, wenigstens einmal alle vier Jahre die hohen Herren an Türen klopfen zu sehen. Sie mitzuerleben und dabei zu filmen, wie so viele Talente derselben Partei wirklich ganz unten beim Volk auf die Pilgerschaft gehen, statt sich nur bei Flügeln, Fraktionen und Funktionären beliebt zu machen. Jede Idee hat eine Chance; nichts ist zu unseriös, nichts ist zu ausgefallen.

Den Ausschlag zwischen Erfolg und Scheitern können oft Glück und Zufall geben. Für Ronald Reagans politische Karriere war eine solche Sternstunde eine Debatte mit seinen anderen republikanischen Bewerbern in einer Winternacht in der Sporthalle einer Schule in New Hampshire. Es gab Streit, ob acht Kandidaten zu der Verantstaltung eingeladen waren oder nur zwei. Ronald Reagan wollte etwas sagen, der Diskussionsleiter schnitt ihm das Wort ab und befahl dem Toningenieur, das Mikrophon des Kandidaten abzuschalten. Da rief der Kandidat empört: »I am paying for this microphone. Ich zahle schließlich für das Mikrophon!« Es mag heute politisch albern und völlig unverständlich sein, aber dieser Satz wurde zu Beginn des Jahres 1980 für einen Kandidaten zum Markenzeichen seiner Entschlossenheit. George Bush, sein gefährlichster Rivale, hatte an jenem Abend etwas hilflos neben seinem Mikrophon gesessen. Er mußte seine Pläne, Präsident zu werden, um acht Jahre verschieben.

Der Endkampf gegen den Demokraten, gegen den amtierenden Präsidenten Jimmy Carter, wäre unter normalen Umständen für einen Herausforderer wie Ronald Reagan eine sehr hohe, wohl unbezwingbare Hürde gewesen. Doch der lange schwelende Konflikt der Großmacht mit den islamischen Revolutionären im Iran, die Ohnmacht der USA, die in Teheran als Geiseln gehaltenen Angehörigen ihrer Botschaft wieder freizubekommen, hat in den Tagen vor dem Wahltermin im November 1980 zu sehr an den Nerven der Nation gezerrt. »Geiselkrise – 400. Tag« leuchtete es in den Nachrichten; »443. Tag!«, »444. Tag!« Sie wollten den ehrlichen, den frommen und guten, den hilflosen Präsidenten Carter nicht mehr. Sie wählten einen Mann, der versprochen hatte, Amerikas Stolz und Amerikas Träume wieder neu zu beleben. Noch elf Jahre nach dem Sieg quälte die Demokraten die Frage, ob damals alles mit rechten Dingen zugegangen sei. Ob nicht Leute aus der Reagan-Mannschaft mit den Iranern konspirierten, die Geiseln erst nach dem Wahltag freizulassen.

Ronald Reagan war als Präsident der Rüstung, als kriegerischer Falke angetreten, er trat als ein Präsident der Abrüstung von der Bühne ab. Nicaragua, Libyen, Beirut, Grenada, der Iran-Contra-Skandal – die Liste der Niederlagen und der zweifelhaften Siege ist lang. Doch sein größter Triumph war die Verbesserung der Beziehungen zu einem Land, das er einst »das Reich des Bösen« nannte. Hat er nun die andere Großmacht seiner Zeit, die Sowjetunion, in die Knie gerüstet, oder hat mit Michail Gorbatschow die sowjetische Politik eine Wende zum Vernünftigen genommen? Darüber werden die Freunde und die Feinde Ronald Reagans noch lange streiten. Menschen, die zu diesem Präsidenten ein leidenschaftsloses Urteil hatten, waren nie in Mode.

Die Einzelheiten des heute so selbstverständlichen Prozesses politischer Vernunft zwischen zwei feindlichen Lagern von einst verfolgt die Öffentlichkeit heute nur noch mit milder, gezügelter Neugier. Am Ende ist es wohl gar nicht so wichtig gewesen, welche Raketen, U-Boote und Bomber die überflüssigsten waren. Es fing mit nuklearen Mittelstreckenraketen an, und da der Weg des guten Willens einmal eingeschlagen war, zog jede Seite schließlich immer mehr Waffen und Soldaten von der Grenzlinie in Europa zurück.

Auf Gipfeltreffen waren es plötzlich nicht mehr zwei Weltmachtstrategen, die vor der Landkarte standen, um sich gegenseitig ihre Arsenale vorzurechnen, zwei ältere Herren saßen an einem Tisch und sprachen über die Zukunft ihrer Enkelkinder. Und zwar auf einer gemeinsamen Welt.

Als Ronald Reagan, der Cowboy, wie wir Journalisten ihn so oft porträtierten, am Ende von zwei Amtsperioden in den Sonnenuntergang ritt, hatte er Freunde und Gegner verwirrt. Er hinterließ die Welt friedlicher, als er sie von seinem Amtsvorgänger übernommen hatte. Und: Der Held aus Hollywood, der acht Jahre zuvor in die Hauptstadt geritten kam, um nach fünfzig Jahren der Verschwendung staatsgläubiger Präsidenten und ihrer Bürokraten wieder Ordnung zu bringen in die Kassen und in die Wirtschaft Amerikas, hinterließ seinem Nachfolger George Bush einen Berg von Schulden, wie ihn noch kein Präsident vor ihm je aufgehäuft hatte. Nicht einmal Franklin D. Roosevelt, den der jugendliche Ronald Reagan einst so bewundert hatte und gegen den der ältere Ronald Reagan so leidenschaftlich zu Felde zog.

Mit seiner festen Überzeugung, daß gutes Regieren eigentlich ganz einfach sei – man müsse nur die Wirtschaft von staatlichen Einflüssen befreien – hat er sogar die Wirtschaft des Landes zu seltsamen Räuschen verführt. Das ist ein besonderes Kapitel. Am Ende seiner Präsidentschaft war Amerika militärisch stark, im Frieden mit der Sowjetunion und wirtschaftlich darauf angewiesen, daß andere die Rechnung zukünftiger Kreuzzüge bezahlen. Ronald Reagan gab Amerika eine Vision, an die das Land acht Jahre lang glaubte. Auch wenn keiner so richtig begriff, was der Traum denn eigentlich war.

TV total und »News-Burger«

Es war kurz vor Mitternacht, und aus irgendeiner Trägheit heraus war ich im Fernsehkanal 50 gelandet. Gerade hatte ich noch den Schluß von »Caesar und Cleopatra« gesehen, in der Hauptrolle Vivian Leigh, der Film gleich nach dem Ende des Zweiten Weltkriegs gedreht. Wie das so ist: Man sollte eigentlich ins Bett gehen, holt dann aber doch noch ein Bier aus dem Kühlschrank, derweil läuft das Fernsehgerät weiter. Der Mensch kommt wieder hinzu und versucht, sich aus dem, was da gerade läuft, einen Reim zu machen.

Da saßen nun plötzlich im 50. Kanal adrett gekleidete Menschen unter Palmen. Ich hatte noch ein bißchen gerätselt, von welchem Strand, von welcher Insel denn wohl diese Parade leuchtender, glücklicher Gesichter kommen könnte, da begrüßte der Moderator seine Gäste mit: »Aloha!« Im Hintergrund glitt mit buntem Segel ein Katamaran vorbei. Nun war alles klar: Channel 50 sendete aus Hawaii.

Der Moderator, ein mildes Gesicht unter weich im Winde wogendem Haar, forderte seine Gäste auf, es möge ein jeder – jung oder alt – sein Schicksal mit den Zuschauern teilen. Aha, eine religiöse Sendung also, so gerade das richtige, um noch einmal kurz hineinzuschauen, und dann aber ab ins Bett! Die Kamera richtete sich auf eine junge Frau, Alter so etwa Anfang dreißig. Sie brachte ein, von Beruf medizinisch-technische Assistentin gewesen zu sein. Mit einem Jahresgehalt von 7400 Dollar. »Ich erlebte«, so erklärte sie der Runde in Hawaii und uns an den Fernsehschirmen, »ich sah hilflos zu, wie mein Leben vorbeifloß ohne jede Perspektive. Keine Hoffnung, mein Schicksal in die eigenen Hände zu nehmen . . .« Und dann? Dann hat das Leben dieser jungen Frau sich schlagartig zum Guten gewendet. Es geschah an jenem Tag, an dem sie das erste Mal Dave Del Dotto im Fernsehen sah. Heute hat sie die Freiheit gefunden, und nun verdient sie vierzigmal soviel wie früher im Krankenhaus. Eine originelle religiöse Sekte, sagte ich mir; die Sendung versprach, interessant zu werden.

Und dann ist auch mir Dave Del Dotto erschienen: im offenen Sporthemd, ein schon etwas gealtertes jugendliches Gesicht, die langen schwarzen Haare hinten zu einem Zopf zusammengebunden. Er habe, so sagte Dave bescheiden, das Leben von 500 000 Amerikanern verändert. Sie seien seine Schüler geworden, sie hätten durch ihn persönlichen Frieden und Freiheit gefunden. »Dies«, so faßte Dave zusammen, »ist mein Beitrag zum amerikanischen Traum!« Beifall, Unterbrechung, nun – üblicherweise – senden Amerikas Fernsehsender Reklame.

Es erschien aber wieder Dave Del Dotto, diesmal mit Schlips vor einem Gabentisch voller Kassetten. Eine Bibel war nicht dabei. Die üblichen Fernseh-Evangelisten, sie kaufen ja auch eine volle Stunde Programmzeit, predigen, singen, preisen den lieben Gott und blenden immer wieder ihre Konto-Nummer ein. Die Menschen, deren Seele die Sendung berührt, schicken ihre Spenden, und davon lebt die Fernsehkirche.

Dave bot also seine Kassetten an, ein »Kraftpaket« für

nur 297 Dollar. Ich schaute im Programmheft nach, die Sendung hatte den Titel »Financial Freedom«. Danach sollte im 50. Kanal bis drei Uhr in der Frühe John Wayne in einem Goldgräberfilm aus Alaska auftreten. Irgendwie merkwürdig schien sie mir schon, die Sekte des Dave Del Dotto. Es sang eine hawaiianische Gruppe. Ein junger Mann trat auf, Bekenntnis abzulegen. Bereits als Schüler habe er sich von seiner Tante 10 000 Dollar gepumpt, und damit sei er zu einer Zwangsversteigerung gegangen. Er bot für ein Haus, das dort versteigert wurde, 74 000 Dollar und legte die 10 000 von der Tante als Anzahlung auf den Tisch. Also, eine religiöse Sendung, so beschloß ich nun, könne diese Show nicht sein.

Der Schüler – nehmen wir an, er sei damals sechzehn gewesen – hatte einfach nur spekuliert. Am nächsten Tag schon konnte er das Haus für 144 000 Dollar verkaufen, der Tante das geliehene Geld zurückzahlen und hatte nun das Anfangskapital für einen Start in ein neues Leben. Warum der Mensch, der ihm so kurz darauf den doppelten Preis bezahlte, nicht gleich bei der Versteigerung war, das ist gewiß auf Dave Del Dottos Kassetten erklärt. Und was wohl passiert wäre, wenn es nicht gleich zum Weiterverkauf gekommen wäre und der Auktionator die restlichen 64 000 Dollar eingefordert hätte, das sind nur so nächtliche Grübeleien ängstlicher, unentschlossener Seelen. Ein Schüler hatte jedenfalls in 24 Stunden mehr Geld verdient als sein betagter Vater in Jahren. Von nun an ging es in seinem Leben bergauf. Zuvor war er recht schüchtern und ohne Mut zu Kontakten gewesen, bekannte er in die Fernsehkamera. Klar, daß die Mädchen in der Schule ihn von nun an mit anderen Augen sahen.

An dieser Stelle in der Fernsehsendung – so etwa nach

der dreißigsten Minute – griff auch der Meister wieder ein und faßte die Einzelschicksale zusammen. Es ging um Glück durch Immobilien, darum, auf eine systematische Art die zusammengestürzten Träume anderer billig aufzukaufen und dann schnell und mit Gewinn wieder abzustoßen an den nächsten. »In Amerika«, so sagte Dave Del Dotto, »gibt es mehr Zwangsversteigerungen als je zuvor! Die in Zahlungsschwierigkeiten geratenen Hypothekenbanken sind noch immer im Zustand des totalen Chaos. Jetzt ist die Stunde zuzupacken: Ein Leben in Beruf und Arbeit ist reine Zeitverschwendung!«

Ich stellte mir vor, ein deutscher Fernsehsender würde seinem Publikum Lebenshilfe wie diese geben. So glasklar, so zahlenbelegt, so wertbereinigt. Aber: Europa ist ja im Vergleich mit der Neuen Welt immer ängstlicher gewesen. Nicht, daß ich ernsthaft in Versuchung gewesen wäre, Dave Del Dotto 297 Dollar zu überweisen, doch hat mich dieser leuchtende Pfad zu Glück und Freiheit bis weit nach Mitternacht wachgehalten. Und der Kanal 50, ein Sender, der sich in jeder beliebigen Länge jedem öffnet, der dafür bezahlt, hat mich noch bis zum Anfang des Films mit John Wayne als nächtlichen Zuschauer halten können. Wer auch immer in jener Nacht beschloß, Lebenssinn durch Zwangsversteigerung zu finden: Wenn es nicht klappen sollte mit dem Paradies, was kann denn der Kanal 50 dafür?

Wer zum erstenmal nach Amerika kommt, sein Hotelzimmer betritt und den Fernsehapparat einschaltet, kann gar nicht anders, als fasziniert daran festzukleben. Es müßte schon ein großer Zufall sein, wenn ihm als erste amerikanische Fernseh-Impression ein Politiker erschiene – mit anderen Politikern im sehr grundsätzlichen Streit. Selbst vor

Leuten wie Dave Del Dotto ist man in »prime time«, den Hauptsendezeiten des Tages, verhältnismäßig sicher. Der Preis für eine Stunde wäre horrend. Die Chancen sind groß, daß – kaum trifft der erste elektronische Strahl die Röhre – schon irgend etwas explodiert, Schüsse fallen, der Zuschaltende sofort im Höhepunkt einer Komödie landet.

Was immer man einschaltet, wann immer man den Knopf drückt: Man trifft immer gerade den Höhepunkt. Es gibt nur Höhepunkte im amerikanischen Fernsehen! Das ist sein Markenzeichen, seine Stärke und seine Schwäche zugleich. Der Tonfall ist immer oben, die Handlung immer hochdramatisch; vom Band wird dröhnendes Publikumslachen eingespielt, wenn das Gebotene komisch sein soll. Keine Chance, zu überhören oder nicht sofort darauf gestoßen zu werden, daß dies hier auf »Channel 13« oder das da im 20. Kanal das Fernsehereignis des Jahrhunderts, die größte Show, der schockierendste Horror-Movie aller Zeiten ist.

Natürlich, man kann auch im Reklameblock landen. Und wie von Geisterhand gesteuert, strahlt auch der nächste Kanal um just diese Sekunde Werbespots aus. Und der nächste, und der nächste ... Es hat schon Überlegungen gegeben, ob man nicht Fernsehgeräte mit einem System anreichern könnte, das bei Werbung immer automatisch umspringt und selbständig neue Programme sucht. Aber das hat sich noch nicht durchgesetzt.

Dramaturgisch überzeugend wäre eine solche Einrichtung schon. Denn die meisten Gangster- und Liebesgeschichten sind prinzipiell so angelegt, daß sich die Handlung nicht langsam aufbaut und entwickelt. Der eilige Zuschauer, der nur mal so zwischen drei Werbeblöcken den Fernseher einschaltet und dabei möglicherweise noch durch alles mögliche andere abgelenkt ist, wird in zwei kaum zehn Minuten langen Sequenzen schon irgendwie auf seine Kosten kommen. Man schaut hin, man hat die Intrige so oder so ähnlich schon zigmal gesehen, und wenn man nach einer Viertelstunde den Raum verläßt, entsteht keine seelische Leere.

In diesem Zusammenhang sei auf das kulturgeschichtliche Phänomen hingewiesen, wieso sich das in aller Welt und besonders in Europa so beliebte Fußballspiel in den Vereinigten Staaten nicht durchsetzen kann. Vor allem, weil sich dieser Sport nicht alle sieben oder gar zwei Minuten unterbrechen läßt, um dann im Fernsehen Werbespots zu senden. American Football ist eine einzige Kette von Kurz-Dramen und Pausen, bei der der Schiedsrichter und der Fernsehproducer der ausstrahlenden Anstalt engen Kontakt miteinander halten: Wann muß der nächste Werbeblock wieder ins Programm? Und wann kann das Spiel wieder angepfiffen werden? Was sich nicht in kurzen Abständen unterbrechen, nicht kleinhacken läßt wie ein »Hamburger«, hat auf den Schirmen der USA keine Zukunft.

Besonders eindrucksvoll ist es, wenn Gangster-, Action- oder Mystery-Filme den Zuschauer von Werbeblock zu Werbeblock in wilder Jagd an einen Sender gefesselt haben: Autos rasen hintereinander her, es wird geschossen, mal explodieren Brücken und Gebäude, mal stürzen Hubschrauber in den Fluß, Menschen werden überfahren, entführt, erschossen, in die Luft gesprengt. Doch schließlich haben Held und Heldin alles überstanden, gehen langsam am Strand der Sonne entgegen, Musik setzt ein. Da plötzlich hat jemand beim Sender eine Gefahr entdeckt: Dreißig Sekunden langsames Gehen, keine Schießerei und keine Explosion, die Zuschauer könnten einen solchen Exzeß an Besinnlichkeit nicht tolerieren! Die Musik hatte noch keine

Chance, eine Melodie zu entwickeln, da wird sie schon weggezogen, und eine laute Stimme verspricht: »Stay tuned! Bleiben Sie dran! Der Mörder mit der Motorsäge, gleich hier auf diesem Kanal!«

Das Amt eines Programmdirektors in einem amerikanischen Fernsehsender ist sicherlich hart, doch viel Phantasie kann es eigentlich nicht erfordern. Man kann zum Beispiel eine Quiz-Show auf eine Quiz-Show folgen lassen, dann zwei Komödien-Serien oder doch lieber die dritte Show. Den Krimi auf den Krimi, dann einen Krimi. Oder sechs Stunden Basketball, während die Konkurrenz drei alte Spielfilme hintereinanderhängt. Man kann überhaupt alles machen im amerikanischen Fernsehen. Nur keine erotischen Szenen, das gibt Ärger mit der Lizenzbehörde. Und langweilen darf man sein Publikum auch nicht. Die durchschnittliche Länge eines Politiker-Statements dürfte nicht wesentlich höher als bei fünf Sekunden liegen. Für Beschwerden oder gar Programmanregungen von Parteien sind die hart konkurrierenden amerikanischen Sender völlig unempfänglich.

Wenn Politiker von sich aus den Wunsch haben, im Fernsehen aufzutreten, dann sollen sie dafür bezahlen. Das Fairneß- und Gleichbehandlungsgebot der FCC, der Zulassungs- und Überwachungsbehörde für die vielen amerikanischen Sender, schreibt allerdings vor, daß Politikern, die im Wahlkampf von ihren Gegnern angegriffen werden, die Möglichkeit zur Stellungnahme eingeräumt werden muß. Aber natürlich im Werbeblock: Auch dafür müssen sie bezahlen.

Damit zu den Nachrichten. Am spannendsten und aktionsreichsten sind – zumindest in den großen Städten – die lokalen News. Was es in Detroit, Philadelphia, Baltimore, Los Angeles oder New York schlicht an täglichen Schießereien, Raubüberfällen und Drogenrazzien aneinanderzureihen gibt, sticht sogar die Flut der Krimiserien aus. Im letzten Sommer in Washington lief auf vier Kanälen »Riot live«. Riot ist ein Aufstand, Krawall, der Zusammenbruch jeglicher menschlicher Ordnung. Im Stadtteil mit dem lieblichen Namen »Mount Pleasant« schlagen junge Leute die Fenster und Türen einer Schnellimbißstube ein, plündern die Kasse, räumen die Regale leer, zünden Autos an, werfen Steine – die Kamera beobachtet sie dabei, als ginge es um ein Basketballspiel; das Fernsehen sendet so lange, bis sich das Bild zu drehen beginnt, die Farben zerlaufen und dann das Bild völlig verschwindet. Man muß vermuten, daß die Teams der Übertragungswagen nun auch in den Steinhagel geraten sind, doch der Moderator entschuldigt sich: »Es tut uns leid, wir haben das Signal verloren!« Viele junge Leute, die an diesem heißen Abend die Bilder sahen, sind gleich zum »lieblichen Berg« gepilgert und haben kräftig mitgetan.

Die großen Networks – ABC, CBS und NBC – mit ihren nationalen »Evening News« senden um 18.30 Uhr eine halbe Stunde Nachrichten. Die Stärke der Network-News ist Schnelligkeit, eine klare, ungeschnörkelte Sprache. Nicht ganz so nach meinem Geschmack ist ihre Art, mit Bildern umzugehen. Viele Berichte sehen aus wie ein »News-Burger« – alles kleingeschnitzelt und sorglos durcheinandergemischt. Als optische Untermalung zur ersten Hälfte eines Nachrichtensatzes läuft ein Kurde mit dem Gewehr durch eine gebirgige Gegend, beim zweiten Halbsatz sieht man Präsident Bush vor einem Rednerpult in Washington; dann zwei Archivbilder von Saddam Hussein, irgendwelche Hubschrauber, die verzweifelte Menschen aus der Luft mit Lebensmitteln versorgen, fünf Sekunden einen Sprecher der UNO in New York und zehn Sekunden zerschossene Gebäude in kurdischen Regionen. Wo der Mensch sitzt, der dieses alles von hoher Warte übersieht, ist nicht immer ganz klar. Entweder kommentiert er vom New Yorker Studio aus, und die Kurden kommen ihm einfach so durch seinen Bericht gelaufen, oder er hält sich vor Ort bei den Kurden auf, und seine Kollegen rangieren den Rest der Welt hinzu, funken ihm den dazu passenden Text in die Berge, damit er mit der Glaubwürdigkeit des Korrespondenten vor Ort nach New York berichtet, was er als aktuelles Informationspaket gerade erst von dort geliefert bekam.

Zwei Nachrichtensendungen ragen heraus. Die eine ist »Nightline«, kurz vor Mitternacht auf ABC: dreißig Minuten dem großen Thema eines Tages gewidmet, ruhig vorgetragen von dem Moderator Ted Koppel. Die andere hat den etwas hölzernen Titel »The MacNeil/Lehrer Newshour« und läuft jeweils eine ganze Stunde lang; und da sie im Public Television, im einzigen nicht-kommerziellen, im durch Zuschauer-Mitgliedschaften und Industriespenden finanzierten Kanal ausgestrahlt wird, gibt es nicht einmal die üblichen Unterbrechungen durch Reklame. Gemessen an den Zuschaueranteilen der kommerziellen Network-News, sind die Einschaltquoten der Newshour niedrig. Sie ist eine wohltuende Kombination von europäischer Suche nach Tiefe und Hintergrund und amerikanischer, unsentimentaler Distanz.

Und schließlich CNN: nur Nachrichten, rund um die Uhr. Die Cable Network News sind wahrscheinlich für die Fernseh-Entwicklung in der ganzen Welt ein faszinierender und gleichzeitig schwindelerregender Blick in die Zukunft. Die Leute mit ihrem Hauptquartier in Atlanta und großen

Zuspielzentren in Washington und New York sind dabei, in über hundert Ländern einen neuen Menschentyp heranzuzüchten. Kritiker sprechen etwas verächtlich vom »News junkie«, dem Nachrichtensüchtigen, der ohne den stündlichen Schuß dieser Droge nicht mehr leben kann. Ich will mich mit meinem Urteil über solche Leute zurückhalten, auf meinem Schreibtisch flackern die Bilder von früh bis spät. Und sehr oft sind es die bunten Schatten von CNN.

Diejenigen, die die These vertreten, daß sich Amerikas Zeit als Großmacht dem Ende zuneigt, lieben den Vergleich mit anderen Reichen der Geschichte. Mit dem Imperium Romanum beispielsweise, das dem auf seinen Ruinen stark gewordenen Christentum Sprache und Schrift hinterließ; Großbritannien, das mit den ersten Nachrichtenagenturen und dem weltumspannenden Radio, der BBC, ein Vorreiter war, als die Heere Ihrer Britischen Majestät sich schon wieder aus der Welt zurückgezogen hatten. Wird nun Amerika späteren Epochen die amerikanische Form des Fernsehens als kulturelles Erbe hinterlassen? Jene hastige Art, die Welt zu sehen? Falls ja, dann ist CNN sicherlich Teil unser aller Welt von morgen.

Es ist sicher sinnlos, dagegen zu sein. Auf keinem Gebiet geht die Entwicklung so sprunghaft vor sich wie in der Elektronik. Die Kameras werden immer kleiner und leistungsstärker und jene technische Ausrüstung auch, die man braucht, um von jedem Winkel der Erde Bilder zu jedem anderen Erdteil zu funken. Was heute noch journalistisches Berichten sein mag – erleben und zu verstehen versuchen, um es dann anderen weiterzuerzählen – kann mehr und mehr durch direktes Übertragen, durch schnelles Durchschalten ersetzt werden. Politiker hören sich gegenseitig im Fernsehen zu, Proteste wirken durch die unmittelbare Dramatik des Bildes. In den Fernsehanstalten wachsen neue Generationen von Journalisten heran, die einem in Sekundenschnelle die ganze Welt erklären können, ohne je selbst irgendwo gewesen zu sein. Die Bilder fließen im internationalen Austausch überall aus dem Kabel – wie Wasser, wenn man den Hahn aufdreht.

Es ist ein Mythos, davon auszugehen, daß man in über hundert Ländern begreift, was im selben Augenblick in einer so großen Gemeinde über den Fernsehschirm strahlt. Wenn es sich schon bald kein Sender mehr leisten kann, irgend etwas nicht zu senden, was im Schaltraum vorliegt, kann aus der weltweiten Quelle der Information auch ein reißender Strom der Verwirrung werden, wie der Krieg am Golf gezeigt hat. Da der amerikanische und alliierte Oberbefehlshaber seinen irakischen Feind über seine Angriffspläne täuschen wollte, wurde die Menschheit rund um den Erdball und rund um die Uhr mit aktuellem Unsinn in Atem gehalten. Wer traut sich denn schon, im Cockpit einer so faszinierenden Technik das Eingeständnis zu machen: »Was los ist, wissen wir leider nicht!«

Der Mensch wird zum schwächsten Glied in der Kette der Elektronik, die hohe Erwartung weckt im Journalisten Höhenrausch. Das beste Beispiel war kurz vor dem drohenden Golfkrieg die Expedition der Fernseh-Karawanen, die eigentlich nach Bagdad wollten. Da sie dort nicht eingelassen wurden, gingen sie in Jordanien in Stellung, so nah wie möglich am Irak. Dort stürzten sie sich auf die »Reaktion im arabischen Lager«, und die fiel für ein amerikanisches Publikum furchterregend aus. Es dauerte Tage, bevor die Live-Chronisten begriffen, daß Jordanien mit seiner großen Gemeinde der Palästinenser im arabischen Lager eine ganz besondere Ecke war.

Was ist die Lösung? Verkabeln oder nicht verkabeln? In der Praxis wird Amerika gegenüber dem Rest der Welt im Wettlauf um die schnellen Bilder immer einen Vorsprung haben. Dies schon deshalb, weil sich Amerikas Journalisten und das amerikanische Publikum um die Normalität in anderen Ländern nicht besonders kümmern. Ein Studio in London kann Krisenherde zwischen Teheran und Grönland abdecken. Wenn allerdings irgendwo in diesem riesigen Raum etwas passiert, das im Konkurrenzkampf um den überreizten, krisenverwöhnten Zuschauer von Interesse ist, steigen die US-Networks dermaßen massiv in dieses Drama ein, daß Europäer einfach nicht mithalten können und die Bilder preisgünstiger und schneller über New York in ihr Nachrichtennetz fließen lassen. Daß die vielen amerikanischen Producer und Journalisten sich in dem Land möglicherweise nicht auskennen, in das sie gerade eingeschwebt sind, wird kaum einen Fernsehsender in der Welt davon abhalten, Amerikas Version der Krise zu übernehmen. Auf eine technisch perfekte Art, um den Philosophen John Locke etwas unkorrekt zu zitieren, »wird die ganze Welt Amerika ...«

Sonnabends fallen die Nachrichten übrigens oft aus. So wichtig ist die Welt eben selten, daß man ihretwegen den Spielen der Football-, Baseball- oder Basketball-Liga in die Quere kommen darf. Ich mache mir vor, ich sähe eigentlich nicht viel auf den Schirm. Jedenfalls nicht zu Hause. Allerdings bin ich Mitglied und zahle einen freiwilligen Jahresbeitrag an den Public Channel, den nichtkommerziellen Kanal. PBS ist deshalb so sehr nach meinem Geschmack, weil er serienweise britische Programme ausstrahlt: »Eastenders« aus dem alten Hafen von London, all die großen Hits der BBC und von ITV. Alistair Cook stellt als Spende einer

Ölgesellschaft »Masterpiece Theatre« vor, Königsdramen über Elisabeth, Heinrich VIII. und dessen Frauen bis zu solch urbritischen Innenansichten wie »Upstairs, Downstairs«. Diana Rigg – ehemals »mit Schirm, Charme und Melone« – präsentiert Agatha Christie und Dorothy L. Sayers. Manchmal habe ich das Gefühl, die Briten versuchen über diesen einzigen nicht-privaten, so völlig unamerikanischen Fernsehkanal den Gegenangriff, eine abtrünnige Kolonie wieder zurückzulocken in das Empire ihrer Kultur.

Halt, da ist noch »Father Dowling«, ein katholischer Priester aus Chicago. Gemeinsam mit der weltoffenen Ordensschwester Stefanie gerät er jeden Donnerstag auf allen ABC-Stationen in unfromme Abenteuer. Mal hat ein Drogenhändler im Flugzeug seinen Koffer mit dem des streitbaren Priesters vertauscht, mal stirbt ein Gangster in seinem Beichtstuhl, mal verschlägt es ihn in die Striptease-Kneipe. »Twin Peaks« hatte einen gewissen Reiz, bevor ich aufhörte, irgend etwas zu begreifen. Je länger man nachdenkt, desto deutlicher wird einem, daß man doch mehr fernsieht, als man von sich glaubte.

»60 Minutes« wäre nämlich noch zu erwähnen. Es ist im Prinzip ein politisches Magazin mit verhältnismäßig hohen Einschaltquoten: im weitesten Sinne Politik, wenn man Gesellschaftsskandale und auch mal Lebensbeichten von Hollywood-Größen nicht als Verstoß gegen den Geist politischer Magazine versteht. Die CBS-Sendung »48 Hours« hat manchmal hochdramatische, erschütternde Reportagen. Wie man überhaupt sagen muß – bei allem Naserümpfen über den Klamauk auf Amerikas Kanälen –, daß immer mal wieder etwas dabei ist, bei dem der deutsche Fernsehschaffende sich selbst gesteht: »Toll, so gut hätten wir es wahrscheinlich nicht gemacht!«

Der Ausländer, der sein Hotelzimmer betrat – zum ersten Mal in den USA –, wird irgendwann auch mal die Kanäle zählen wollen. Wenn er Pech haben sollte, dann sieht er nur sieben oder acht, das, was man so in Washington über die Antenne empfangen kann. In New York und Los Angeles wären es mehr, irgendwo auf dem Lande in Georgia weniger. Ein Hotel, das auf sich hält, wird aber für seine Gäste noch alle möglichen Kabelkanäle vom Himmel holen. Und dann ist die Zahl nach oben offen: zwanzig, dreißig, fünfzig ... Vielleicht kommen zu der »Grundausstattung« noch zwei oder drei Spielfilm-Kanäle hinzu sowie zwei Kanäle, auf denen rund um die Uhr nur Sport gesendet wird. Ein Fernsehsender strahlt ununterbrochen Wetterberichte aus, einer Börsennachrichten oder eben jene Gottesdienste mit eingeblendeten Konto-Nummern. Auf zwei weiteren Programmen sieht man ohne Pause Wohnungs- und Grundstücksangebote, auf dem nächsten werden irgendwelche Waren angeboten: der Bildschirm als elektronischer Versandhauskatalog.

Insgesamt – wenn man das europäische mit dem amerikanischen Fernsehen vergleicht – ist dieses Medium in den USA von allen Fesseln eines öffentlichen Auftrags befreit. Wie gesagt, wer sich zum erstenmal der vollen Dusche so vieler Programme aussetzt, kann gar nicht anders, als erfrischt zu sein. Wer über viele Jahre dieses prasselnde Vergnügen genießt, der wird in seiner Begeisterungsfähigkeit dann doch ein bißchen stumpf und müde. Die Fairneß erfordert, darauf hinzuweisen, daß unser deutsches Fernsehprogramm Amerikanern garantiert viel zu langweilig wäre.

Computer – wie idiotensicher

Guten Tag Mr. Vonlojewski«, begrüßte mich der Computer. Und dann flimmerte es grün über den Schirm: »Viel Glück bei der Prüfung zum Führerschein!« Die Zeile verschwand wieder. »Damit wir uns richtig verstehen«, fuhr der Computer fort, »Sie bekommen insgesamt zwanzig Fragen vorgelegt, fünfzehn müssen Sie richtig beantworten. Es gibt drei Vorschläge für jede Antwort: A, B und C. Sie drücken die Taste A, wenn A die richtige Antwort sein soll, oder C, wenn Sie C für die richtige Antworten halten. Klar?«

So ganz traute der Computer meiner Auffassungsgabe offenbar nicht, denn auf dem Schirm leuchtete grün folgender Intelligenztest meines elektronischen Gegenübers auf: »In welcher Stadt befinden Sie sich gerade: A – in Washington?, B – in New York? oder C – in San Francisco?« Ich entschied mich für A. Und nun wurde die Sache wirklich ernst. Ich bekam den geballten Fragenkatalog vorgesetzt und gab meine Kreuze ein. Zum Schluß blinkte es wie am Flipper-Automaten, wenn man gewonnen hat: Herzlichen Glückwunsch! Ich war sehr erleichtert, ich bekam meinen Führerschein.

Ein Freund, der eine Prüfung als Nierenarzt absolvierte, erzählte mir von seiner medizinischen Prüfung nach einem ähnlichen Ja-/Nein-Verfahren. Die Vermutung der Testveranstalter war, daß wohl jeder Laie mal Glück haben und bei der einen oder anderen Frage zufällig die richtige Taste drücken könne, daß es aber nach allen mathematischen Regeln so gut wie unmöglich sei, bei fünfzig solcher Fragen ohne solide medizinische Kenntnis vierzigmal die richtige Taste zu drücken.

Sie werden es schon gemerkt haben: Ich habe meine Vorurteile gegen solche Dialoge mit der Maschine. A, weil einige Vorschläge des Computers so offensichtlich blödsinnig sind, und B, weil die oberste Tugend solcher Prüfungen nicht das geistige Durchdringen irgendwelcher Verhaltensregeln im Straßenverkehr ist, sondern eine ziemlich stupide Paukerei von Daten, die man schon eine Stunde nach bestandenem Examen wieder vergessen hat. Man bekommt eine kleine rosa Broschüre in die Hand gedrückt mit 104 möglichen Prüfungsaufgaben. Im Anhang sind die korrekten Lösungen angegeben (also: Frage 53 → Antwort B). Man versucht, sich dies alles für kurze Zeit zu merken. Dann kommt der Computer und würfelt einem zwanzig dieser Fragen auf den Schirm.

Ich bin nun schon dreimal durch solche Tests gegangen und weiß weder selbst, noch kenne ich jemand in meiner autofahrenden Bekanntschaft, der mir auf Anhieb sagen könnte, wie groß beim Parken der Abstand von einem Feuerhydranten sein muß. Fünf Fuß? Sechs Fuß oder zehn? Den Grund, der dagegen spricht, zu nah an einem Hydranten zu parken, will vom Prüfling niemand wissen. Und ich warne auch jeden, sich bei solchen Tests besonders artig und umsichtig zu gebärden. Zu achtungsvoll, zu weit vom Feuerhydranten entfernt die Linien zu ziehen ist genauso falsch, wie ihm auch nur einen Fuß zu nahe zu rücken. Dem Computer kann man nicht schmeicheln!

In den letzten Jahren kamen mehr und mehr Zweifel daran auf, ob es wirklich eine gute Idee sei, den Alltag und vor allem schon die Erziehung junger Amerikaner so stark zu automatisieren. Ob es denn eine Nation auf Dauer geistig stärkt und international wettbewerbsfähig erhält, wenn man junge Leute zu stark auf das Ja- und Nein-Denken des Computers drillt. Zum selbständigen Handeln und kritischen Denken ermuntert das nicht. Natürlich gibt es in den USA Eliteschulen, Akademien für Kunst, Technik und Medizin, die international ihresgleichen suchen. Nur: Das System der Schulen für die Mehrheit der Amerikaner und das System ihrer Ausbildung am Arbeitsplatz stellen darauf ab, schlichte, genormte Gemüter heranzuziehen, denen man einpaukt, was erstens, zweitens und drittens zu machen ist, und die es im übrigen mit der Lebensweisheit preußischer Feldwebel halten: daß man das Denken – wenn schon nicht den Pferden, dann eben den Computern überlassen solle, die hätten die größeren Köpfe.

Eine Studie nach der anderen kommt bei Vergleichen des amerikanischen Erziehungssystems mit den Ausbildungswegen in anderen Ländern zu wenig schmeichelhaften Zensuren für die USA. Es werde zwar an Amerikas Schulen eine Menge von Grundwissen gepaukt. Doch vor zweistufige Aufgaben gestellt, beim Versuch, selbständig Schlußfolgerungen zu ziehen, mehrere Informationen miteinander zu verbinden, versage die computerverwöhnte Jugend Amerikas und lande bei allen internationalen Wettbewerben auf einem der unteren Plätze.

Der Zwang, sich intellektuell zurückzuhalten, beginnt schon im frühen Alter. Jungen und Mädchen wollen, brauchen ein Auto. Sechzehn Jahre ihres Lebens sind sie davon abhängig gewesen, von Müttern, von Vätern und älteren

Geschwistern überall hingefahren und wieder abgeholt zu werden in einer nur mit dem Auto erschließbaren Welt. Der Job nach der Schule, der Job in den großen Ferien, das sind die Schlüssel zum ersten, zweiten, dritten Automobil, das ist der Einstieg in das amerikanische Wirtschaftsleben.

Es adelt die Amerikaner, daß auch Kindern aus guter Familie keine Arbeit gesellschaftlich zu niedrig ist. Alle essen gerne Hamburger, warum nicht in der Hamburger-Braterei hinter der Kasse stehen? Warum nicht am Tag ein paar Stunden als Kellner arbeiten und noch zur Abendschicht in einem Elektrogeschäft? Das einzige, was stört, ist ein zu niedriger Stundenlohn.

Dem ausländischen Kunden fällt sofort auf, wie freundlich amerikanische Kellner und amerikanische Verkäufer sind. Die meisten jedenfalls. Die meisten arbeiten ja nur vorübergehend in diesem Drugstore, in dieser Pizzeria. Aber es wäre natürlich auch sinnlos, mit ihnen über die Zubereitung, den Geschmack der Pizza zu reden. Diese Fragen werden irgendwo in der Zentrale der Ladenkette für 5000 Filialen einheitlich geregelt. Jeder, der über seinen Burger oder seine Pizza mäkelt, bekommt sofort eine neue Portion. Das ist »company policy«, da muß nicht viel verhandelt werden. Wenn es im Elektrogeschäft nur braune Verlängerungsschnüre zu schwarzen elektronischen Geräten gibt, dann ist das eben so, das muß keiner verstehen, das muß kein Verkäufer begründen können.

Die automatische Kasse hat das Errechnen von Wechselgeld mit so viel Selbstverständlichkeit und absoluter Autorität übernommen, daß – und auch über so etwas gibt es statistische Erhebungen – von zwei siebzehnjährigen Amerikanern nur noch einer in der Lage ist, den Preis für mehr als einen Hamburger zu addieren und auf einen Zehndollarschein das Wechselgeld zu errechnen. Jeder zweite scheiterte auch an dieser Frage: Was sind 87 Prozent von 10? A – mehr als 10?, B – weniger als 10? oder C – genausoviel wie 10?

Die Experten waren sich nach immer neuen, traurig verlaufenden Tests einig, daß nicht die Intelligenz der jungen Leute versagt, sondern daß die Wirtschaft und das Schulsystem sie nicht mehr genügend fordern. Es hat Erziehungskonferenzen in den amerikanischen Staaten und zwischen den Gouverneuren und dem Präsidenten gegeben. Doch vorher wie nachher veränderte sich nicht viel. Die Wirtschaft braucht eben nur wenige Spitzenkräfte und ein Heer von schnell und beliebig schulbaren, völlig kritiklosen, billigen Arbeitskräften.

In einer Studie über »Automation und menschliche Leistung am Arbeitsplatz in Amerika« ruft Stephen Cohen von der University of California in Berkley seinen Landsleuten – vor allem aber den Managern der amerikanischen Wirtschaft – die bissige Warnung zu: »Wenn es unser Ziel sein sollte, die Welt idiotensicher zu machen, dann schaffen wir uns eine Welt voller Idioten!«

So ganz behaglich ist mir natürlich nicht, wenn in dieser in den USA stets leidenschaftlich geführten Diskussion Länder wie Deutschland als leuchtende Beispiele hervorgehoben werden. In Deutschland selbst gibt es solche Debatten über Schulsysteme und Berufsausbildung ja schließlich auch. Und die Japaner mit ihrer fast schon religiösen Verehrung der Firma erscheinen mir schließlich als ein in manchen Aspekten eben doch etwas gruseliger Blick in die Zukunft. Was aber am amerikanischen Wirtschaftsalltag Sorge macht – und ein anderes Kapitel soll das später noch vertiefen –, ist die gnadenlose Einengung jeglichen wirtschaftlichen Tuns auf möglichst niedrige Kosten und möglichst hohen Gewinn. In einer solchen Kalkulation ist Ausbildung immer eine Last, ein preistreibender, gewinnsenkender, ein negativer Faktor. Der Trend geht wohl leider weiterhin zum unkomplizierten, automatisierten Menschen, zu einer Gesellschaft, die sich noch mehr dem Computer anvertrauen wird.

Wie oft im amerikanischen Alltag erzählt einem einer eine komische, aber leider auch frustrierende Geschichte – Erlebnisse, bei denen es nicht mehr gelingt, einen Menschen ausfindig zu machen, mit dem man über ein Problem reden kann, der eine Klage versteht, sie kritisch werten, der helfen kann. Die übliche, resignierende Erkenntnis ist dann stets die: »You're fighting the computer! Ich kann Ihnen nicht helfen, Sie haben sich mit dem Computer angelegt!«

Meine schönste Geschichte eines solch hoffnungslosen Kampfes ist diese: Ich bekam eines Tages einen Brief vom Computer des Finanzamtes der Stadt Washington, des District of Columbia. In den USA zahlt man nämlich Steuern nicht nur an das Bundesfinanzamt, sondern auch an das Finanzamt des Bundesstaates, in dem man wohnt.

Das offizielle Dokument las sich so: »Mahnung! Noch nicht bezahlte Steuerschuld aus dem letzten Halbjahr 1990: 0,00 Dollar. Aufgelaufener Säumniszuschlag: 67 Cents. Sollte die Schuld nicht bis zum 15. Mai beglichen sein, wird eine erneute, nunmehr drastisch höhere Strafe fällig.« Das Schreiben war datiert auf den 10. Juni, es erreichte mich drei oder vier Tage später, und es war klar, daß die Angelegenheit schon nicht mehr durch die Zahlung der 67 Cents aus der Welt zu schaffen war. Es war ja schon wieder die nächste Zahlungsfrist verstrichen und somit die nicht genau bezifferte höhere Strafe fällig.

Von Bekannten, aus bitterbösen Leserbriefen in der »Washington Post« war mir klar, wie schwierig und frustrierend es sein kann, sich mit dem Computer einer Behörde anzulegen, anzurufen und auch nur den Versuch zu machen, jemandem zu erklären, daß eine Schuld von 0,00 Dollar doch beweise, daß alles bezahlt sei, also wirklich kein Anlaß, den Steuerzahler mit Strafe zu belegen. Entsprechende Anrufe und Briefe waren meist irgendwo gelandet, der mahnende Computer und ein möglicherweise verständnisvoller Mensch am anderen Ende der Leitung hatten untereinander keinen Kontakt, die Fristen liefen inzwischen weiter.

Die Retterin war Mary Ann, meine Steuerberaterin. Ich habe ihr sämtliche Unterlagen zugeschickt, nach drei Wochen hat sie den Drachen besiegt, dem immer neue Köpfe wuchsen – jene nicht bezahlten 0,00 Dollar und die nicht zu bremsenden Mahngebühren. Der Computer hatte sogar den Anstand, sich bei mir zu entschuldigen. Von mehreren Lösungen des rätselhaften Falls war die Antwort C angekreuzt: Irrtum.

Das größte Spektakel auf Erden

Der Taxifahrer ist schlecht gelaunt. Die meisten New Yorker Taxifahrer sind von jener selbstgerechten Gereiztheit, die der Umwelt herausfordernd und aggressiv den Anspruch signalisiert, der einzig normale Mensch in einem Meer von Verbrechern und Irren zu sein. Ute, meine Frau, die manchmal so entwaffnend lieb sein kann, macht dem finster vor sich hinfluchenden Mann am Lenkrad den Vorschlag: »Wenn Sie uns nicht mögen, sagen Sie's nur. Dann steigen wir wieder aus.«

Nicht, daß er uns als Fahrgäste dringend halten will. Aber jetzt hat er wenigstens ein Publikum. Menschen, denen er endlich mal in allen Einzelheiten klarmachen kann, welche Idioten die Dispatcher, die Einweiser am La Guardia Airport, so sind. Sozial das letzte Pack, dabei korrupt und arrogant. Und dumm natürlich auch.

Das Gescheiteste, was man als Nicht-New-Yorker in solchen Situationen und in einem solchen Hexenkessel tun kann, ist, sofort zuzugeben, daß man Out-of-towner ist, Fremder, Provinzler eben, der die Komplexität der aufgeworfenen Fragen einfach nicht durchschaut. Es gibt kein Dorf in der Lüneburger Heide, kein Kirchspiel in Oberbayern, dessen Bewohner im Ansehen der Hamburger oder

der Münchner einen derart ländlichen Ruf haben könnten wie ein Washingtoner in New York.

Wir fahren durch Harlem, was – wie der Taxifahrer sagt – ein gewisser Umweg sei. Aber völlig sicher bei Tage und vor allem wesentlich zügiger in Richtung Manhattan als über die völlig verstopfte Queens Bridge. Und prompt stecken wir in Harlem im Stau.

Die Menschen sitzen trotz des kühlen Wetters vor ihren Häusern auf den Treppenstufen. Wir schauen sie an, sie schauen stumm zurück. Unser Fahrer ist seltsam ruhig geworden. Derweil ist ein junger Mann darangegangen, mit einem Lappen an den Fensterscheiben des heillos zwischen anderen Autos verkeilten Taxis herumzuwischen. Er tut dies ohne besonderes System, eher herrisch und drohend. Auswirkungen auf eine bessere Sicht sind nicht erkennbar. Dabei klopft er mit der anderen Hand immer auf das Dach des Autos, er will Geld. Der Fahrer hat die Türen des Autos automatisch verriegelt und schaut starr geradeaus. Das Klopfen wird lauter und fordernder. Irgendwann bewegen sich die Autos vor uns plötzlich doch. Ein dumpfer Tritt gegen einen der Kotflügel hinten, und man sieht, wie der Mann mit dem Lappen sich auf den nächsten Kunden zubewegt.

Das Meer der Armut und des Verfalls auf dem Wege zu den Oasen des Luxus in dieser Stadt ist eine Realität, über die sich der New Yorker schon gar nicht mehr aufregen kann. Es ist der Preis für eine so faszinierende Metropolis, den die Leute in Manhattan mit trotziger Selbstverständlichkeit zahlen. So ist New York ... love it or leave it! Wer es nicht aushalten kann mit seinem sozialen Gewissen, der soll eben gehen. Kriminalität, Drogen, menschliche Verrohung und Arbeitslosigkeit – die Inseln des Luxus werden an den

Rändern immer kleiner, das Meer der Armut schwillt unaufhaltsam an. Wenn der New Yorker einem Fremden erklärt: »Es wird schlimmer von Tag zu Tag!«, dann ist es nicht Verzweiflung, die seine Stimmung prägt, eher Trotz und Fatalismus. Als sei man sich einig, daß es naiv wäre, dagegen zu argumentieren, daß die Welt bald untergeht. Doch können die Hartgesottenen und Stolzen den Ängstlichen aus Erfahrung versichern: »Heute noch nicht!«

Am Ende von Harlem beginnt der Park, da und dort in der neutralen Zone ein vornehmes Restaurant, dann rollt der Wagen über die Grenze zwischen dem armen und dem reichen New York. Unser Fahrer ist wieder gesprächig geworden. Dort auf der Westseite das »Dakota« mit seinen Zinnen ... »Sie werden davon gehört haben«, erklärt er seinen Gästen die Attraktion. »Hier wurde John Lennon erschossen!« Kurz vor dem Plaza-Hotel stehen Pferdekutschen, und auf der zum Park hin gelegenen Straßenseite drehen sie einen Film. Wir bekommen noch die wichtigsten Ratschläge für das Kampfgetümmel eines adventlichen Wochenendes von dem bei der Begrüßung so schlechtgelaunten Mann und trennen uns als gute Freunde.

Unser Hotel mit fünfzig Stockwerken ist eines der kleineren, intimen. Die Fenster sind alle verschraubt und versiegelt, um bei keinem der Gäste auch nur den Gedanken aufkommen zu lassen, aus dem dreißigsten oder vierzigsten Stock auf die Straße zu springen. In keiner anderen Stadt der USA wird die Option so nüchtern ins Kalkül gezogen, daß Menschen nun einmal den Wunsch haben könnten, sich aus dem Fenster zu stürzen.

Wer durch diese fest verschraubten Glasscheiben in die Tiefe, in die Höhe oder in die Weite schaut, ist auf Anhieb fasziniert. Es verwirrt, es raubt den Atem: Türme in Schwarz und Silber, klar stürzende, gläserne Linien. Und dann wiederum verschnörkelte Türmchen, an Zuckertorten erinnernd. Es blinkt, es hupt aus der Ferne. Aus dem Nebenzimmer hört man den Fernsehapparat. Die Air-condition rauscht und bläst bei überall geschlossenen Fenstern die topfige Luft der letzten dreißig Jahre in einen immer neuen Kreislauf durch die Belüftungsschächte.

Und dann gibt es noch eine zweite Dimension des Aus-dem-Fenster-Schauens in dieser urgewaltigen Stadt. Man glaubt, man habe nun alles gesehen – das Häusermeer, die erregende Schönheit des Ungeheuers von oben. Da plötzlich bleibt das Auge an einem der Türmchen haften, auf einem Gartenhäuschen in 150 Meter Höhe. Alles eher pusselig und rührend statt himmelstürmend und urban. Eine Kinderschaukel, Blumenkästen, Gartenstühle, Wäscheleinen. Eine verspielte Idylle im Adlernest, bei schlechtem Wetter schon in den Wolken. Plötzlich fällt einem auf, wie unterschiedlich fünfzig Stockwerke hohe Häuser sein können. Wieviel Persönlichkeit, wieviel Charakter, wieviel individuelle Schönheit einen Wolkenkratzer vom nächsten und übernächsten unterscheidet.

Noch ein schnelles Schalten durch die Fernsehkanäle, bevor es wieder auf die Erde geht. In den lokalen Nachrichten sind heute Bestechungsskandale das aktuelle Menü – es mag daran liegen, daß bald Weihnachten ist. Der Abgeordnete, der zu fünf Jahren Gefängnis verurteilt wurde, weint und bittet New York um Gnade. Nicht für sich, sondern für seinen Sohn, der auch schon im politischen Alter ist – von den Geschworenen für schuldig befunden, die guten Kontakte des Vaters mit ausgenutzt zu haben. Ein anderer Vertreter des Volkes, dieser aus der Bronx, einem besonders armen

Bezirk, hat Beratergebühren aus der Industrie auf die Konten seiner Frau fließen lassen. Dazu die üblichen Morde und Überfälle – wobei allerdings der Besucher aus der Provinz mit einem gewissen makabren Stolz die Ehrfurcht der New Yorker durch den Hinweis erringen kann, daß Washington in der Kriminalstatistik durchaus in der gleichen Liga sei – und zwar auf einem höheren Rang als New York.

Auf der Straße, in den Schluchten, in den eleganten Sektionen der Avenues, strömen Gesichter der Weltstadt vorbei. Es sind die Gesichter einer härteren, mag sein auch kultivierteren und eleganteren Rasse als daheim im Rest von Amerika. Die Mode von New York kann mit Europa durchaus konkurrieren. Es gibt kaum einen namhaften italienischen Schneider oder Schuhfabrikanten, der hier nicht eine Niederlassung hat. Der Blick des New Yorkers – und, nicht zu vergessen, der New Yorkerin – ist klarer, zielstrebiger und ernster. Die Menschen, die hier über die Straßenkreuzungen hasten, sind schnell im Erfassen von Situationen. Unduldsam, wenn jemand nicht ebensoschnell reagiert, unsicher ist, stehenbleibt und den Strom aufhält.

Wie selbstverständlich ist es doch in Washington, daß Autofahrer träumend nach einem Parkplatz suchen, in der zweiten Reihe anhalten, abbiegen wollen, ohne auch nur anzuzeigen, wohin. Niemand in der fast südstaatlichen Hauptstadt der USA hupt, schimpft, ist ihnen gram. Allenfalls mal ein Europäer. Auch in New York kann man im Feierabendverkehr die wildesten, ausgefallensten Manöver beobachten. Doch man sieht es am Blick des Fahrers, daß er weiß, was er tut: kalt, nervenstark, ein klares Ja zur Sünde. Er kalkuliert es ein, er nimmt es in Kauf, daß in der nächsten Zehntelsekunde alle Autohupen loslärmen werden.

Das bringt uns wieder zu den Taxifahrern, deren gelbe Wagen in jede Lücke hineinschießen wie Raketen. Sie brüllen mit den Polizisten herum, schreien die anderen Autofahrer an, Fremde oder Kollegen. Sie haben ein schweres, hartes Leben. Alles, was man über New York wissen muß, kann einem der Taxifahrer erklären. Sie haben alles Leid dieser Welt schon durchgekostet, fühlen sich von ihrer Umwelt wie Dreck behandelt und schlagen gnadenlos zurück.

Da wäre zum Beispiel die Geschichte von dem Georgier, der mir mit grimmiger Freude gestand, daß er seine Berufslizenz nur durch gute Freunde und durch Korruption erworben habe. Er kam aus der Sowjetunion, er sprach kein Wort Englisch, er kannte keine Straße in der Stadt. Hektische New Yorker sind in sein Taxi gestiegen und haben irgend etwas gerufen, was er nicht verstand. Er fuhr los, in irgendeine Richtung, und irgendwann nach einer Viertelstunde sind die Fahrgäste einfach schreiend wieder aus dem Wagen gesprungen. Es war hart an der Grenze zum Mord.

12 000 gelber, hupender, hin und wieder mal sauberer Käfige zum Passagiertransport gibt es in der großen Stadt. Seit über fünfzig Jahren ist diese Zahl konstant. Einmal habe ich einen Fahrer, der über lange Arbeitszeiten, geringen Verdienst und wucherhafte Mietabgaben an seinen Taxiunternehmer klagte, gefragt, warum er sich denn eine derart verbeulte Kiste nicht selbst kaufen könne, statt teure Miete zu zahlen. Er schaute mich an, wie man Provinzler manchmal so anschauen muß – ein bißchen verächtlich, ein bißchen mit Nachsicht und Güte –, und sagte dann: »O. k., diese Karre ist bestenfalls 300 Dollar wert. Aber da vorn auf der Motorhaube, die dunkle Plakette, die kostet 120 000 Dollar!«

Und dann erklärte er mir das System: Seit 1937 sind nur 12 000 sogenannter »Medaillons« im Umlauf, offizielle Lizenzen, im Bezirk Manhattan Taxi fahren zu dürfen. Der Preis schwankt von Woche zu Woche auf dem Versteigerungsmarkt. Wer ein solches Medaillon erwirbt, darf sein eigenes Taxi fahren. Wer keine 120 000 Dollar auf den Tisch legen kann, muß eben ein lizensiertes Fahrzeug mieten und den Gewinn seiner täglichen harten Arbeit mit dem Lizenzinhaber teilen. Nachts vermietet der Besitzer der teuren Plakette das verbeulte Auto an den nächsten. »Natürlich ist das unfair, natürlich ist das korrupt. Aber so ist New York!«

*D*er Central Park gehört zu den Attraktionen, die auf der Liste unseres Taxifahrers ganz oben standen. Dieser Park ist eine Schneise durch das Gebirge der Wolkenkratzer – vier Kilometer lang und etwa 800 Meter breit. An sonnigen Wochenenden trifft man dort die Rollschuhläufer, die Landschaftsmaler und die Märchenerzähler. Die weniger romantische Seite des Central Park wird immer wieder in den Zeitungen beschrieben. Etwa die Geschichte von der einsamen Joggerin, über die eine Bande von Halbwüchsigen mit einer Grausamkeit hergefallen ist, die an der Menschheit verzweifeln läßt. Die allgemeine Regel für das Verhalten im Park lautet: Was immer du tust, tu es nicht nach Einbruch der Dämmerung und achte immer darauf, daß möglichst viele harmlos ausschauende Menschen in deiner Nähe sind!

Der Star auf der grünen Insel zwischen den Wolkenkratzern ist ein gewisser Steve Brill – »Wild Man Steven Brill«, wie er sich nennt. Man erkennt ihn am Tropenhelm, am Rucksack, den Wanderstiefeln und seinem Schmetterlingsnetz. Und an dem Schwarm von fast ähnlich gekleideten Neugierigen und Jüngern, die Steve auf seinen Wanderungen durch den Park stets nach sich schleppt. Sie verharren dort, wo andere achtlos vorüberziehen, vom Frühjahr bis zum Herbst auf der Suche nach Früchten, Wurzeln und wilden Pflanzen. Man hört den Anführer schon von weitem dozieren, wie viele Blätter welche Pflanze hat, und immer wieder die mahnenden Worte an die Gemeinde: »Pflücken Sie möglichst nur ein Exemplar von jedem Pilz und jeder Beere, damit für die nächste Safari noch etwas übrigbleibt!« Seine Theorie ist, daß der Mensch sich im Park der Millionenstadt von Beeren, Pilzen und Kräutern ernähren kann, wenn er nur den Mut dazu hat und wenn er sich auskennt. Und daß die Natur im Zentrum von New York so wild und üppig sein kann wie im Urwald von Brasilien.

Die Geschichte, die mir Steve einst erzählte, ist so typisch für das Überlebensklima dieser Stadt, daß man am Beispiel der wilden Beere das Zusammenspiel zwischen Politik und öffentlicher Meinung begreift. Ein Schlaumeier in der Stadtverwaltung ist 1986 darauf gekommen, daß Früchte und Pilze, die im Großbezirk New York der Öffentlichkeit zum Verzehr angeboten werden, vorher von der Gesundheitsbehörde inspiziert und freigegeben werden müssen. Und die Beeren, die Steve auf seinen Touren zum Überleben empfahl, hatten dieses amtliche Siegel nicht. Seine Führungen durch den Park wurden verboten.

Der Mann mit dem Tropenhelm marschierte durch die Redaktionsstuben der Presse, die nach solchen Geschichten stets mit besonderer Leidenschaft sucht. Es gab einen Aufschrei der Entrüstung in New York, und sofort beschloß die Stadtverwaltung, den exotischen Liebling des Publikums in den öffentlichen Dienst zu übernehmen. Dadurch war er plötzlich so eine Art Offizieller geworden, und der Streit um die wilden Kirschen, Himbeeren und Johannisbeeren war auf dem korrekten Dienstweg eingeschläfert.

Als ich ihn traf, hatte mal wieder ein Bürokrat ohne politisches Gespür beim Sparen im öffentlichen Haushalt den Etatansatz für die Überlebenstouren durch den Park erwischt. Steve Brill sollte entlassen werden und war somit erneut auf der Safari in die Illegalität. »Sollen sie mich doch verhaften!« rief er trotzig in die Kamera des Deutschen Fernsehens und kreuzte die Handgelenke wie zum Anlegen der Handschellen. Bereit, für die wilden Beeren ins Gefängnis zu gehen, und gleichzeitig auf eine triumphierende Art gewiß, daß die New Yorker beim Anblick eines Photos in der Morgenzeitung mit ihm zwischen zwei Polizisten lieber den Haushalt für das ohnehin kaum zu reparierende Straßennetz streichen würden als für den Überlebenskurs im Park.

Wieder zurück ins Gehupe und Gedränge. Wir sind um die Adventszeit nach New York gekommen, um in der berühmten Radio City Music Hall das Christmas Spectacular anzuschauen. Draußen lange Schlangen, die Halle gewaltig und immer menschengefüllt. Vier Vorstellungen am Tag, es regnet, und die Stimmung ist alles andere als weihnachtlich.

Wie soll in diesem Kontrast von Hoch und Tief und Arm und Reich die Seele ein friedliches Plätzchen finden? Sollte Santa Claus, der Weihnachtsmann, in diesem Chaos nach einem Parkplatz für seinen Schlitten suchen, sie würden ihm pro Stunde zwölf Dollar abknöpfen.

In der Halle Erwachsene und Kinder, die auf fünfzig Fernsehkanälen eigentlich schon alle Wunder des Universums hundertfach gesehen haben. Es riecht nach Popcorn, auf jeder Seite der Bühne eine Wurlitzer-Orgel, halb Music-Box und halb Orchester, womit sie früher im Kino die Stummfilme untermalten. Die Fülle des Klangs reicht vom

Pfeifen einer Dampfeisenbahn über Revolverschüsse und Glockengeläut bis hin zum getragenen Choral der vollen Register.

Da, plötzlich Licht, ein richtiger Chor auf der großen Bühne, Walt-Disney-Figuren kommen über die Emporen geklettert. Von irgendwoher aus der Tiefe wird ein Hundert-Mann-Orchester hydraulisch ins Licht gehoben. Und dann geht es Schlag auf Schlag ... Songs and Lights, Dance and Magic. Man grübelt darüber nach, wie dieser Bühnenzauber wohl technisch funktionieren mag, da ist er schon wieder verschwunden und abgelöst durch den nächsten. Das Ballett der fünfzig Christmas Girls, eine Tanztruppe mit schlanken Beinen und weihnachtlichen Kapuzen, dreht sich zu immer neuen Formationen vor einer stimmungsvollen Kulisse von Wolkenkratzern. Wir, das Publikum, klatschen und raunzen vor Rührung.

Mal ist es intim, dann wieder gigantisch, was auf der großen Bühne passiert. Eiskunstläufer kommen hinzu, und kaum hat man begonnen, darüber nachzudenken, woher wohl die Eisfläche so schnell auf die Bühne kam, da hebt sich das ganze Orchester über die Dächer der Wolkenkratzerkulisse. Schon ziehen Kamele über die Bühne – richtige, echte Kamele. Es folgen Schafe und Esel, und alle in weltstädtischer Gelassenheit. Santa Claus samt Rentieren und Schlitten schwebt erst fünfzig Meter in die Höhe und dann in den Himmel davon, ein Stern leuchtet über Bethlehem.

Draußen regnet es wieder, die Autos hupen, die Menschen eilen dahin. Aber irgendwo in einem Winkel der Seele brennt nun doch ein weihnachtliches Licht. Und zu der frohen Botschaft auf einer der lauten, kalten Avenues gehört auch ein frisch gestärkter Glaube, daß dieses New York mit all seinem Durcheinander das größte Spektakel auf Erden ist. Klar, ein Weihnachtswunder voller Fehler und doch von ganz besonderer Kraft. Mir kommt ein Lied ins Gedächtnis, das ich irgendwann, irgendwo auf dem Highway im Autoradio hörte. Jemand sang zur Gitarre, ich weiß nicht mehr, wer. Der Song nahm Bezug auf den alten englischen, den nach Amerika exportierten Traum, ein neues Reich Gottes, ein Neues Jerusalem zu bauen. Die Zeile, die immer wieder kam, lautete: »We came, to build a New Jerusalem, and we ended up with New York . . .«

Flugbekanntschaft

Als das Flugzeug in Los Angeles zur Startbahn rollt, zeigt Brian mir das Photo seines Sohnes. Das kleine Bündel in den Händen eines stolzen Vaters ist gerade neun Tage alt geworden, und meine Freundschaft mit Brian dauert zu diesem Zeitpunkt schon zehn Minuten. Er hat ein offenes, auf Anhieb sympathisches Gesicht. Alter so um die dreißig, schlank, sein Haar so kurz, als hätte er bei den Sturmtruppen der amerikanischen Marines gedient. Kaum hatte er neben mir Platz genommen in der Maschine, rutschten schon Sitzungsprotokolle und Computerprintouts aus seinem Aktenkoffer nach links und rechts in die Kabine. So waren wir uns nähergekommen.

Auf sein »Where are yor from?« erzähle ich ihm gleich alles über mich. Das vereinfacht die Prozedur, Brian hätte sowieso nach jedem Detail gefragt. So können wir gleich zu Deutschland übergehen, einem Traum von Einheit und Freiheit, dessen Verdrießlichkeiten nach der glücklichen Erfüllung ich einem strahlend begeisterten Amerikaner einfach verschweige. Als sich das Flugzeug langsam vom Boden hebt, stellen wir fest, daß wir beide im Raum Washington wohnen. Er gleich am Flugplatz, denn er müsse zwei- bis dreimal in der Woche fliegen.

Kaum in der Luft, ist das Flugzeug schon über dem Pazifischen Ozean. Ich kann noch rechts aus dem Fenster den breiten Strand von Santa Monica entdecken. Weißschäumend und wuchtig wirft sich die Welle gegen das Ufer und entlädt ihre Kraft. Höher und immer noch geradeaus. »Wahrscheinlich«, so sage ich zu Brian, »hat der Pilot seinen Computer falsch eingestellt, wir fliegen nach Hawaii.« Im Prinzip findet Brian die Idee sehr lustig, nur müsse er morgen schon wieder in Tampa in Florida sein. Das bringt uns auf das Thema, was Brian denn eigentlich beruflich tut. Er sei Bevollmächtigter eines Financial Trust. Der Pilot ist inzwischen doch in eine Linkskurve geflogen.

Was ist das für ein Trust? Warum muß sein Bevollmächtigter so viel in der Luft sein? »Well«, faßt Brian zusammen, »wir finanzieren, bauen und leiten Hotels quer durch die USA, bauen und vermieten Wohnungen, besitzen in Maryland eine Hühnerfarm und haben ein Bergwerk in West-Virginia.« Das sind so die wichtigsten Positionen. Ich bin natürlich beeindruckt und komme mir mit nur einem Beruf in nur einer Branche sehr einspurig, sehr europäisch vor.

Aus dem Fenster des Flugzeugs sehe ich dunkle Gebirgszüge und helle Wüstenflächen. Da und dort mal ein Strich in den sandigen Boden gekratzt und irgendwo am Ende ein kleines, dunkles Rechteck. Ist das ein Feld? Könnte da einer wohnen? Brian hält es durchaus für möglich. Wir sind uns einig, es müsse da unten in der Wüste ein freies, ein sehr amerikanisches Leben sein.

Also der Trust, das ist im wesentlichen Brians Chef, ein pensionierter Richter, der Geschmack am Geld fand. Der Richter, sein Sohn und Brian sind der Vorstand der Kapitalanlagegruppe. Keiner der drei ist im Hotelgewerbe großgeworden. Auch nicht in einem Bergwerk, und schon gar nicht auf einer Hühnerfarm. Das ideelle Band für diese etwas seltsame Mischung ist die Wahrscheinlichkeit, aus angelegtem Geld mehr Geld zu machen. Bei Brian kommt noch der Spaß am Management hinzu. Er empfindet es als Herausforderung.

»I am not quite as moneydriven as my boss«, gesteht er lächelnd. Das Wort »moneydriven« sinkt mir zum erstenmal so richtig in die Seele ein. Im Amerikanischen hat es fast einen poetischen Klang. Auf deutsch schleicht sich eine gewisse mäklige Nüchternheit ein. »Vom Geld getrieben« läßt nichts Gutes erahnen.

Schon eine Dreiviertelstunde fliegt der große Jet. Da unten am Boden hat sich nicht viel verändert. Der einsame Mensch, den wir vor zwanzig Flugminuten irgendwo in der Wüste und zwischen Höhenzügen vermutet haben, er wird wohl mit dem Auto sehr lange fahren müssen, bevor er seinen nächsten Nachbarn trifft. Die Uhr steht noch immer auf Pacific Time und zeigt zwei am Nachmittag. Der Himmel ist stechend blau, darunter ein Streifen flacher, in die Länge gerissener Wolken, die wie ein Deckel über dem etwas dunstigen Braun des Bodens liegen. Die Gebirge staffeln sich wie riesige Ackerfurchen. Ein ausgetrocknetes Flußbett schlängelt sich zu Tal.

Brian holt aus seinem Aktenkoffer Photos hervor: alte Ford-Mustangs, kleine Häuser, ein gelber Bagger mit drei strahlenden jungen Leuten davor, allerlei Gräben und Rasen. Wir besprechen die wichtigsten Stationen seiner Jugend. Schon als Schüler hatte er eine Frisier- und Tuning-Werkstatt für jenes klassische amerikanische Automodell. Er baute da stärkere Vergaser, neue Felgen und Achsen ein für Fahrer, denen ihr Mustang nicht »heiß« genug sein konnte. Wir sind uns einig, daß dies das einst schönste amerikanische Auto war und daß alle späteren Veränderungen an dem Modell nur den schlechten Geschmack der Industrie demonstrierten. Als Student im College machte er gemeinsam mit einem Kommilitonen einen Betrieb für Gärtnerei und Landschaftspflege auf. Dazu gehörte der gelbe Bagger. Die beiden hatten auch einen Angestellten, der nicht abgelenkt wurde durch die Studiererei. Brian hatte Volkswirtschaft belegt – präziser: »Financing« und »Economics«. Zu seinen Kunden im sehr praktischen Teil seines Alltags gehörten seine Professoren, deren Gärten er wieder in Form brachte, wenn sie lange nicht mehr gründlich gepflegt worden waren. Diese geschäftliche Verbindung erwies sich auch für das Studium als ziemlich vorteilhaft. Gepflegte Gärten, akzeptable Preise, akzeptable akademische Noten . . .

Nach weiteren fünfzehn Minuten ist die Kulisse unter uns rötlich-braun geworden. Zerklüftete Schluchten zeichnen sich im Hochland ab. Die Sonne scheint von Westen, vom Heck der Maschine her, flach über die Tiefen hinweg und läßt sie aus der Luft schwarz und gewaltig erscheinen. Das da könnte der Grand Canyon sein! Vielleicht auch das da weiter rechts in der Ferne . . . Da, vor uns die nächste rötlich-braune Kluft! Doch wahrscheinlich sind sie alle nicht jener bis zu dreißig Kilometer breite weltberühmte Graben, den der Colorado in Millionen Jahren in den Felsen schabte. Der Pilot hätte das Spektakel des größten aller Canyons sicher über den Lautsprecher angepriesen. Mit kleineren Naturschönheiten wird er sein vielreisendes Publikum wohl nicht langweilen wollen. Wir einigen uns, dies da unten sei einfach die Cowboy-Kulisse Arizonas.

Brian kann auch bei langem Nachdenken nicht mehr sagen, wie oft er wohl schon die gewaltige Strecke zwischen den beiden Ozeanen überflogen hat. Die geschätzte Zahl meiner Ost-West-Überquerungen Amerikas – so etwa fünfzehn- bis zwanzigmal – fällt auf jeden Fall bescheidener aus. Mit dem Auto hat sich noch keiner von uns beiden auf den weiten Weg vom Atlantik zum Pazifik gemacht. Dem modernen Menschen fehlt zu solchen Sentimentalitäten einfach die Zeit.

Das Gespräch schweift nun doch vom Geld und vom Geschäftlichen ab. Wir reden von den frühen Siedlern, die mit ihren Pferdetrecks ein halbes Jahr lang unterwegs gewesen sind, um eine schier unendliche Wildnis zu überwinden. Gerade 150 Jahre ist es her. Die meisten wußten nicht, was sie unterwegs erwartete. Die ersten kannten die Wege nicht. Und als noch vor ihnen die Spanier vom Osten und Süden her über flaches Gelände westwärts zogen, und plötzlich stürzte ein so gewaltiger Canyon vor ihnen in die Tiefe, da waren sie sicher fasziniert von einem so atemberaubenden Kunstwerk der Natur, von dem weißen und roten Farbenspiel der Felsen. Aber dann mußte irgendeiner wohl die schwierige Entscheidung treffen: Was nun? Links vorbei oder rechts vorbei an dem gewaltigen Graben? Oder versuchen, irgendwo hinunterzuklettern am steilen Felsenhang, über den reißenden Fluß und an der gegenüberliegenden Wand wieder nach oben? Die große Schlucht ist 350 Kilometer lang, und bis zu 1,8 Kilometer geht es steil nach unten. Aber das hatten die Pioniere ja nicht auf der Exxon-Straßenkarte ablesen können, sie mußten sich jeden Schritt nach Westen vortasten.

Für uns, die Kontinente-Durchquerer von heute, fängt über Arizona der Spielfilm an. Die Stewardessen räumen die Überreste des Essens ab, einige Passagiere lesen, da und dort starrt einer in seinen Computer. Und Brian und ich, wir wenden uns wieder dem wahrhaft Wichtigen zu: Wie der

Mensch in der kurzen Zeit seines Lebens Geld in noch mehr Geld verwandeln kann – und das zu einem möglichst niedrigen Steuersatz und ohne großes eigenes Risiko. Ich begreife natürlich nicht alles, was Brian mir geduldig erklärt. Über Hühnerzucht und Bergbau sprechen wir erst gar nicht viel. Als jemand, der viel reist, finde ich die Sache mit den Hotels ganz interessant, und Brian kennt sich da wirklich aus. Während mir, dem häufigen Hotelgast, von der Werbung immer eingeredet wird, ich könne nur im Hyatt, nur im Holiday Inn oder ausschließlich in der großen Familie der Best-Western-Hotels ruhigen Schlaf und wahren Komfort finden, sind derartige Gefühlsduseleien für Brian, den Finanzier und Hotelunternehmer, kein ernstzunehmendes Thema.

Dem von Brian gemanagten Trust gehören Hotels kreuz und quer durch alle Marken des Touristikführers an. Er findet heraus, in welcher Stadt und welcher Gegend man noch zusätzliche Hotelbetten »auf den Markt werfen« könnte, und sucht Geldanleger, denen er klarmacht, daß dies in der und der Zeit die und die Rendite abwirft. Dieser Teil seines Berufes ist in letzter Zeit immer schwieriger geworden, weil es schon sehr viele Hotels gibt und weil die Reisenden in wirtschaftlich schwierigen Zeiten nicht mehr bereit sind, allzuviel für die Übernachtung zu zahlen. Kommt aber doch ein neues Projekt zustande und stellt sich heraus, daß die vom Trust bevorzugte Hotelkette an dem Ort schon vertreten ist, dann schließt Brian sich eben einer anderen an. Was in dem einen Ort in Florida sein Gütezeichen ist, ist in der nächsten Stadt die böse Konkurrenz. Der Trust managt diesen bunten Strauß von Unternehmen, und Brian ist ständig in der Luft, weil es mit regionalen Managern regionale Probleme zu lösen gibt. Manchmal treten natürlich auch im Bergbau oder in der Hühnerzucht finanzielle oder organisatorische Ärgernisse auf.

Besonders eindrucksvoll finde ich die über hundert Visitenkarten, die Brian in seiner Mappe stets mit dabei hat: Anschriften und Telefonnummern von Agenturen, Anwälten und sonstigen Experten in allen Teilen der USA, die beim Lösen von Problemen hilfreich sein können. Dies erinnert Brian daran, daß er zu Hause anrufen soll. Er steckt eine Kreditkarte in einen Schlitz im Sitz seines Vordermannes, ein Telephon klappt heraus, er wählt und ist mit Hernon im nördlichen Virginia verbunden.

Ich blättere derweil im Flug-Magazin und versuche, anhand der Streckenkarte unseren Kurs nachzuvollziehen. Wir sind jetzt gut zwei Stunden in der Luft. In Los Angeles, wo wir abgeflogen sind, ist es 15.30 Uhr, und über Washington, wo wir ankommen werden, senkt sich die Sonne drei Stunden früher, dort ist es halb sieben abends. Wir sind also zunächst über die kalifornischen Küsten-Gebirgszüge geflogen, es könnten aber auch die mexikanischen gewesen sein. Das ist ja so nah an Los Angeles, daß eine sanfte Linkskurve das Flugzeug schon leicht über die Grenze versetzen kann. Dann über die Sierra Nevada und über die Wüste, Las Vegas, vielleicht auch New Mexico, den Grand Canyon in Arizona. Über die schneebedeckten Gipfel der Rocky Mountains.

»In Washington«, so sagt Brian während des Telephonierens mit seiner Frau zu mir, »erwarten uns 35 Grad Hitze!« In Los Angeles, das weit südlicher liegt, waren es nur 20 Grad gewesen. Daß alle Gebirgszüge der USA von Norden nach Süden verlaufen, hat für das amerikanische Wetter oft sehr verblüffende Konsequenzen. Es gibt keine Alpen, kein Quergebirge, das die kalte Luft aus Alaska und Kanada von den warmen Klimamassen trennen könnte, die aus der Karibik oder vom mexikanischen Golf nach Norden drükken. In einer Stadt wie Washington – die ja so etwa auf der Höhe von Neapel liegt – kann das zum Beispiel im Februar bedeuten, daß die Menschen ohne Mantel durch die Stadt spazieren oder im milden Klima Tennis spielen. Es mag aber auch sein, daß eiskalte Winde Schneestürme aus der Arktis herantreiben, die den Autoverkehr völlig zum Erliegen bringen. Es kann 20 Grad warm oder 20 Grad kalt sein, je nachdem, ob der Luftstrom vom Norden oder der Luftstrom vom Süden der stärkere war.

Als Brian zu telephonieren aufhört, ist unter uns ein riesiger Teppich aus mal hellgrünen, mal dunklen Rechtekken ausgerollt. Wir nähern uns den Great Plains, der riesigen Ebene der Felder und Weiden von Oklahoma, über Kansas nach Missouri und noch weiter in Richtung Osten. Den Mississippi werden wir wohl zwischen Memphis und St. Louis überfliegen. Hinter Kentucky noch ein Gebirgszug, und dann sind wir bald zu Hause.

Wir haben noch über Europa geredet – einen Markt, der Brians Phantasie beflügelt. Er könne sich vorstellen, eines Tages auch einmal in diesem neuentstehenden Anlagebereich des Alten Kontinents sein Glück zu versuchen, und fragt mich, in welchem Wirtschaftszweig und bei welcher Firmengruppe ein Geschäftsmann wie er wohl gute Aussichten hätte. Ich schlage ihm das Hotelgewerbe vor, davon verstünde er doch was. Er findet den Vorschlag ganz originell. Ich weise ihn zart darauf hin, daß die Leute in Europa unterschiedliche Sprachen sprechen. Und daß man in den Restaurants schon hundert Kilometer weiter neue Gerichte auf den Speisekarten finde.

»Wir in den USA fliegen jetzt vier, fünf Stunden«, erläutere ich, »und bei der Landung werden die Steaks, die Sandwiches, der Fisch und die Hamburger exakt so gekocht, gegrillt und serviert wie da, wo wir gestartet sind. Wenn ich in meiner deutschen Heimat ins Flugzeug steige, bin ich nach vier Stunden in Teheran – also längst in Asien.« Brian ist etwas erstaunt über dieses lustige Europa. An seiner positiven Einstellung einem so exotischen Erdteil gegenüber ändert sich aber nichts.

Jeder liest noch ein bißchen, wir trinken ein Bier. Das Flugzeug ist nun dreieinhalb Stunden auf der Reise. Das Blau des Himmels ist milchiger geworden, die Erde ist unter einem dunstigen weißen Schleier nicht mehr zu sehen. Das einzig Markante sind gewaltige Wolkentürme. Mal scheinen Gesichter vorbeizuschweben, gewaltige Köpfe von Märchenfiguren, mal Berge so bizarr wie der Felsen im Grand Canyon. Von hinten – von dort, wo wir gestartet sind – fällt Sonnenlicht auf die phantastischen Gebilde. Auf den Wolkentürmen liegt ein leichter Schimmer von Rosa. Tief unten an der Erde streichen die Strahlen der Sonne schon vorbei. Die ersten Schnüre von eingeschalteten Lichtern funkeln da und dort durch den milchigen Brei.

In dreißig Minuten werden wir landen. Brian und ich tauschen noch unsere Visitenkarten aus. So weit wohnen wir ja nicht voneinander entfernt. Er gleich neben dem Dulles Airport, ich zwanzig Meilen weiter, in der Stadt. In Washington wird es halb neun am Abend sein, in Kalifornien erst halb sechs, wenn wir landen. Wir stellen beide unsere Uhren um und verabschieden uns mit dem festen Auftrag, die Familien voneinander zu grüßen. Wiedersehen werden wir uns wohl nie mehr. Dazu ist unser beider Leben zu schnell. Aber vergessen werde ich Brian nicht. Er wird mir als ein offener, freundlicher Amerikaner in Erinnerung bleiben – einer der besten Freunde, die man für vier Stunden und zehn Minuten nur haben kann.

Nach der Party ein Kater

Es war 1988 auf seiner Reise nach Moskau, als der damalige Präsident Ronald Reagan sowjetischen Studenten in einem Vortrag in der Lomonossow-Universität den Geist und das Wesen der amerikanischen Wirtschaft erklärte. Als Beispiel wählte der Präsident, der aus Hollywood kam, einen Film: Paul Newman und Robert Redford in dem Western »Butch Cassidy and the Sundance Kid«. Die beiden Helden des fast schon klassischen Streifens sind Bankräuber gewesen – was der Gast aus Washington seinen Zuhörern in Moskau auch nicht verschwieg.

Die Szene, die es dem Präsidenten der USA besonders angetan hatte, war die: Butch und Sundance werden von den Reitern des Sheriffs auf einem Felsvorsprung in die Enge getrieben, es gibt kein Vor und kein Zurück; nur weit unten in der Tiefe einen Fluß. »Spring«, ruft ein Bankräuber dem anderen zu. Doch der zögert und gesteht schließlich, warum: »Ich kann nicht schwimmen!« Da lacht sein Komplize fröhlich auf: »Du Idiot, wenn du da unten in der Tiefe landest, bist du doch sowieso schon tot!« Und beide springen.

Klar, sie haben den gefährlichen Sprung überlebt, und das war die Lehre des Amerikaners an sein junges, lernbegieriges Publikum in einem bürokratischen, schon krisengeplagten

Staat: »In einer freien Wirtschaft wird dir nichts geschenkt. Du mußt deine Chance suchen und Risiken eingehen; und die Gefahr ist groß, daß du scheiterst. Du mußt es wieder versuchen, kannst wieder scheitern, und immer und immer wieder ein neuer Anlauf ... Dann, eines Tages, hast du Erfolg!«

Die Rede hatte natürlich noch andere Höhepunkte, und alles in allem ist sie recht inspirierend gewesen. Die sowjetischen Studenten haben geklatscht, auch wenn sie den Bankräuberfilm nie gesehen hatten. Wir haben die Rede live im Deutschen Fernsehen übertragen. »Die Welt verändert sich schnell im Zeitalter des Computer-Chips. Informationen fallen vom Himmel, und keiner kann sie mehr abschirmen und bremsen. Die Welt wächst zusammen, Diktaturen werden stürzen, der Mensch muß sein Leben und sein Schicksal in die eigenen Hände nehmen ...« In so vielem hat der alte Herr ja recht behalten. Selbst in jener etwas unsittlichen Wahrheit, die er in seiner Parabel über den Geist der amerikanischen Wirtschaft enthüllte.

Zugegeben, meine Vorstellung von Bankiers ist immer etwas konservativ gewesen. Ich habe einfach geglaubt, das seien umsichtige, stets korrekt gekleidete, schon bis zur Langeweile nüchterne Leute. Doch was kurz nach dem Ausscheiden Ronald Reagans aus dem Amt über das amerikanische Bankenwesen in den Zeitungen stand, läßt Butch Cassidy oder Sundance Kid, läßt selbst jenen Filmbösewicht »J. R.« aus der Fernsehserie »Dallas« noch als Biedermann erscheinen. Irgend etwas war völlig aus dem Ruder gelaufen, die Moral der öffentlichen und privaten Kassen war verlottert wie in Bankräuberkreisen, und der Präsident aus Hollywood mit seiner lockeren Philosophie hat zum Klima dieses »moneyfever« nicht unwesentlich beigetragen. Die achtziger

Jahre sind in der Wirtschaft der USA eine wilde Party gewesen, deren Kosten das Land noch lange wird abstottern müssen.

Wer zählt die Banken, nennt die Namen, die in den letzten Jahren zusammenkrachten? Nicht, weil ein bißchen Leichtsinn den Vorstand zu überhöhtem Risiko verführte, nicht, weil sie Pech hatten in der Wahl ihrer Schuldner, deren Projekte und Kalkulationen sie nicht gründlich genug studierten. Viele dieser Kreditinstitute wurden von ihren Geschäftsführern und Besitzern absichtsvoll in den Bankrott gesteuert, ausgeschlachtet und dann weggeworfen wie nicht abgezahlte alte Autos.

Als George Bush in Washington die Regierungsgeschäfte übernahm und im öffentlichen Haushalt wie im Bankenwesen der USA vor einem Chaos stand, stellten die Experten zum erstenmal die Frage: Gibt es in Amerika eigentlich irgendwelche Voraussetzungen, um Bankier zu werden? Die Antwort lautete: Ja, man muß sich eine Bank kaufen! Und das war in den achtziger Jahren für jeden Gauner und Spekulanten ein leichtes.

Ein Beispiel unter tausend: Die Geschichte einer kleinen Bank im Städtchen Vernon in Texas. Nur 12 000 Einwohner groß ist diese Stadt an der Grenze zu Oklahoma, sie lebt von Öl und Baumwollanbau. Im Jahre 1960 gründete einer ihrer Bürger eine kleine lokale Bausparkasse. Der Mann hatte die große Depression miterlebt und ging seine Geschäfte umsichtsvoll an. Er zahlte seinen Sparern vier bis fünf Prozent Zinsen und verlieh das Geld zu sechs bis acht Prozent an Leute, die sich ein eigenes Häuschen bauen wollten. Von der Differenz konnte er leben.

Die USA – das muß hier eingeschoben werden – hatten

ein auf der Welt einmaliges System von dezentralisierten Banken. In den achtziger Jahren waren es so etwa 16 000, die in der Art ihrer Geschäfte und in ihrem regionalen Bereich ziemlich stark eingeengt waren. Die sogenannten »Savings and Loans«, wie die Sparkasse in Vernon/Texas eine war, finanzierten in ihrer näheren Umgebung den Kauf und Bau privater Häuser; das war's. Präsident Franklin D. Roosevelt hatte es in den dreißiger Jahren zum Teil seines sozialen Programms gemacht, die Sparer zu ermutigen, ihr Geld aus der Matratze zu holen und zum Wohle strebsamer Nachbarn arbeiten zu lassen. Der »kleine Mann« sollte in Amerika eine neue Chance erhalten, seine Träume von einem besseren Leben zu verwirklichen. Der Staat übernahm es, für die Sicherheit der Einlagen zu bürgen – zunächst bis zu 2500 Dollar pro Sparkonto und schließlich bis zu 100 000. Solange die Zinssätze stabil blieben, war die Welt heil.

Als aber zu Beginn der achtziger Jahre die Zinsen kletterten, liefen den kleinen Bausparkassen die Sparer davon – zu Geldinstituten, die größere und riskantere Geschäfte machen durften und höhere Zinsen zahlten. Um diesen Nachteil auszugleichen und das Gewerbe vor dem Zusammenbruch zu bewahren, gestattete das Parlament den »Savings and Loans«, ihren Geschäftsbereich auf praktisch alle Zweige des Bankenwesens auszuweiten. War früher das Wohl und Gedeihen im Kreis und in der Gemeinde ihre Welt gewesen, so hielten die lokalen Bankdirektoren nun Ausschau nach fernen Horizonten, nach großen und gewagten Geldabenteuern, die in kurzer Zeit hohe Zinsen versprachen. Sie selbst fingen an, mit den Geldern ihrer Sparer als Bauherren und Unternehmer aufzutreten und sich, weit vom heimischen Landkreis entfernt, in waghalsigen Projekten zu engagieren.

Die Spareinlagen blieben staatlich abgesichert, die Zinssätze waren freigegeben, und auf der Ausgabenseite war der Himmel offen. Die Bankaufsicht beobachtete die riskante Entwicklung mit mäßigem Interesse. Für tüchtige Leute ohne jede Belastung durch ein soziales Gewissen war die Geschäftslage so: Wer mit hohen Einsätzen spekulierte und gewann, durfte Gewinne als sein privates Vermögen verbuchen. Ging es schief, und die Bank krachte zusammen, dann gehörten die Verluste dem Staat.

Konsequenterweise ging auch der kluge Sparer von nun an mit seinem Geld zum unseriösesten Kreditinstitut weit und breit, das ihm die höchsten Zinssätze versprach. Über irgendwelche Finanzmoral hat sich in jenen wilden achtziger Jahren niemand zu lange den Kopf zerbrochen. Nicht die Banken, nicht die Wirtschaft, nicht der Präsident und nicht das Parlament. Wozu also der Sparer? Jedes Konto bis zu 100 000 Dollar war ja gegen Verluste abgesichert. Seriöses Wirtschaften mit Geld war einfach aus der Mode gekommen. Das Motto lautete: Herauswachsen aus Problemen! Wer in finanzielle Schwierigkeiten geriet, mußte einfach noch mehr pumpen, noch mehr spekulieren – wie ein Spieler, der verliert und immer höhere Einsätze wagt.

R. B. Tanner aus Texas war noch einer der letzten, der das Geld seiner »Vernon Savings and Loan« nur an Leute verlieh, von denen er den Eindruck hatte, sie würden damit etwas Sinnvolles anfangen und es auch pünktlich wieder zurückzahlen. Das Geschäftsvolumen war auf etwa 82 Millionen Dollar angewachsen, wackelige Kredite gab es nicht, als Tanner seine rundum solide kleine Bausparkasse 1982 an einen gewissen Don Dixon verkaufte, um sich mit 65 aus dem nun langsam etwas wildwestlich werdenden Bankgewerbe zurückzuziehen.

Der neue Besitzer der Bank war ein Bauunternehmer, der mit dem bisher fast dörflichen Geldinstitut sofort Großprojekte im fernen Dallas finanzierte. In nur fünf Jahren hatte er das Geschäftsvolumen um das Zwanzigfache auf 1,6 Milliarden aufgeblasen. Davon waren 1,4 Milliarden windige Geschäfte. Meist an gute Freunde ausgeliehenes Geld – für Zwecke, die den Bankier überhaupt nicht interessierten. Nervöse Sparer, die sich darüber Gedanken machen mußten, was eigentlich mit ihrem Geld geschah, gab es ja nicht. Mit dem Bau privater kleiner Häuser hat sich die »Vernon Savings and Loan« von nun an nicht mehr abgegeben, das war dem neuen Bankier zu kleinkariert.

Die Staatsanwaltschaft warf Don Dixon später vor, er habe mit Krediten nur so um sich geworfen und sich selbst gigantische Vermittlungsgebühren aus dem Vermögen seiner Bank genehmigt. Es sei also klar vorherzusehen gewesen, daß diese Bank eines Tages zusammenbrechen würde. Sein Jahresgehalt setzte Dixon selbst mit 4,5 Millionen Dollar an, und dazu bewilligte er sich Spesen für einen Rolls-Royce, mehrere Ferraris, private Flugzeuge und zwei Villen, an deren Wänden Kunstwerke für 5,5 Millionen Dollar hingen. Und das alles aus dem Spesenfonds einer ländlichen Bank, deren Adresse an der Grenze zwischen Texas und Oklahoma auf den Landkarten größeren Maßstabs nicht zu finden ist.

Nach der Pleite der Bank klagte der Staatsanwalt, das sei keine finanzielle Mißwirtschaft mehr gewesen, sondern kalt geplante Bankräuberei. Und so wie dieser Don Dixon trieben es viele. Sie mögen Bankräuberei für legal gehalten haben, wahrscheinlich haben sie dazu ein ähnliches frischfröhliches Verhältnis gehabt wie Butch Cassidy und Sundance Kid. Man brauchte nicht einmal mehr mit der Pistole vor dem Schalter zu erscheinen, die Gesetze des Landes vereinfachten den Weg zum schnellen Geld.

Der Staat erbte die Schulden all der zusammengebrochenen Banken, und die Experten werden noch lange darüber streiten, ob der Gesamtschaden für die Gemeinschaft nun 600 Milliarden Dollar oder eine Billion beträgt. Bei so hohen Summen verliert der normale Steuerzahler ohnehin die Übersicht, ob das Ganze denn überhaupt von Bedeutung sein kann.

Ein zweifelhafter Trost für den Finanzminister in Washington ist es nun, daß die dubiosen Bauvorhaben und Projekte der vielen pleite gegangenen Kreditinstitute in den Besitz des Staates überwechselten: leere Bürotürme in großen und kleinen Städten, teure und kaum verkäufliche Wohnanlagen, überflüssige und schwer zu vermietende Shopping Centers, eine Flut von Konferenzzentren und Hotels in Gegenden, in denen es nur wenig Tourismus gibt. Da die Zauberkünstler der wilden achtziger Jahre ihre Träume ohne Rücksicht auf jeden Bedarf in die Höhe zogen, übersteigt heute in den USA das Angebot an teurem, leerem Raum bei weitem jede Nachfrage. Manchmal werden die Gebäude vom staatlichen Konkursverwalter weit unter Preis verschleudert, manchmal finden sich nicht einmal Kunden, die die pompösen Bauten auch nur zum Viertel ihres einst angesetzten Preises übernehmen.

In vielen Städten, wie beispielsweise Denver, wo ein Sohn von George Bush im Vorstand eines aufgeblasenen und schließlich geplatzten Geldinstituts saß, ist nun das Baugewerbe am Boden. In den meisten Regionen der USA – an der Ostküste vom Norden herunter bis Florida, über Texas hinein in den weiten Westen – ist der Bedarf an neuen Projekten auf Jahre hinaus doppelt und dreifach gedeckt. Da und dort wird natürlich noch etwas gebaut, und man läßt die nagelneuen Ruinen der achtziger Jahre einfach leerstehen und verkommen.

Früher, wenn eine wichtige Branche in der Krise steckte, konnte die Wirtschaft wenigstens auf konjunkturstützende Maßnahmen des Staates oder auf neue Impulse durch die Banken hoffen. Heute sind die Geldverleiher und die öffentlichen Kassen selbst im Zentrum der Krise. Ein Retter ist nirgendwo in Sicht. Alle kühnen Rezepte sind bereits ausprobiert, selbst – nach dem Vorbild von Butch Cassidy und seinem Freund – der Sprung des Nichtschwimmers in den Fluß.

Man könnte natürlich auch mal etwas Undramatisches probieren: Erst sparen, dann ausgeben . . . oder so ähnlich. Aber es ist ziemlich ungewiß, ob ein so ungestümes Land wie Amerika dafür je die Geduld aufbringt.

Vom Geld als Wegweiser des göttlichen Willens

Die Zeit ist um mindestens fünfzig Jahre zurückgedreht. Der Geiger im Palmenhof des noblen Plaza Hotels in New York zieht absichtsvoll die Melodie des Walzers in die Länge. »Donau so ... blau, so blau, so blau ...« Es ist für den alten Herrn im schwarzen Smoking nicht leicht, während des hingebungsvollen Streichens seine Blicke gerecht auf das Publikum zu verteilen. Da und dort in dem weißen, stuckverkleideten Spiegelsaal sitzen rosig gepuderte Damen verzückt zwischen dem Grün der Palmen und haben New York und alles andere auf der Welt für zwei Stunden vergessen. Sie sehen an diesem Nachmittag nur ihn mit seiner Geige.

Der Pianist, etwa im gleichen Alter, eine eigentlich genauso würdige Erscheinung, hat sich dezent auf eine unterstützende Rolle zurückgezogen und lächelt verständnisvoll und milde zwischen seinem glanzvollen Partner und dessen andachtsvoller Gemeinde hin und her. Der Chefkellner verteilt seine Gnade ungleichmäßig. Doch wer ihn zu nehmen weiß, dem erzählt er so viel über seine Jugend in Ungarn, daß die Gastronomie im sonst so hastigen New York darüber schwere Gewinneinbußen hinnehmen muß. Der Kuchen ist teuer, aber gut. Nur der Kaffee erinnert den

Europäer daran, daß dieser ganze stimmungsvolle Zauber nicht Wien oder Salzburg, sondern Manhattan ist.

Ich gebe zu, ich habe zu diesem Hotel ein sentimentales Verhältnis. Wann immer es in New York einen Experten zu interviewen gibt – und mag er noch so bedeutsam sein –, ist die Sache entweder bis 15 Uhr abgewickelt, oder sie fängt erst um 17 Uhr an. Dazwischen dürfen Politik und Wirtschaft keine Fragen aufwerfen, da bin ich im Plaza zum zutiefst europäischen Ritual des Kaffeetrinkens.

Auch die New Yorker lieben dieses Hotel – selbst die, die es persönlich noch nie von innen erlebt haben. Es ist ein Symbol und ein Monument. Schon das Wissen um die Existenz dieses weltberühmten, eleganten, nach amerikanischen Maßstäben geradezu historischen Hotels gibt den Menschen in diesem Hexenkessel das Gefühl, daß ihre Stadt außer Verkehrschaos und Gehupe, außer Kriminalität und Drogen auch noch anderes Bemerkenswertes zu bieten hat.

*D*er Besitzer dieses Hotels am Park, das schon in so vielen Filmen die Kulisse war, ist lange Zeit auch so eine New Yorker Berühmtheit gewesen: ein Milliardär namens Donald Trump, der das Plaza für eine viel zu hohe Summe kaufte. Der Mann kaufte überhaupt alles mögliche in New York, leistete sich eine eigene Fluggesellschaft und mehrere Spielkasinos im benachbarten Atlantic City, und keiner verstand so richtig, woher er das Geld dazu hatte. Doch eines unterscheidet Amerikaner und speziell New Yorker vom Rest der Welt: Sie haben keine Vorurteile gegen reiche Leute. Man konnte jeden Taxifahrer fragen und jeden Bettler auf der Straße, schon bei der Nennung des Namens Trump begannen sie voll Bewunderung zu strahlen. Der Mann war einfach ein berühmter Sohn der Stadt – einer, der auszog, die Spitze zu erklettern, und das ist in New York eine beachtliche Höhe. So mancher Bettler – häufig genug ein verhinderter Millionär – konnte in diesem wunderbar Reichen eigene Züge wiederentdecken. Als Michail Gorbatschow im Dezember 1988 die Vereinten Nationen besuchte, erwarteten viele New Yorker, daß es auch zu einem Treffen des sowjetischen Gastes mit Donald Trump kommen müsse; ganz einfach, damit sich zwei so berühmte Zeitgenossen endlich einmal persönlich kennenlernen. Das Treffen wurde später im Programm gestrichen, und das hat Michail Gorbatschow in den Augen der New Yorker ein wenig geschadet.

Auf mich hat der Zauber dieses Milliardärs nie so recht gewirkt. Wahrscheinlich, weil ich irgendwo gelesen hatte, er habe sich die teuerste Jacht der Welt gekauft, doch nur so zum Repräsentieren, er mache sich eigentlich nichts aus dem Meer und aus Schiffen. Ein glattes Gesicht, wache, aber nicht sehr warme Augen, eine schlanke, durchtrainierte Figur. Ein bißchen erinnert er an einen Plastikmenschen. Aber, wie gesagt, das mag mein Vorurteil sein. Er hat schon zwei Bücher über sich selbst geschrieben, doch vermittelt er nicht den Eindruck, als hätte er je davor oder danach auch einmal das Buch eines anderen gelesen. Schon gar nicht zu einem anderen Thema als über sich selbst.

Wie auch immer – die Begeisterung der New Yorker für ihren Helden ist in letzter Zeit stark zurückgegangen. Und das aus dem nicht sehr noblen, aber doch einleuchtenden Grund, daß der Mann nicht mehr so reich ist, wie es früher immer in den Zeitungen stand. Das Rezept seiner strahlenden Erfolge in den achtziger Jahren war, Prestige-Objekte mit geliehenem Geld zu viel zu hohen Preisen aufzukaufen. Die Geldverleiher gingen einfach davon aus: Was Trump anfaßt, wird zu Gold!

Man gab der damals an den Börsen sehr beliebten und verbreiteten Finanzierungsart den romantischen Namen »Junk Bonds«. Das sind Schuldverschreibungen der Soliditätsklasse »Müll«. Besonders begnadete Finanziers ihrer Zeit – sehr oft Leute, deren Namen in der Öffentlichkeit völlig unbekannt waren – kauften ganze Konzerne auf, zahlten den Aktionären geradezu schwindelerregende Preise für den Verkauf ihrer Aktien und liehen sich bei den Banken das Geld. Das teuer bezahlte Unternehmen wurde den Banken als Sicherheit angeboten, und diesen so verschacherten Firmen war dann in Zukunft die Last übertragen, das Geld für die horrenden Zinsen ihrer neuen Herrschaft aufzubringen.

Was durch derartige Übernahmemanöver für die Wirtschaft Positives geschah, ist nachträglich schwer zu ergründen. Es hat in den gekaperten Firmen viele Entlassungen gegeben, um wenigstens dort etwas Geld einzusparen. Oft wurden die Rentenfonds geplündert, damit der neue Besitzer seine überhöhten Zinsen zahlen konnte. Viele Betriebe gingen schlichtweg pleite. Geld hatte im Leben der Menschheit eine neue Dimension erlangt: Es war nicht mehr nur Maßstab und Verrechnungseinheit im wirtschaftlichen Kreislauf, es wurde ein heiliger Wert in sich selbst. Etwas herzustellen, das Menschen brauchen und kaufen, galt plötzlich als altmodisch und überholt. So etwas Umständliches auf dem Wege zu Reichtum und Glück war mit früheren Milliardärsgenerationen wie den Carnegies, Fords und Rockefellers aus der Mode gekommen und zu Grabe getragen worden.

Der neue Held der amerikanischen Wirtschaft war der risikobereite Finanzier, der Firmen und Konzerne auf dem Spieltisch der Börse hin und her schob und dabei Milliarden verdiente. Das »Public Television« hat einmal einen solchen Giganten dem Publikum vorgeführt. Er sah eigentlich nicht besonders cäsarisch aus, war nicht im geringsten so von sich selbst fasziniert wie jener Donald Trump. Ein ganz gewöhnlicher Mensch saß in der schmucklosen Wohnstube eines kleinbürgerlichen Häuschens und gab einer Reporterin artig und offen Auskunft über sich und seine Geschäfte. Zum Schluß hatte sie noch einmal versucht, das Menschliche an einem so reichen Manne aufzuspüren, und stellte ihm in etwa folgende Frage: »Sie haben nun in verhältnismäßig kurzer Zeit ein Vermögen von zwei Milliarden aufgehäuft. Zwei Milliarden Dollar ... Was wollen Sie denn mit soviel Geld einmal machen?« Er dachte keine Sekunde nach und sagte schlicht: »Die dritte Milliarde!«

Bevor wir Donald Trump aus den Augen verlieren: Er ist unter den Geldkünstlern seiner Zeit bei weitem nicht der größte und reichste gewesen. Er war nur der bekannteste unter den Finanziers, weil er Publicity liebte und weil fast täglich etwas über ihn in der Zeitung stand. Und sei es die breitgewalzte Geschichte seiner Scheidung. Denn Bekanntheit – nicht zwingend Popularität – ist in den USA einer der wenigen Werte, die mit dem Glanz des Geldes mithalten können.

Vielleicht – wenn Sie diese Zeilen lesen – hat sich das Problem ja schon auf eine gnädige Weise gelöst. Aber New York war nun einmal aufgescheucht durch die Meldung, daß der in Finanznot geratene Held aus dem weltberühmten Plaza Hotel Eigentumswohnungen machen wolle. Ganz kleine Zimmer, aber teuer, zum Beispiel eine vornehme Adresse für japanische Firmen-Suiten an der Fifth Avenue mit Blick auf den Park. Mehr etwas zum Angeben als zum Wohnen. Also wirtschaftlich gesehen nicht einmal so unsolide wie vieles andere, was der Mann so in seinem Leben angerichtet hat.

Die New Yorker – wie gesagt – waren nicht so begeistert. Einige Zeitungen in den USA streuten zarte Zweifel aus, ob die wilde Freiheit des Geldes für die Menschheit ein Segen sei. Für Amerika sind solche Zweifel Ketzerei, für das immer etwas sozialere Europa sind sie fester Bestandteil aller Vorurteile gegenüber der Neuen Welt. Der Engländer H. G. Wells schrieb 1911 in seinem Buch »Die Zukunft in Amerika«: »Die Menschen, die hier in Amerika das gewaltigste System von Privatvermögen aufbauen, scheinen größtenteils ohne Zukunftstraum und ohne größere Ziele zu sein. Sie sind keine Genußmenschen, sie sind keine Künstler und überhaupt in keiner Weise schöpferisch. Steckte davon etwas in ihnen, wären sie nicht das, was sie sind.«

Sechs Jahre zuvor hatte Max Weber in seiner höchst kontroversen Schrift »Die Protestantische Ethik und der Geist des Kapitalismus« sogar Gott mit in diesen Streit hineingezogen. Man könnte – hinter Webers breitem Rükken – den Auftrag des Schöpfers an eine asketische, rastlose, zunächst in England angesiedelte und dann nach Amerika ausgewanderte unternehmerische Christenheit etwa so zusammenfassen: Gott gestattet dem Menschen, auf Erden reich zu werden; sehr reich sogar. Doch jeder sinnliche Genuß eines solchen Erfolges – der wäre Sünde.

Es muß aber in aller Fairneß auch darauf hingewiesen werden, daß Geld etwas zutiefst Demokratisches sein kann. So manchem in Frankreich oder Deutschland, der sein Leben lang arbeitet und Geld anhäuft, wird der Genuß dadurch erschwert, daß eine hochnäsige Umwelt den Reichgewordenen spüren läßt, sein Gewerbe sei sozial nicht angesehen. Vielleicht hat er nicht die richtige Schulausbildung. Seine Sprache, seine gesamte Erscheinung, sein gesellschaftlich-kultureller Hintergrund dünken seinen Mitmenschen nicht fein genug. Und im klassensteifen England kann es sogar ein nicht wieder zu korrigierender Fehler sein, in die falsche Familie hineingeboren zu werden. Was die Vorfahren vor 200 oder 600 Jahren an sozialen Anstrengungen versäumten, ist heute in einem einzigen Menschenleben nicht wieder aufzuholen.

Da ist Amerika auf eine sehr mathematische und doch auch erfrischende Weise anders. Wer sein Geld legal verdient, muß sich nie rechtfertigen, wodurch. Die soziale Skala ist übersichtlich und prinzipiell für alle offen: Wer zwei Millionen hat, hat es auf der Leiter des Ansehens doppelt so weit gebracht wie der mit nur einer Million. Und wenn ein Professor oder ein Offizier in seinem zweiten Beruf noch Autos verkauft oder in einem Apartmentgebäude die Türen öffnet, das tut ihm gesellschaftlich keinen Abbruch. Im Gegenteil: Er kann mit seinem Konto auf der Bank seinen Stellenwert in der Gesellschaft wachsen sehen.

Dennoch: Mit jenem Donald Trump, der das Plaza kaufte, um es auszuschlachten und in Einzelteile zu zerlegen, habe ich meine kulturphilosophischen Probleme. Mögen ihm die entrüsteten Fans eines verehrten Geigers nachts im Schlaf erscheinen! Vielleicht geschieht ja auch ein anderes Wunder, um mitten in der Millionenstadt eine Insel der Träume zu bewahren.

Traumfabrik Hollywood

Wer zählt die Sterne am Himmel? Wer zählt die Stars und ihre Filme? Sie sagen, Hollywood sei tot, das Fernsehen habe die Traummaschine abgewrackt, und nun seien japanische Geldanleger dabei, die Reste der Seele Amerikas aufzukaufen. Sicher ist es natürlich nicht, ob man denn – wenn es so wäre – über Hollywoods trauriges Schicksal weinen müßte. Die Filmmetropole im südlichen Kalifornien hat die Menschheit mit noblen und billigen Träumen versorgt. Manchmal hat der große amerikanische Film die Wirklichkeit des Lebens auf die Leinwand gebracht, zumeist hat er dies aber absichtsvoll vermieden. So stellt sich immer wieder die Frage, ob Hollywood eigentlich aus Amerika hervorgegangen ist, oder ob nicht umgekehrt das schöne Bild Amerikas mit seinen Tugenden und Stärken ein Produkt von Hollywood gewesen ist.

Die Cowboys sind die klassischen Heldenfiguren, die ohne die Filmindustrie spätestens im 20. Jahrhundert aus der Mode gekommen wären – als Viehtreiber, die man für harte Arbeit schlecht bezahlt. Ob Jeans, Kaugummi, chromglänzende Automobile, Rock 'n' Roll oder Jugendprotest – Hollywood hat die Welt durch Amerikas Mode zusammengeschaltet. Kühne Geister Europas, Studenten der sechziger Jahre zum Beispiel, entwarfen auf dem Weg zum Glück der Menschheit die kühnsten politischen Rezepte, und zwischendurch, zur eigenen Entspannung und Erbauung, sahen sie sich klammheimlich amerikanische Filme an. Das eine – das Denken – mußte sozial korrekt sein, und das andere – die bunten Bilder – war einfach von urgewaltiger Kraft. Ich erinnere mich auch an eine Konferenz Mitte der siebziger Jahre in Kampala in Uganda, bei der ein afrikanischer, asiatischer und lateinamerikanischer Delegationsleiter nach dem anderen auf das Podium trat und alle unisono über kulturellen Kolonialismus klagten. Und in den Restaurants und Wandelhallen des Konferenzzentrums liefen derweil Cowboyfilme über das brandneue, von deutschen Firmen installierte Fernsehen des damals despotisch-sozialistischen Gastgeberlandes.

Es ist – fast über die ganze Strecke eines Jahrhunderts – schwer gewesen, sich Hollywood zu versagen. Ich selbst habe als Schüler und Student einen wesentlichen Teil meiner Bildung aus zweifelhaften amerikanischen Filmen bezogen. Es gibt Menschen auf allen Kontinenten, die nicht mehr nachzählen könnten, wie oft sie bestimmte Meisterwerke der Welt-Filmmetropole gesehen haben. »Easy Rider«, »Zwölf Uhr mittags«, »Casablanca«, »Vom Winde verweht« ... Man kann in diesen alten Filmen erfüllt und behaglich sein Leben verträumen, wenn der eigene Alltag nichts Aufregendes zu bieten hat. So mancher moderne Mensch, der tagsüber vor dem Computer sitzt, entschwebt bei erster Gelegenheit mit der ganzen Inbrunst seiner Seele in Amerikas abenteuerliche Vergangenheit; seine Phantasie entführt ihn auf eine Plantage im verlorenen, sündigen Süden; er wird ein Gesetzloser, der dennoch anhänglich bleibt wie Rhett Buttler, sie wird zu Scarlett O'Hara, so hochmütig und stark. Wir sind Marlon Brando und James

Dean gewesen, vielleicht – in einem Augenblick der Frustration – sogar Clint Eastwood und John Wayne. Doch Nostalgie, so hat es jemand mit traurigem Bezug auf Hollywood formuliert, ist leider auch nicht mehr das, was sie einmal war.

Warum die Pioniere des Gewerbes einst ausgerechnet in diesen Vorort von Los Angeles zogen, ist wohl am überzeugendsten als Zufall zu begründen. Einer kam, es kam der nächste, und plötzlich waren sie alle da. Die Sonne Kaliforniens ist sicher eine der Anziehungskräfte gewesen – ein trockenes, gleichmäßiges Klima; das Meer, Berge und Wüste in nächster Umgebung. Die »Nestor Film Company« war die erste, die 1910 aus New Jersey in das verschlafene Hollywood gepilgert war. Die Kinematographen mieteten den Schuppen eines Farmers, um einen »Western« zu drehen. Die 4000 Einwohner der kleinen Stadt waren nicht sehr erbaut, Leute mit Revolvern durch den Ort rennen zu sehen und auf dem bislang so friedlichen »Beachwood Drive« immer neue Gefechte zwischen Indianern und Cowboys mitzuerleben.

*D*as junge Medium des »Schnellsehens«, das die Trägheit des menschlichen Auges nutzte, um aus Streifen mit Einzelbildern Bewegung zu zaubern, war gerade dabei, sich von kurzen, etwa acht Minuten langen Mini-Dramen zum anderthalbstündigen elektrischen Spektakel zu entwickeln. Und in den Städten des Landes stellten die Unternehmer von der Betrachtung in Einzelkabinen auf das für alle erschwingliche gesellschaftliche Erlebnis um, daß Menschen in dunklen Sälen beisammensaßen und gemeinsam in dieser Dunkelheit optische Signale umsetzten in seelische Impulse.

Die technische Entwicklung vom Kurbelkasten in jenem gemieteten Schuppen in einer beliebigen kalifornischen Stadt zu riesigen Studios, vom klavierbegleiteten Geflacker über Tonfilm und Farbe zu Breitwand und Stereo erklärt einiges am Erfolg des Kinos, nicht aber die ungeheure Zauberkraft, die von diesem Hollywood um die ganze Erde strahlen sollte. Bedeutungsvoller ist schon, daß all die ersten großen Produzenten, die Pioniere, die Giganten, die »Visionäre« und Programmierer der amerikanischen Traummaschine Juden der ersten Einwanderergeneration aus Europa waren.

Sie kamen in den Jahren vor dem Ersten Weltkrieg aus den Metropolen der amerikanischen Ostküste ins primitive, neue, sozial noch ungeformte und unverdorbene Kalifornien, um hier ihr Idealbild von einem neuen Leben in Amerika zu entwerfen. Es war eine Art Suche nach dem gelobten Land – nur eben in der Neuen Welt.

Neal Gabler hat in seinem spannenden Buch »Ein Imperium für sich selbst – Wie die Juden Hollywood erfanden« die Lebensschicksale dieser Männer der ersten Stunde zusammengefaßt. Carl Laemmle (Universal Pictures) stammte aus Württemberg, Adolph Zukor (Paramount) und William Fox (Fox Pictures) hatten ihre Kindheit in Ungarn verbracht, Louis B. Mayer (Metro-Goldwyn-Mayer) emigrierte aus Rußland, und die »Warner Brothers« Jack and Harry zogen aus Polen nach Übersee. Sie alle wollten neue Menschen werden: Amerikaner, und wollten hinter sich lassen, was sie in ihrer Kindheit in Europa gedrückt, gequält, gedemütigt hatte. Und es waren nicht so sehr die Fürstenwillkür und die Armut gewesen, die sie in der Alten Welt so unerträglich gefunden hatten. Neal Gabler, der ihnen posthum das Denkmal als Erfinder Hollywoods setzt, faßt ihre gemeinsamen Träume so zusammen: »Sie waren Söhne, die vom Leben und Versagen ihrer eigenen Väter verbittert waren. Sie erklärten ihrer eigenen Vergangenheit den Krieg!«

Das Gemälde, das sie den Amerikanern und der Welt von Amerika entwarfen, hat ein amerikanisches Publikum von sich selbst begeistert, und es hat in fremden Ländern für dieses Paradies geworben. Es war nicht wichtig, ob Amerika wirklich so war – es erkannte sich auf der Leinwand wieder, es wollte so sein. Die Väter in so vielen der Filme Hollywoods waren stark und gingen aufrecht, die Familien waren heil und einfach wunderbar, die Mütter voller Verständnis. Die Bösewichte waren immer klar erkennbar, und das Gute siegte. Viele der weiblichen Stars waren blond oder rothaarig, blauäugig und groß. Wie die hellen Lebendigen, die Glücklichen und Gewöhnlichen, die Thomas Mann in seiner Novelle »Tonio Kröger« angebetet hat – mit tiefer, verstohlener Liebe und sehnsuchtsvollem Neid. Und wie jener Einsame aus der Lübecker Kaufmannsfamilie, so haben auch die Schöpfer Hollywoods in ihrem eigenen Leben stets fremd und bewunderungsvoll neben ihren Träumen gestanden. Sie waren nun einmal nicht so wie ihre Helden, und sie wurden es auch nicht. Sie konnten sich die protzigsten Autos und Villen kaufen, sie konnten Amerikas Mythen und Werte formen, sie selbst gingen nicht auf in ihrem gelobten Land.

Hollywood hat sich in späteren Jahren einen Code gegeben, was in Filmen behandelt werden durfte und was nicht. Der Grund für diese puritanische Selbstzensur war, einer von Bundesstaat zu Bundesstaat unterschiedlichen Zensur vorzubeugen, sich also den großen Filmmarkt USA zu erhalten. Nichts verließ Hollywood, was auch nur im prüdesten Utah Verbote hätte provozieren können. Familie, Recht und Freiheit waren Amerikas Ideologie, soziale Konflikte fanden jahrzehntelang nicht statt. Keine Scheidungen, kein Rauschgift, kein Sex, selbst Verheiratete hatten in getrennten Betten zu schlafen. Im Publikum hatte es deshalb keine Aufstände gegeben, obgleich es ein drastischer Fall von Zensur gewesen ist. Die meisten ahnten ja ohnehin, daß die Welt auch anders als Hollywood sein konnte. Die meisten erlebten es täglich, und das war ihnen genug.

In der Erinnerung verklärt sich so manches, und dem Grundkonzept der Traumfabrik haben die vielen Schönheitsfehler keinen Abbruch getan. Heute ist Hollywood immer noch ein gigantisches, doch ein verunsichertes, mehr industrielles als künstlerisches Gebilde. Wo früher 600 Filme pro Jahr vom Fließband liefen, sind es heute nur noch 300. Die Zahl der Zuschauer pro Film ist auf ein Fünftel der Nachkriegsrekorde zurückgegangen. Daran ist sicherlich das Fernsehen schuld. Doch mehr und mehr Filmproduzenten haben heute herausgefunden, daß man auch außerhalb dieser klassischen Metropole Filme produzieren kann. Sogar billiger und ohne die vielen Komplikationen, durch die ein Dschungel von Gewerkschaften seine Macht abzusichern sucht. Man kann in Hollywood als Beleuchter oder als Kameramann nur arbeiten, wenn man Mitglied in der für das Studio zuständigen Gewerkschaft ist. Und diese Gewerkschaft – so stellt sich dann heraus – ist ein geschlossener Verein, der Neuhinzukommende nicht will.

Doch die lauteste Klage unter Regisseuren, Drehbuchautoren und Filmkritikern gegen das Mekka ihres Gewerbes ist, daß Hollywood unter einer neuen Generation von Managern jedes Konzept, jede Vision und jeden Mut verloren habe. Bei den gigantischen Kosten der Filme heute – fast dreißig Millionen Dollar im Schnitt – produziert Hollywood lieber die dritte und vierte Folge eines schon früher vom Publikum akzeptierten Action- oder Horrorklischees. Verzweifelt und ohne rechten Erfolg sucht die Branche nach der kassensicheren Komödie.

»Der Wagen folgt dem Pferd«, klagte mir ein junger Drehbuchschreiber. »Hollywood schaut auf die Einschaltquoten des Fernsehens und borgt sich von dort seine Trends. Wenn Serien über Katastrophen und Feuersbrünste erfolgreich im Fernsehen laufen, geben die Studios schon mal zur Vorsicht Katastrophen-Drehbücher in Auftrag. Und die Trends wechseln täglich. Die meisten Drehbücher, die ich schreibe, wandern in die Schubladen verunsicherter, ängstlicher Produzenten. Irgendwo zwischen romantischer Familienkomödie, Indianern, Flugzeugentführung, Shakespeare, dem Golfkrieg und dem Übernatürlichen muß für Hollywood die Erleuchtung liegen!«

Viele der originelleren amerikanischen Filme werden heute bereits im Nordwesten – in den Bundesstaaten Washington und Oregon –, vor Ort im Wilden Westen, in Kanada, Florida oder Georgia produziert. Die örtlichen Handelskammern werben damit, daß es bei ihnen keine Gewerkschaften gebe. Hollywood öffnet derweil seine großen Studios den Touristen und wird zu einer Art Disneyland seiner Geschichte.

Den wichtigsten Grund für den Verfall eines Monuments sieht Charles Champlin – Buchautor, Filmkritiker und einer der Historiker der Traumfabrik Hollywood – in einem allgemeinen Generationswechsel in der amerikanischen Wirtschaft. »Die Gründer – die Giganten – und die, die in den ersten Jahrzehnten nach ihnen kamen, hatten noch Instinkt für ihr Publikum und für ihre Filme. Natürlich: Auch sie wollten in erster Linie Geld verdienen durch das Unternehmen Hollywood. Aber es war ihr Geld und nicht das Geld anonymer Aktionäre. Die Juden, die ein neues Leben suchten, waren noch richtige Menschen und hatten noch sehr persönliche Lebensgeschichten und Träume. Aus der Armut hatten sie sich emporgearbeitet, sie wußten oder ahnten, was die Massen – Menschen wie sie – ins Kino locken könnte. In den Direktionsetagen der Studios von heute sitzen reine Buchhalter – Geldleute und Juristen. Die könnten eine Kamera nicht von einer Kaffeemaschine unterscheiden! Und diese Leute träumen nicht!«

Daß ein Studio nach dem anderen von japanischen Konzernen aufgekauft wird, ist für Champlin noch keine Bedrohung der amerikanischen Kultur. Sony erwarb Columbia Pictures für dreieinhalb Milliarden Dollar. Dann griff Matsushita bei MCA und Universal zu und legte mehr als sechs Milliarden auf den Tisch. Die Japaner haben ja auf dem Gebiet der »Hardware«, der elektronischen Geräte, den Weltmarkt erobert und wollen sich nun den Zugang zur »Software«, der weichen Ware, der Unterhaltung, sichern. In Tokio oder Osaka wird dann die neueste Generation japanischer Geräte entwickelt, und Japans Aktien in Hollywood sollen garantieren, daß es auf den Weltmärkten immer sofort in dieser neuen technischen Norm Unterhaltung gibt, mit der man die neuen Geräte füttern kann.

Nur irgendwelche Inspirationen aus dem Fernen Osten, die abweichen vom Menü der schnell verdaulichen, weltweit verkäuflichen Kost, erwartet die Filmwelt nicht. Und die Japaner versprechen nach jeder finanziellen Transaktion, durch die sie wieder einmal ein großes amerikanisches Studio übernehmen, auf Inhalte und Drehbücher, auf Amerikas Seele, wollten sie keinerlei Einfluß nehmen.

Also, aus Hollywood keine Erleuchtung! Nicht nur die Wirtschaft, auch die Traummaschine Amerikas fest in der

Hand von Leuten, die keine Träume haben. Leuten mit Plastikseelen, die Geld verwalten und die von Branche zu Branche wechseln können, ohne die geringste Beziehung zum Produkt. Der Trend ist natürlich nicht nur auf Amerika begrenzt. Die Ratlosigkeit Hollywoods trifft uns alle. Die Bereitschaft, zu neuen Horizonten aufzubrechen, ist in den USA ja immer noch größer als anderswo. »Wir gehen zum Mond«, hatte Präsident Kennedy seinen Landsleuten zugerufen, und Amerika machte sich auf den Weg. Nur, heute fehlt einfach der Mann, der eine Idee hat. Er fehlt in der Politik, und er fehlt in Hollywood. Die Drehbücher liegen in den Schubladen. Und das Fernsehen, das Hollywood vom Podest gestoßen hat, ist ein viel zu hektisches Medium, um der Menschheit in ihren großen Träumen eine ernsthafte Hilfe zu sein.

Von der Freiheit, Gleiches zu wollen

Wer ein Herz hat, wird ihrem Schicksal sein Mitleid nicht versagen. Sie sind ein Anblick kalten Ausgestoßenseins, Opfer einer urplötzlichen, gnadenlosen Vernünftigkeit; zu schwach, um auf dem Wege zum Gesunden und Korrekten den Test der Umerziehung zu bestehen. Man trifft sie auf den Bürgersteigen zwischen den Bürogebäuden. Der Anteil der Frauen unter den Geächteten ist erschreckend hoch. Sie lehnen sich gegen die glatten Wände der Glas- und Marmorbauten, suchen Anlehnung und Schutz hinter Pfeilern vor den Eingängen und Passagen. Sie stehen verschämt in kleinen Gruppen oder nervös mit sich allein und saugen hastig an der Zigarette.

Menschen, die vorübergehen, schauen sie mal mitleidig und mal vorwurfsvoll an. Denn seit dem Sommer dieses Jahres hat die Gesellschaft die Geduld mit ihnen verloren. Jedenfalls in der Hauptstadt, in Washington, im sogenannten »District of Columbia«. Die neuen »Anti-Rauch-Gesetze« schreiben den Arbeitgebern vor, in ihren Bürogebäuden klar abgegrenzte Nichtraucher- und Raucherbereiche einzurichten. Dort, wo auch heute noch geraucht werden darf, müssen große, sofort ins Auge fallende Schilder angebracht sein, die vor den Gefahren einer solchen Sucht und Angewohnheit warnen. So wird den letzten Rauchern jederzeit vor Augen gehalten, daß das, was sie jetzt gerade tun:

1. Lungenkrebs erzeugt,
2. Lungenemphysem und Bronchialasthma fördert,
3. Herzkrankheiten zur Folge haben kann,
4. bei Schwangerschaft die Gefahr von Frühgeburten erhöht und
5. Kinder von Müttern, die rauchen, mit Untergewicht zur Welt kommen können.

Es gehören schon starke Nerven dazu, unter dem Warnzeichen von soviel medizinischer Verformung zu entspannen, zu genießen. Viele Arbeitgeber haben die neuen Gesetze zum Anlaß genommen, das Rauchen in ihren Büros überhaupt zu verbieten. Und das treibt die mit dem unstillbaren Verlangen in längeren oder kürzeren Abständen einfach nach draußen vor die Tür. Natürlich ist der nächste Schritt, daß diejenigen, die nicht jederzeit an ihrem Schreibtisch anzutreffen sind, irgendwann um ihren Arbeitsplatz zu bangen haben. Der Anteil der Raucher in den USA ist in den letzten zehn Jahren um sieben Prozent auf dreißig gesunken. In Washington sind es nur noch zwanzig Prozent der Erwachsenen, die nicht aufgeben wollen oder können. Der Trend nach unten beschleunigt sich dramatisch.

Im Flugzeug fing es damit an, daß die Rauchersektionen immer kleiner wurden. Dann wurde dem Passagier zugemutet, auf Flügen bis zu zwei Stunden Dauer ohne Zigarette auszuhalten. Heute ist es auf allen inneramerikanischen Strecken ganz verboten, irgend etwas Qualmendes anzuzünden. Es soll da wohl noch einen Flug von United Airlines zwischen Chicago und Honolulu geben, bei dem das Flugzeug über sechs Stunden in der Luft ist. Das gilt als die Schwelle der Entsagung, bei der ein Rest von Mitleid mit den Schwererziehbaren beginnt. Es hat schon Flüge zwischen Kalifornien und der Ostküste gegeben, bei denen der Pilot irgendwo auf halber Strecke zwischenlanden mußte, weil ein hartnäckiger Raucher es nicht mehr aushalten konnte und sich trotz eindringlicher Ermahnung durch das Flugpersonal weigerte, seine Zigarette auszudrücken. Ein Passagier, der derart gegen den Beförderungsvertrag verstößt, muß kräftig Schadensersatz und Strafe zahlen.

Schon die Ansage der Stewardeß vor dem Start ist eine unverblümte Drohung: »Wir weisen ausdrücklich darauf hin, daß auch die Toiletten mit Rauch-Detektoren ausgestattet sind. Jeder Versuch, sie zu verstellen oder auszuschalten, ist strafbar!« Die Fluggesellschaften und ihre Aufsichtsbehörden gehen also davon aus, daß ein von der Gesellschaft mehr und mehr in die Ecke gedrängter Menschentyp in seiner Verzweiflung auf die verwegensten technischen Gedanken kommen kann.

In Fahrstühlen, auf der Post, auf der Bank, in Schulen, Bussen, Büchereien oder Theatern darf nicht mehr geraucht werden. Es gibt wohl Unterschiede zwischen den einzelnen Bundesstaaten. Der Staat Massachusetts beispielsweise hat das Rauchen in Pferdeställen mit Strafe belegt. In den Restaurants beginnt sich bereits die Endlösung abzuzeichnen. Zunächst wurden die Räume in Raucher- und Nichtrauchersektionen aufgeteilt. Heute verbieten die Gesetze der Hauptstadt bereits, daß mehr als 25 Prozent des Raums und der Tische an Gäste mit dieser schädlichen Gewohnheit abgegeben werden. Es ist klar, daß die Zukunft der Nullösung gehört. Der letzte Raucher ist auf der falschen Seite der Geschichte.

Die Inhaber französischer Restaurants paffen hektisch und verzweifelt vor sich hin und stoßen ihre Flüche aus gegen die Intoleranz in der Neuen Welt. Das Gesetz kennt keine Ausnahmen und schützt auch die, die nicht geschützt werden wollen. Ausländern wird es manchmal schwer, das Ritual des Eintritts in ein Restaurant mit Würde zu bestehen. Die Hosteß, eine ungewöhnlich festlich gekleidete Empfangsdame, die »Gastgeberin« und Platzanweiserin in jedem halbwegs gehobenen Lokal, stellt ihren neuen Gästen zwei Fragen zur Begrüßung. Die erste frisch und fröhlich: »How are you today?« (»Wie geht's?«) Und die zweite dezent, fast feierlich: »Smoking or Nonsmoking?« Wer glaubt, er könne hier liberal oder gar witzig sein, wer zum Beispiel auf die Raucher- und Nichtraucherfrage antwortet: »Ist mir egal!«, wird die vornehme Dame in arge Verlegenheit bringen. Es entsteht eine spürbar peinliche Situation, als würde nun von ihr verlangt, für einen anderen Menschen eine sehr intime, eine politische oder gar religiöse Entscheidung zu treffen.

Amerika kann sehr ernst, sehr grundsätzlich, geradezu militant vernünftig sein. Das große Land der Freiheit hat keineswegs 250 Millionen Individualisten hervorgebracht. Und jener Satz in seiner Unabhängigkeitserklärung, mit dem der Staatenbund die Welt einst inspirierte, daß jeder Mensch frei sein müsse auf der Suche nach dem Glück, ist im Alltag und in der Praxis stark von der Erwartung geprägt, daß die Vorstellungen freier Amerikaner vom Glück im Grunde doch ziemlich gleich oder wenigstens ähnlich sein sollten.

Ein besonderes Instrumentarium der Gleichschaltung der Gefühle ist wohl meine eigene Profession, der Journalismus. Natürlich, wenn irgendwo Krieg ist oder ein Vulkan ausbricht, dann ist dies das große Thema des Tages. Wenn aber in einer Zeit, die an dramatischen Ereignissen eher reich ist, plötzlich alle Zeitungen und alle Nachrichtensendungen wochenlang von der Problematik beherrscht werden, ob der Kanzleichef des Weißen Hauses zu viele Privatreisen mit seiner Dienstlimousine oder mit Flugzeugen der Regierung unternahm, dann ist ein solches Thema sicher bedeutsam und beleuchtenswert. Nur, daß es für drei, vier Wochen »the issue«, das große, die Nation bewegende Ereignis sein soll, erscheint ein bißchen gegen die menschliche Natur.

Der Wissensdrang, die Neugier und das Informationsbedürfnis werden manchmal auf eine ziemlich zweifelhafte Weise ins Moralische übersteigert. Klar, die in der Presse und im Fernsehen aufgeworfenen Themen sind in der Mehrzahl aller Fälle interessant und wichtig. Nur ist es im klassischen Land der Pressefreiheit ziemlich verblüffend, daß es keinesfalls als Tugend gilt, wenn eine Vielfalt der Publikationen möglichst oft auch eine Vielfalt der Sensationen und unterschiedliche Rangordnungen des Bedeutsamen und Aktuellen produziert. So erfrischend es sein kann, wenn das Nachrichtenmagazin »Time« einmal nicht den Präsidenten auf seiner Titelseite abbildet, sondern den Milliardär Trump, die Frau des Ex-Präsidenten, Nancy Reagan, einen Baseball-Trainer oder eine Moderichtung in der Kunst. Wenn aber »Newsweek« in derselben Woche exakt dieselbe ausgefallene Titel-Story erwischt, denselben Baseball-Trainer, denselben Sänger und auch Nancy Reagan, wenn die Fernsehnachrichten ihre Zuschauer auf allen Kanälen mit denselben Politikern in derselben Reihenfolge und denselben Redeausschnitten bestrahlen, dann unterstreicht dies eine große, gemeinsame Sehnsucht der Journalistenzunft, so einheitlich, so seelenverwandt wie möglich zu sein. Das Problem stellt sich den Journalisten aller Länder und Kulturen, doch nirgendwo scheint mir der Wunsch nach einer Angleichung der geistigen Impulse so groß wie in dem Land, in dem die Vielfalt doch eigentlich am größten sein sollte.

Im Fernsehen der USA gibt es als Hüter der gemeinsamen Erregung die sogenannten »Producer«, die in ständiger Anbindung an mehrere stets klingelnde Telefone sämtliche Programme der live sendenden Zivilisation verfolgen, die Ereignisse, Erklärungen und Gerüchte in eine Hektik zusammengeschalteter Technologie umsetzen und nicht rasten und nicht ruhen, bis alle Sender das gleiche zur Nachricht erheben. Nicht selten hat dann die Wirklichkeit keine andere Wahl, als dem Sog der jeweiligen Trends und »Issues« zu folgen.

In der Küche des Landes ist das Genormte eine Tugend – nicht nur im Schnellimbiß, auch im Restaurant und in den Speisegewohnheiten daheim. Im Geschäft, in den Betrieben, beim Reisen, überall im Alltag spult sich das Zeremoniell nach einem festen Drehbuch ab. Über die Menge kann man jederzeit debattieren und über den Preis. Doch man macht sich das Leben unnötig schwer, wenn man im Muster, in der Farbe, überhaupt im Geschmack und im Grundsätzlichen besondere Vorstellungen durchdrücken wollte. Der gute Wille ist da, die Wünsche des einzelnen anzuhören, doch der Computer wird mit Sicherheit gegen jede Störung im genormten Ablauf sein.

Man geht in Filme, von denen alle sagen, die müsse man sehen. Man joggt oder konsultiert den Psychiater, weil es so viele andere tun. Die Anzeigenschlachten um das Kopfschmerzmittel mit der schnellsten Wirkung und um die Frühstückskleie mit den meisten guten Mineralien – oder jedes beliebige andere Produkt – nehmen schon theologische Züge an. Es gibt sie sicher, die eigenwilligen, freien, sehr speziellen Menschen irgendwo auf dem weiten Kontinent. Aber sicher sein kann man nicht, auch nur einmal im Jahr einem solchen Amerikaner zu begegnen.

Es ist natürlich ein riskantes, zweifelhaftes Unternehmen, über »die Amerikaner« nachzudenken. Warum sind sie, wie sie sind? Hat irgend jemand das Recht, von ihnen zu verlangen, sie sollten anders sein? Warum führen die Highways der Freiheit so zügig ins Genormte? Einer, der über diese Frage nachgedacht hat – und zwar schon vor 160 Jahren –, ist ein Franzose mit einem komplizierten Namen: Alexis Comte de Tocqueville hat unter dem heute etwas hölzern klingenden Titel »Demokratie in Amerika« ein klassisches Werk über »die Amerikaner« geschrieben, das voll tiefer Verehrung für diesen neuen Menschentyp ist, voll unkonventioneller Gedanken – manchmal auch ein bißchen respektlos und oft verblüffend frisch und aktuell.

Mir ist es so ergangen, daß ich eigentlich nur mal in den 760 Seiten herumblättern wollte, dann einzelne Kapitel las, und nun entnehme ich meinem Unterstreichen und Geschmiere an den Seitenrändern, daß ich das Opus wohl doch ziemlich gründlich gelesen habe. An einigen Stellen des altehrwürdigen Textes lese ich so verständige Anmerkungen von eigener Hand wie: »Juhu . . .!« De Tocqueville hat es wohl hin und wieder geschafft, meine aktuelle Erlebenswelt oder zumindest meine Vorurteile über mein Gastland von heute zu treffen.

In einem Kapitel läßt sich der Prophet und Kulturphilosoph über Amerikas Sitten aus und kommt zu dem Schluß, daß sie schon vor 160 Jahren kreuz und quer in Europa lockerer, »freier«, weniger prüde waren als in der freien Neuen Welt. Warum? Der Franzose stellt geradezu einen

Lehrsatz auf: Je weniger verboten ist, desto strenger sind die Sitten! Im damals noch aristokratischen Europa, so schreibt de Tocqueville, war die öffentliche Meinung immer auf der Seite der Liebe. Klassenschranken verhinderten legal-leidenschaftliche Gefühle, es wurden Grundstücke, Geld und sozialer Stand miteinander vermählt und nicht Menschen mit Menschen. Liebe und Leidenschaft, die diese Schranken zu durchbrechen suchten, endeten meist tragisch. Aber sie waren Kriege gegen die Ideen der Zeit, Revolutionen, die wie alle Revolutionen eben manchmal die Grenzen der Schicklichkeit überschritten. Ein buntes Treiben der Geschlechter war ein Stückchen Leben.

Wie prüde erschien dem Gast aus Frankreich das sittenstrenge Amerika. Man bekommt eine nüchterne Einstellung zu Liebe und Sex (das Wort ist eine freie Übersetzung), wenn in einer Gesellschaft der Gleichen die sozialen Barrieren niedergerissen sind. Wo ist der Grund für die Leidenschaft, wenn doch jederzeit Heirat möglich wäre? Die Liebe wird realistisch, ernst und kalkulierbar. Und dann kommt der Beobachter von damals zu dem Schluß: »Nirgendwo findet man unter den Menschen weniger Träumer als unter den Bürgern einer Demokratie!«

Es muß allerdings darauf hingewiesen werden, daß das Wort »Demokratie«, das uns heute so selbstverständlich und fast schon langweilig erscheint, für einen Europäer Mitte des vergangenen Jahrhunderts noch etwas Kühn-Verwegenes war. Etwas Großartiges, keineswegs Selbstverständliches, dessen ganze Kraft und dessen volle Möglichkeiten noch nicht durchdacht, geschweige denn ausgekostet waren. Hier wurde also noch vieles in den neuen Menschen, den Amerikaner, hineingeträumt. Demokratie war zwar etwas von der Natur Gewolltes und doch in jenen Tagen noch Verschwörerisches, etwas Traumhaftes an sich. Der Gedanke taucht immer wieder auf in verschiedenen Kapiteln: Wer die Freiheit hat, sucht sie zu zügeln; wo sie versagt ist, blüht die Phantasie! Es blüht die Kultur, es blüht der Geschmack, es blüht die Sünde ...

Womit wir wieder beim Rauchen wären. In Deutschland hat es gelegentliche Vorstöße zu Gesundheit und Vernunft ja auch gegeben. Aber die größeren Attacken wurden bisher abgeschlagen. Mag sein, daß die Menschheit in anderen Ländern immer noch fröhlich an der Virginia zieht, wenn das klassische Land der Tabake sich dem Laster schon völlig entzogen hat. Mag sein, daß die Cowboys, die das Übermaß an frischer Luft erst mit der Zigarette so richtig genießen, bald nur noch für die ausländischen Märkte Reklame reiten dürfen.

Der erbarmungslose Feldzug gegen die letzten Raucher beweist, daß Amerika durchaus die Kraft hat, tiefsitzende Gewohnheiten aufzugeben. Bisher haben diese Feldzüge noch den Charakter einer gewissen Zufälligkeit. Als jüngst in einer Hotelbar in Kalifornien ein Angehöriger eines deutschen Fernsehteams beim Barkeeper eine Schachtel Zigaretten bestellte, bekam er zur Antwort, es sei verboten, in einer Bar Zigaretten zu verkaufen. Und in einem Anfall von Zynismus sagte der Mann: »Wenn Sie eine Pistole wollen oder Heroin, das bekommen Sie neben dem Hoteleingang – gleich um die Ecke. Aber um diese Zeit noch Zigaretten? Das wird ein bißchen schwieriger werden ...«

Bilder aus der Hauptstadt

Es ist eine Kunstform unserer Zeit: authentisch, direkt, Momente des alltäglichen Lebens, auf eine kraftvolle, schlichte Weise festgehalten. Die Videokamera der Unterhaltungselektronik ist leicht bedienbar und finanziell erschwinglich geworden. Und die Geräte für den Laien gleichen sich in der technischen Norm und Leistungskraft mehr und mehr der teuren Ausrüstung der Profis an.

Fernsehgesellschaften haben den Reiz der Mode längst erkannt und fordern ihre Zuschauer auf, die schönsten Szenen ihrer privaten Videobänder mit einer weiten Öffentlichkeit zu teilen. Bei der Hochzeit tritt jemand auf die Schleppe der Braut, die Kamera hält das zunächst schockierende, doch dann beim späteren Betrachten urkomische Ereignis fest. Torten fallen beim Geburtstag auf den Boden, ein Baseballschläger rutscht dem Sportler aus der Hand und trifft den Schiedsrichter an einer sensiblen Stelle. Doch was auch immer das Motiv sein mag: Der Alltag des modernen Menschen nähert sich dem Fernsehen an und gewinnt allein schon dadurch eine neue Dimension.

Kein Wunder also, daß auch unter jungen Leuten gleich hinter der Georgia Avenue in Washington die Idee aufkam, das, was an der Ecke zur Neunten Straße hin Teil ihres

Alltags ist, einfach mal auf Video aufzuzeichnen; vielleicht um später Freunden die Bilder vorführen und sagen zu können: »Schaut her, das sind wir!« Zum Beispiel die Kassette mit dem Datum 28. Oktober 1989. Es war ein lauer, herbstlicher Abend in der amerikanischen Hauptstadt, und die Szenenfolge war so:

Ein junger Mann schlägt einem anderen eins mit dem Stahlrohr über den Kopf; die Kamera schwenkt ins Publikum an der Ecke zur Neunten Straße; Beifall; anerkennende Kommentare. Das nächste Opfer wird von einem kräftigen Kinnhaken getroffen, sackt leblos auf den Bürgersteig; Kamera richtet sich auf einen Mann, der seine Hose öffnet, einen Fuß auf den Niedergeschlagenen setzt und dann in dessen Gesicht uriniert; im Publikum erregtes, quietschendes Vergnügen.

Es müssen Dutzende von Menschen an jenem Abend und an jener Straßenecke dabeigewesen sein. Die Fragen, die sich eine entsetzte Gesellschaft hinterher stellte: Warum war nicht einer dabei, der auch nur den Versuch unternahm, die von der Kamera aufgezeichneten Grausamkeiten zu stoppen? Warum gab es hinterher nur zwei Anrufe bei der Polizei, da doch vierzig oder fünfzig Menschen den Überfall auf offener Straße begafften? Und schließlich: Warum haben die Menschen eigentlich so gejubelt? Eine der letzten Szenen auf dem Videoband zeigt den Schuh einer Frau, der den Kopf des Bewußtlosen fast zärtlich von einer Seite auf die andere schubst, und dazu hört man ihre Stimme: »Wake up, Baby, Zeit zum Aufstehen ...«

*D*ie Straßen in jener Gegend – links und rechts der Georgia Avenue – sind fest in den Händen des Drogenhandels. Das ist ein Baustein auf der Suche nach der Lösung. Ich selbst habe just diese Ecke auf dem Stadtplan der Hauptstadt nach einer jener Irrfahrten in Erinnerung, wie Tom Wolfe sie in seinem Roman vom »Fegefeuer der Eitelkeiten« aus dem New Yorker Milieu beschreibt. Wenn man von Maryland im Norden zurück in die Hauptstadt fährt, dann führt eine der Einfuhrschneisen von der Ringautobahn über ein kurzes Stück der zwar nicht anheimelnden, aber doch ziemlich breiten Georgia Avenue zur Military Road, dann rechts ab durch den Rock Creek Park wie ans andere Ufer einer schöneren Welt. Dieser Park dort trennt Arm und Reich, Schwarz und Weiß, Kriminalität von zwar nicht sorgloser, aber doch relativ hoher Sicherheit auf den Straßen. Wer Beirut kennt mit seinem westlichen und seinem östlichen Teil oder Belfast in seiner Zerrissenheit zwischen Katholiken und Protestanten, für den sind solche scharfen Trennlinien auf dem Stadtplan ein ganz natürlicher Teil des Lebens.

Das Problem – mein Problem – auf der kurzen Fahrt durch die Georgia Avenue ist jedesmal, daß die Military Road, auf die man abbiegen will, nicht sofort erkennbar ist. Auf den ersten fünfzig Metern hat die später breite Verbindungsstraße noch irgendeinen anderen Namen. Die Chancen sind hoch für den, der allenfalls zwei- oder dreimal im Jahr hier vorbeikommt, den Punkt der Befreiung zu verfehlen. Dahinter wird die Georgia Avenue seltsam. Mal verengt sie sich, mal knickt sie ab in einem System von Einbahnstraßen. Und plötzlich liest der Ortsfremde abends im Dunkeln völlig fremde, verwirrende Namen auf den Straßenschildern und weiß nicht mehr, wo er ist.

Das wäre der richtige Zeitpunkt, rechts ranzufahren und mal auf die Straßenkarte zu schauen. Aber alle Instinkte raten davon ab. An den Straßenecken, auf den Treppen vor den Häusern sitzen junge Leute, die mal mit gleichmütigem

Blick, mal mit wachem, kaltem Interesse auf den nervösen Autofahrer schauen. Sie unterhalten sich nicht, sie sind nicht vergnügt, sie starren einfach in die Gegend.

Natürlich steht nirgendwo ein werbendes Schild: »Crack, 20 Dollar pro Splitter« oder »Heroin, 30 Dollar die Dosis«. Aber in einem Labyrinth von mindestens fünfzig Straßenzügen im Quadrat und nunmehr ohne jeden Anhaltspunkt, wo der rettende Ausgang sein könnte, stellt sich der innere Kompaß des Verirrten auf völlig neue Werte ein. Nicht viel fragen, einfach fahren – irgendwohin, nur hier raus! Und selbst an der Ampel bleibt der Gang immer eingelegt, die Kupplung durchgetreten, der rechte Fuß auf dem Gas. Der Verlorene in einer unbekannten und ihm nicht wohlgesonnenen Welt ist jederzeit bereit, auch bei Rot Vollgas zu geben, wenn sich irgend jemand seinem Auto nähert und auch nur das Geringste an seinem Gang, seinem Blick, den Händen in der Tasche unklar erscheint oder bedrohlich. Das Komplizierte, das Verwirrende links und rechts der Georgia Avenue ist allerdings, daß die Menschen auf der anderen Seite der Scheibe gerade aufgrund der Verkrampfung und mühsam unterdrückten Erregung eines suchend herumfahrenden Weißen den potentiellen Kunden vermuten. Denjenigen, der sich tief ins Territorium der Drogen begibt auf der Suche nach dem Rauschgift erster Qualität zu besonders niedrigen Preisen.

Doch zurück zu jenem Videoband, mit dem der lokale Rauschgifthandel in diesem Teil der amerikanischen Hauptstadt einen so offenen Einblick in seinen Alltag gab. Die Kassette geriet in die falschen Hände – an einen Kreis verblüffter Betrachter, für den der Kameramann sein Werk nicht zusammengestellt hatte. Ein Geschworenengericht hat inzwischen die fünf Hauptdarsteller zu Gefängnisstrafen zwischen sechzehn Jahren und lebenslänglich verurteilt. Sie waren alle vorbestraft. Und das Videoband wanderte aus der Obhut der Staatsanwaltschaft an die Fernsehstationen weiter. Die Opfer waren übrigens Kunden, die auf der Suche nach ihren Drogenhändlern an eine plötzlich rabiate Konkurrenz geraten waren.

Die Bewohner der Gegend sagten nach und nach aus, daß Brutalität wie diese in ihrer Nachbarschaft ein fast schon normaler Teil des Alltags sei. Es sei wohl früher mal ein ruhiger Stadtteil gewesen. Doch als die Drogenhändler die Herrschaft auf den Straßen übernahmen, habe sich jeder Bürger in seinen häuslichen Bereich und auf seine privaten Wege zurückgezogen. Man schaut nicht mehr hin, was andere Menschen miteinander tun, man lernt, sich aus allem herauszuhalten, was einen nicht unmittelbar selbst betrifft. Die erschreckend hohe Zahl von Pistolen, Gewehren und sogar Maschinenpistolen in den Händen Vierzehn-, Fünfzehnjähriger verleiht dem Trend, sich nicht einzumischen, eine besondere Überzeugungskraft. Eine Geschäftswelt des heilen amerikanischen Alltags, gegen die sich die Drogenkultur noch durchzusetzen hätte, gibt es kaum in jener Gegend. Die Polizei ist kein überzeugender Gegner mehr. Das nächste Geschäft weit und breit von jener Ecke, an der der spektakuläre Überfall geschah, ist eine Handlung für alkoholische Getränke. Die Tür des Ladens ist immer verschlossen. Der Kunde stellt sich vor eine Schiebeklappe aus schußsicherem Plexiglas, bestellt, legt sein Geld in eine Drehvorrichtung und bekommt auf dem gleichen Wege seine Ware ausgeliefert. Menschen vermeiden den Kontakt mit Menschen.

Die »Washington Post«, die große Zeitung der Hauptstadt, hat bereits in langen Serien versucht, die Psychologie und die gleichsam wirtschaftswissenschaftlichen Gesetzmäßigkeiten der sogenannten Drogenwelt aufzuzeigen. Warum verhalten sich Menschen anderen Menschen gegenüber so grausam? Sind sie völlig verroht, oder versuchen sie verzweifelt, aus ihrer eigenen Hilflosigkeit eine Tugend zu machen? Da wird zum Beispiel John Devine zitiert, Professor für Erziehungswissenschaften an der New York University. Aufgefordert, sich einen Reim darauf zu machen, aus welchem völlig verrückten Grund denn wohl Verbrecher ihre eigenen Untaten im Bild festhalten, sagt er: »In der vom Handel mit Rauschgift geprägten Nachbarschaft kann ein solches Verhalten durchaus sinnvoll sein. Es schafft einen überall vorzeigbaren Beweis, daß die Täter harte, entschlossene Leute sind. So wie Geschäftsleute im legalen Teil des Wirtschaftslebens Beweise für ihre Härte und ihre Durchsetzungskraft brauchen. So etwas schafft Respekt und bringt den Kompromißlosen und Starken in der Rangordnung nach oben.«

Aber warum sind die Zuschauer stehengeblieben? Warum haben sie gejubelt? Dies erklären andere Experten als einen Prozeß der Gruppendynamik. Menschen, vor allem junge Menschen, werden aus Neugier angezogen, wenn es sicher ist, daß sich die Gewalt nur gegen klar erkennbare andere und nicht gegen sie selbst richten kann. Wenn das Spektakel ein Publikum sucht, saugt es die, die sich unbedroht fühlen können, auf die Seite des Siegers. Verhaltensforscher sprechen von einem regelrechten »Tornado«, der sich aus einer Vielzahl von Faktoren nährt, die alle für sich genommen nicht gefährlich sind. Trifft man die Menschen einzeln, könnten sie normale, vielleicht sogar freundliche

Mitmenschen sein. Doch zusammen und in einer bestimmten Konstellation wird jede Menschlichkeit einfach fortgerissen, und der Tornado schlägt seine Schneisen.

Es gibt eine Kultur, einen alternativen Wirtschaftskreislauf, eine Hierarchie und sogar eine Ethik im Reich des Elends und der Drogen. Die vielen Schießereien, bei denen Jahr für Jahr allein in Washington so zwischen 500 und 600 Menschen sterben, haben Experten in den Kategorien des Marketing und der strengen Personalauslese zu definieren versucht. Die meisten Opfer gebe es in Kämpfen um Reviere, um die Aufteilung der Märkte. Junge Leute stehen an der Straßenecke und verkaufen Drogen. Ein Auto fährt vorbei, aus dem offenen Fenster »sprüht« jemand mit der Maschinenpistole Kugelsalven in die Menge. Wen es trifft, ist nicht so entscheidend für die Täter, die Aktion ist ein Signal an die Konkurrenz. Entweder gibt nun die schwächere Bande auf und überläßt die umstrittene Straßenecke einem eindeutig stärkeren Handelsring, oder der Ausleseprozeß setzt sich ein paar Tage später in einem neuen Straßengefecht fort, wenn jene, deren Stolz herausgefordert wurde, an irgendeiner anderen Straßenecke Rache nehmen. Man kennt diese mörderischen Fehden ja aus den Mafia-Filmen.

Als ich Mitte der siebziger Jahre Washington verließ, sollen in dieser Stadt fünf allgemein bekannte Plätze oder Straßenecken existiert haben, wo die Süchtigen ihr Rauschgift kaufen konnten. Als ich dreizehn Jahre später wiederkam, gab die Polizei die Zahl der sogenannten »offenen Märkte« mit 91 an. Wie in jeder Wirtschaftsbranche kennt man auch hier gute und schlechte Handelsplätze. Und viele Kriterien der Marktanalyse sind ähnlich. Gibt es für die Kundschaft gute oder schlechte Zufahrtswege? Denn – legal oder illegal – in Amerika ist jeglicher Handel stark auf das Automobil zugeschnitten. Wie sind die Eingriffsmöglichkeiten der Polizei? Vom Drogenhandel bevorzugt werden solche Straßen, auf denen sich möglichst viele Unbeteiligte und Passanten bewegen, weil das die Polizisten von rigorosen Razzien abschreckt. Wann immer doch einmal ein Markt von den Kräften des Staates ausgehoben wird, werden die Schwächen des alten Handelsplatzes mit großer Sorgfalt analysiert, und die Branche lernt daraus auf der Suche nach neuen Absatzplätzen. Die Straßenhändler sind alle mit sogenannten »Beepern« ausgerüstet, kleinen Empfängern am Hosengürtel, die man über das Telephonnetz anwählen kann und deren Pieptöne vor dem Herannahen der Polizei warnen. An die Front, in die vorderste Reihe des Drogengeschäfts, werden mehr und mehr auch Kinder geschickt. Ihnen fehlt oft noch die Phantasie zur Angst, vom Mitleid für andere gar nicht zu reden.

Wo Kinder mit Pistolen unter der Jacke durch die Gegend laufen, mit Geld ausgestattet und entsprechendem Respekt unter ihren Altersgenossen, ist auch die Macht der Schule begrenzt, schöne, bessere Wege ins Leben aufzuzeigen. »Wozu sich bei McDonald's für ein paar Dollar abplagen?« ist das übliche Argument in den armen, von schwarzen Amerikanern bewohnten Gebieten der Hauptstadt. »Durch Drogenhandel kann ich in kurzer Zeit Schmuck, teure Uhren und Autos verdienen. Und sterben müssen wir ja früher oder später sowieso . . .«

Mehr und mehr Kinder im Drogenmilieu nehmen schon in jungen Jahren die Rolle eines Familienoberhaupts ein. Das deprimierende Szenario sieht so aus: Vater und Mutter arbeitslos und drogensüchtig – immer in Not, irgendwoher Geld aufzutreiben. Der vierzehnjährige Sohn handelt mit

Crack und Heroin, hat Zugang zu der begehrten Ware zu Einkaufspreisen. Zu ihm müssen nun die Eltern ein aufschauend-respektvolles Verhältnis suchen, um mit jenen Pulvern und kleinen Würfeln versorgt zu bleiben, um die sich ihr ganzes Leben dreht. Und strafrechtlich sind sie nur bedingt zu belangen.

Es ist wie in allen Verzweiflungs- und Elendsrevieren der Welt, die von der legalen Wirtschaft als unattraktiv und zu riskant abgeschrieben werden. Auch die Politik ist mit ihrem Latein am Ende, wenn es meilenweit im Quadrat keine guten Schulen, keine guten Arbeitsplätze und keine friedlichen, ungefährlichen Vergnügungen gibt. Wer kann denn schon in einem solchen Milieu mit Autorität und der Überzeugungskraft des eigenen Beispiels vor seine Kinder treten und sie vom Sinn des Lernens und Arbeitens überzeugen?

*D*as Ausweglose der Situation ist nie zuvor so eindrucksvoll beschrieben worden wie in einer Reportage der »Washington Post« über den kleinen Dooney Waters. Der Sechsjährige, ein pummeliger Krauskopf mit wonnigem Gesicht, lebte monatelang mit seinem dreizehnjährigen Bruder und seiner 32jährigen drogensüchtigen Mutter in einer leeren Wohnung. Alle Möbel bis auf ein schäbiges Sofa, zwei Stühle und ein Bett hatte die Mutter verkauft und das Geld in Crack und Heroin umgesetzt. Sie wollte ihren Kindern eine gute Mutter sein, aber sie konnte es nicht, die Sucht nach Rauschgift war einfach stärker.

Ihren Arbeitsplatz hatte sie längst verloren, jeden Wertgegenstand längst versetzt, da ist sie mit den lokalen Rauschgifthändlern ein letztes, verzweifeltes Arrangement eingegangen. Sie entfernte alle Schlösser von der Wohnungstür und willigte ein, daß jeder Fremde von der Straße zu jeder

Tageszeit und zu jeder Stunde der Nacht in der Wohnung der Familie ein- und ausgehen durfte. Sie kamen hereingetorkelt, um Drogen zu kaufen, sich zu spritzen, zu rauchen, ihren Rausch auszuschlafen. In diesem Dreck und Durcheinander saß der kleine Dooney und machte Schularbeiten.

Nachts, wenn eine benebelte Gestalt in Dooneys Schlafzimmer wankte und dessen Bett für sich in Anspruch nahm, mußte der Kleine nach nebenan auf die Couch. Und wenn auch die schon belegt war, dann eben auf den Fußboden oder ins übel verschmutzte Badezimmer. Dooney hat in frühen Jahren Tiefen des Lebens kennengelernt, wie sie ein Junge aus einem glücklicheren Amerika nie erfahren und nie verstehen wird. Präsident Bush hat in einer Ansprache an die Nation über das Drogenproblem die Leidensgeschichte des Kindes aufgegriffen.

Dooney selbst hatte mit großen, traurigen Augen sein Schicksal und das seiner Familie viel nüchterner dargestellt als Politiker, Psychologen und Journalisten. Als man ihm die liebliche Frage stellte, ob er nicht auch bald mit Drogen handeln werde, schüttelte der Sechsjährige erst wild und entschlossen den Kopf. Dann schaute er ernst vor sich hin und sagte: »Ich will nicht. Aber ich werde wohl müssen . . .«

Von Helden und Quoten

Als ein junger schwarzer Offizier namens Colin Powell vor nunmehr 27 Jahren im Städtchen Columbus in Georgia mit seiner Frau »Buck's Barbecue« betrat, erklärte ihm Buck, der Besitzer des Restaurants, schroff, hier werde er nicht bedient. Schwarze könnten hier zwar als Köche, Kellner oder Tellerwäscher arbeiten, doch als Gäste seien sie nicht erwünscht. Die übliche Anrede eines schwarzen Amerikaners durch einen Weißen im Süden der USA war übrigens in jenen Tagen »Boy«, also »Junge« – ganz gleich, wie alt der so Titulierte war. Und daß er die Uniform eines Offiziers trug, galt eher als Provokation.

Heute ist dieser Offizier in den USA ein vielgefeierter Held. Von weißen Amerikanern auf jeden Fall. Nur in einigen Zirkeln überwiegend schwarzer Universitäten und politisch engagierter Gruppen ist man sich noch nicht einig, wie denn wohl nach dem militärischen Sieg am Golf die Rolle des ranghöchsten amerikanischen Soldaten auf eine sozial korrekte Weise einzuschätzen sei. Der Streit entzündet sich an der Frage, ob der Triumph und die Leistung des Colin Powell auch ein Triumph für das schwarze Amerika sein könne. Ist der Oberste Stabschef mit der schwarzen Hautfarbe ein Held und ein Vorbild für den schwarzen

Jugendlichen von heute? Darf er es sein, oder spiegelt eine solche Heldenverehrung nicht eine falsche soziale Wirklichkeit vor? Ob der Krieg nun moralisch vertretbar war oder nicht, ist in diesem Zusammenhang von untergeordneter Bedeutung. Klar, aus dem Restaurant geworfen wie damals in »Buck's Barbecue« wird der Amerikaner mit der dunkleren Hautfarbe heute nicht mehr. Die Hauptstraße in Columbus, auf der einst das Grillrestaurant des weißen Rassisten stand, heißt heute übrigens »Martin Luther King Avenue« – nach dem 1968 ermordeten schwarzen Bürgerrechtskämpfer. Aber auch das ist in der jetzt entbrannten Debatte kein besonderer Punkt.

Der Punkt, mit dem viele heute nicht fertig werden, läßt sich in der Frage zusammenfassen: Ist es nicht völlig an der sozialen Wirklichkeit der Vereinigten Staaten vorbeigeträumt, einem jungen schwarzen Amerikaner in einem der völlig heruntergekommenen Ghettos der großen Städte ein Colin-Powell-Heldentheater vorzumachen? Hier, schau auf einen schwarzen Amerikaner! Lerne, arbeite an dir, du hast das Zeug! Die Chance ist da! Du kannst sie ergreifen! Du kannst es heute zu etwas bringen in den USA, werde wie er! Oder andersherum aufgezäumt, heißt die Fragestellung: Ist denn nicht in Wahrheit in dieser Gesellschaft nur ein armer Schwarzer ein »echter« Schwarzer?

Jesse Jackson mußte sich in einer Fernsehdiskussion dieser Frage stellen. Er, der so etwas ist wie »the inspirational leader«, der politische Kopf des schwarzen Amerika, ein Präsidentschaftskandidat der Demokraten im letzten Wahlkampf und – etwas salopp – der »Ajatollah« der schwarzen Politik. Um das gleich vorwegzunehmen: Er hat sich aus der Frage herausgewunden, denn Colin Powell und er sind eigentlich gute Freunde. Sie sind politisch nicht immer einer

Meinung. Jackson ist ein lauter, feuriger Redner, von Powell hört man in der Öffentlichkeit nicht viel. Als Powell einmal in einer ähnlichen Situation aufgefordert wurde, einen politischen Vorstoß Jesse Jacksons zu kommentieren, gab er dem Journalisten zur Antwort: »Sie versuchen, mich dazu zu bringen, Jesse zu kritisieren. Das werde ich nicht tun!« Das ist nun einmal das Temperament dieses ungewöhnlichen Generals. Als ich einmal – noch zu Ronald Reagans Zeiten, als er Nationaler Sicherheitsberater war – ein Gespräch über den Iran-Contra-Skandal mit ihm suchte, erklärte er mir, wie schön doch Deutschland sei – besonders die Gegend um den Vogelsberg in Hessen, wo er mal Kommandeur des V. Armeekorps gewesen war.

Der leise Intellektuelle – und damit sind wir wieder beim Problem – ist für die Minoritäten- und Rassendebatte in Amerika insofern ein neues Element, als er nun einmal einen völlig neuen Typ des schwarzen Helden repräsentiert: nicht Sportler, Sänger, Filmschauspieler. Auch nicht das, was sich unter dem Begriff einer »Onkel-Tom-Figur« abtun ließe – kein braver, treuer Zuarbeiter, mit dessen Beförderung in einen wohlklingenden Rang der Arbeitgeber irgendwelche Rassenquoten erfüllt. Dieser Offizier ist ein »Kopf«, ein Denker, Planer, Stratege – jemand, an den sich Präsidenten wenden können, wenn ihr fachliches Wissen nicht reicht.

Ronald Reagan hat es zum Beispiel getan. Als es Minuten vor der Unterzeichnung des historischen Vertrages mit Michail Gorbatschow über die Abschaffung nuklearer Mittelstreckenraketen in Europa noch zu Interpretationsdifferenzen der russischen und englischen Texte kam, hat Reagan seinen Sicherheitsberater Powell angeschaut und gefragt: »Ist das so in Ordnung?« Der nickte, und zwei Staatschefs unterschrieben.

Nach dem Sieg am Golf hat dann der schon pensionierte Ronald Reagan seinen Landsleuten zu Protokoll gegeben, er könne sich seinen ehemaligen Sicherheitsberater – einen der ganz wenigen engen Mitarbeiter, die sein Nachfolger George Bush übernahm –, er könne sich Colin Powell sehr gut als den ersten schwarzen Präsidenten der USA vorstellen. Und Ronald Reagan ist in seinen politischen Ansichten nicht gerade ein Progressiver. Das Delikate an einem solchen Vorstoß des alten Herrn war nicht so sehr, daß hier dem Amtsinhaber George Bush ein Konkurrent heranwachsen könnte. Alle gingen ja davon aus, daß nach diesem Sieg am Golf George Bush die Wiederwahl für eine zweite Amtszeit nicht streitig zu machen sei. Aber da gab es immerhin einen Vizepräsidenten, von dem so keiner recht erklären konnte, was – außer eventuell seiner Hautfarbe – denn wohl dessen besondere Begabung für ein so hohes Amt sein könnte. Immer wieder brachten Kommentatoren auch die Idee unters Volk: Warum nicht endlich einmal einen schwarzen Vizepräsidenten! Warum nicht Colin Powell?

Man weiß natürlich nicht, was in der Seele eines jeden weißen Amerikaners vor sich geht, wenn er solche Spekulationen in der Zeitung liest. Nicht alle sind politisch und menschlich gereift. Viele haben sicher nur gelernt, ihre Vorurteile stumm in sich hineinzuwürgen. Bemerkenswert ist nun aber doch, daß keineswegs jeder schwarze Amerikaner vor Begeisterung an die Decke springt, wenn wieder einmal solche Ideen im Umlauf sind. Was änderte sich denn im Alltag einer Minderheit, die in allen Statistiken des Erfolges weit unter dem nationalen Durchschnitt liegt und in jedem Vergleich der sozialen Übel weit über dem Schnitt, wenn einer der gleichen Farbe der Haut als Präsident oder Vizepräsident ins Weiße Haus einzöge? Ist nicht das schwarze

Amerika ein Amerika der Armut, der Ungleichheit der Chancen, des Rauschgifts, der Kriminalität, der Arbeitslosigkeit, der zerbrochenen Familien? Die üblichen Statistiken sprechen doch alle dafür.

Die streitenden Lager, die hier aufeinanderprallen, haben ja eigentlich beide das gleiche noble Ziel. Sie wollen einer – wie es immer wieder heißt – »vom Aussterben bedrohten Menschengattung« helfen: dem männlichen schwarzen Jugendlichen, der in seinen heruntergekommenen Wohngegenden einer so überaus hohen Gefahr ausgesetzt ist, eher durch Gewalt auf den Straßen – vor allem durch eine Gewehr- oder Pistolenkugel – sein Leben zu verlieren als durch Krankheit, Unfall oder irgendein anderes Mißgeschick des bürgerlichen Lebens.

Die bislang vorherrschende soziale Theorie – und sie kann das Phänomen Colin Powell eben nicht einordnen und verkraften – geht davon aus, man müsse der gesamten sozialen Gruppe zu besseren Chancen verhelfen. Die neuere, etwas forschere Lehre besagt dagegen, man könne in einer zugegeben nicht sehr hoffnungsvollen Situation durch Vorbilder und Erfolgsgeschichten aus dem schwarzen Amerika wenigstens einzelne junge Schwarze inspirieren, die dann wiederum durch ihren Erfolg andere auf dem Weg nach oben nach sich ziehen.

Es gibt natürlich nichts, das von der politischen Logik her dafür spricht, daß diese neue Prophezeiung für die schwarzen Amerikaner die Erlösung bringen könnte. Gewiß ist nur, daß die andere Theorie eben auch an ihre Grenzen gestoßen ist. Wenn man in langen Zeiträumen mißt, hat es bestimmt Erfolge gegeben. Seit den dunklen Tagen der Sklaverei auf jeden Fall, und auch seit den Turbulenzen der sechziger Jahre, als sich schwarze Amerikaner, idealistische Weiße und aufgeklärte Politiker in Washington Schritt für Schritt die Bürgerrechte erkämpften. Doch es hat auch traurige soziale Entwicklungen gegeben in den letzten Jahrzehnten, die Amerika auf dem Weg zur Gleichheit und zur Brüderlichkeit zurückgeworfen haben. Eine dieser Krankheiten der Gesellschaft war der Siegeszug der Drogen durch die Ghettos.

In herzloser Statistik ausgedrückt, ist die Lage so: Junge schwarze Männer im Alter bis zu 25 Jahren stellen einen Anteil an der Gesamtbevölkerung der USA von etwa fünf Prozent. Untersucht man einmal den Altersaufbau und die Struktur der Rassen in Amerikas Gefängnissen, dann stellt dieselbe Gruppe dieser jungen Schwarzen dort 47 Prozent, fast zehnmal soviel. Jeder dritte bricht vorzeitig die Schule ab, und jeder dritte muß bis zum 25. Lebensjahr mindestens einmal ins Gefängnis. Und in den gehobenen Berufen – Techniker beispielsweise – ist die Arbeitslosenquote schwarzer Jugendlicher dreimal so hoch wie in der Vergleichsgruppe der weißen Amerikaner. Das kann doch nicht alles persönliches Versagen oder Zufall sein.

Also, was kann denn Colin Powell schon tun, um hier zu helfen? Diejenigen, die die Trostlosigkeit der Statistiken erst einmal beiseite drängen wollen, setzen ihre Hoffnungen nicht mehr auf »die Gesellschaft«, sondern auf den einzelnen. Louis Sullivan, der schwarze Gesundheits- und Sozialminister der Regierung Bush, sprach von einem Gefühl des Ausgestoßenseins und der Verzweiflung unter jungen Schwarzen, von einem tiefen Pessimismus sich selbst und ihrer Umwelt gegenüber, von einer »Krankheit der Seele«. Und andere ergänzen das düstere Bild negativer Erfahrungen und Erwartungen, die sich wechselseitig speisen. Der junge Schwarze in den amerikanischen Innenstädten habe selten das aufmunternde Erlebnis, daß irgend jemand in seiner Nachbarschaft durch Lernen und harte Arbeit sein Schicksal verbessern konnte. Die Geschichte der Ehrgeizigen und Fleißigen in den Ghettos sei meist eine Geschichte von Enttäuschungen gewesen. Wozu es also erst versuchen? Da kommt der neue schwarze »Supermann« herangeschwebt wie eine Patriot-Rakete, am Horizont der Zukunft leuchtet Colin Powell.

Das Reizwort »affirmative action«, unterstützende Maßnahmen, hat das Klima zwischen Schwarz und Weiß in letzter Zeit belastet. Die Gegner des Konzepts sprechen von »Quoten«, von einer Diskriminierung am Arbeitsplatz – und zwar diesmal in der anderen Richtung: zu Lasten der Weißen. Es geht darum, ob Arbeitgeber in der Zusammenstellung ihrer Belegschaft die ethnische Komposition ihrer Gemeinde, die Palette der Hautfarben in der jeweiligen Stadt als strenges Muster zu kopieren haben. Bei hoher Strafe und Verpflichtung zu Schadensersatz für den, der die korrekte Mischung der Farben nicht trifft. Der Streit drückt auf eine alte amerikanische Wunde: die tausendfach beklagte Bevölkerungszusammensetzung der Städte, den Zustrom der einen und die Flucht der anderen, ein ständiges Weglaufen und Weiterziehen – eine zwar freiwillige, aber doch zwanghafte amerikanische Apartheid.

Das schlimmste Beispiel ist Detroit. Man kann diese Stadt mit Beirut vergleichen – der vielen ausgebrannten Häuser wegen. Ein anderer immer wieder gebrauchter zynischer Vergleich ist Nairobi. In jener Stadt in Afrika ist das Mischungsverhältnis von Schwarz und Weiß etwa genauso eindeutig und kraß wie in der Autometropole an der amerikanisch-kanadischen Grenze. Man kann das Auseinandertreiben der Rassen auf den Tag genau festlegen wie den Zeitpunkt einer Explosion. Es begann am 23. Juli 1967.

Noch in den frühen sechziger Jahren war Detroit eine Stadt wie jede andere in den USA. Die Bevölkerungszahl lag etwa bei 1,7 Millionen. Davon waren grob geschätzt siebzig Prozent weiß und dreißig Prozent schwarz – ein Mischungsverhältnis, das jeder als normal ansah. Glücklich waren die schwarzen Amerikaner natürlich nicht. Der Traum, vom sündig-rassistischen Süden in den moralisch edlen Norden zu ziehen, war nach Jahrhunderten der Sklaverei nur theoretisch die Erlösung. Die frommen Leute des Nordens hatten wohl in ihren Kirchen gegen die Sünden des Südens gewettert, aber mehr des eigenen Seelenfriedens wegen, nicht, weil ihnen der schwarze Amerikaner wirklich ein Bruder war. Im Alltag konnten die Menschen im Norden weit kälter als mancher Plantagenbesitzer sein. In Detroit wie in so vielen Städten der großen Industrie lebten die Nachfahren der Sklaven in überfüllten Häusern in ihren klar von den Juden und Polen, Italienern und allen anderen weißen Amerikanern abgetrennten Bezirken.

Die Autoindustrie hatte ihre Arme nur so lange weit ausgebreitet, als sie dringend billige Arbeitskräfte benötigte. Mit dem Fortschritt der Automation verloren die Zuwanderer aus dem Süden als erste ihre Arbeitsplätze. »Alle Schuhe sind geputzt, alle Baumwolle ist gepflückt, alle harte, schmutzige Arbeit getan«, klagt man in den schwarzen Wohnbezirken. »Amerika braucht uns nicht mehr, gibt uns auf und wirft uns weg!«

Die Explosion an jenem 23. Juli 1967 begann mit einer Polizei-Razzia in irgendeinem Lokal an der Zwölften Straße, weitete sich zu einem Aufruhr der schwarzen Bevölkerung aus, Hunderte von Häusern brannten nieder. Präsident Lyndon B. Johnson schickte 5000 Fallschirmjäger in die Stadt. Es war wie Krieg. Die weiße Bevölkerung Detroits war schockiert, gelähmt, verängstigt. Und dann löste sie das Problem, wie die Siedler auf diesem riesigen Kontinent ihre Probleme schon seit Jahrhunderten gelöst haben. Mobil sein, einfach fortziehen, woanders ein neuer Anfang, ein neues Leben!

Viele verkauften ihre Häuser noch in derselben Woche zu niedrigsten Preisen, viele ließen sie einfach hinter sich wie leere Bierflaschen, für die es nicht lohnt, das Pfand noch zu kassieren. Die weiße Mittelschicht zog aus, immer mehr arme Schwarze zogen in die Stadt. Die Automobilindustrie ging daran, mehr und mehr Fabriken und Montagehallen dorthin zu verlegen, wo noch Weiße wohnen. Heute ist Detroit zu achtzig Prozent von schwarzen Bürgern bewohnt.

Die besondere Tragik ist, daß auch von den schwarzen Amerikanern viele die Flucht ergriffen – diejenigen, die es weiterbringen wollten. Soviel hatten sie von ihren weißen Landsleuten gelernt, daß Fortziehen aus einer krisengeplagten Gegend der erste Schritt zum besseren Leben ist. Was blieb und was sich in Städten wie Detroit konzentrierte, waren die ohne Hoffnung, die ohne Vorbilder, die ohne Ratgeber und Lehrer, ohne Wegweiser zum Glück. Junge Männer nahmen sich den Rauschgifthändler zum Idol, fünfzehn-, sechzehnjährige Mädchen ohne Ausbildung und ohne Beruf kopierten das Vorbild ihrer Mütter: möglichst früh möglichst viele Kinder auf die Welt zu bringen. Etwas, das einem gehört, etwas Eigenes, kleine Menschenbündel, die ihre Mutter – selbst noch ein Kind – lieben sollen in einer sonst so lieblosen Welt.

Man hat Detroit schon mit der biblischen Schreckensvision verglichen, ein erster Blick in die Hölle zu sein. Ladenreihen, Banken, ganze Wolkenkratzer stehen vernagelt und verlassen in der Gegend. Man sollte in der Innenstadt Detroits nicht arglos und allein herumspazieren. Die Bürgersteige sind verödet. Selten trifft man auf Gruppen und Ströme von Menschen, die einem das Gefühl von Geborgenheit geben.

In jedem Herbst zu Halloween, einem bunten Geister- und Fastnachtstreiben, zünden sie in Detroit Wohn- und Geschäftshäuser an. Mal lodern 200, mal 400 Gebäude zum Himmel. Sie nennen es die »Teufelsnacht« von Detroit. Die Stadtlandschaft ist voller schwarzer Ruinen. Warum? Frustration, Langeweile, die Wut junger Leute gegen alles und jeden und gegen sich selbst ...

*P*räsident Bush hat in einer seiner ersten Reden nach dem Sieg am fernen Golf vom Elend der großen Städte gesprochen. Er sagte: »Unsere jungen Soldaten sind auf dem Höhepunkt der kriegerischen Offensive geborgener gewesen als auf den Straßen ihrer Heimatstadt! In den vier Tagen des Bodenkrieges um Kuwait wurden nicht so viele Amerikaner getötet wie im gleichen Zeitraum in einigen Städten der USA.«

Mit den klassischen Mitteln staatlicher Subvention sind diese Meere der Kriminalität und Hoffnungslosigkeit nicht trockenzulegen. Es ist, wie einfach Milliarden in die sowjetische Wirtschaft zu pumpen, ohne klares Konzept, was dabei herauskommen soll. Einfach die Wohlfahrtszahlungen zu erhöhen – so argumentieren die Konservativen – bedeute nur, das Leben ohne Arbeit attraktiver zu machen. Ein verwirrender Umstand ist ferner, daß die klassische amerikanische Konstellation der Rassen und Farben – also Schwarz kontra Weiß – durch einen neuen Trend in der Bevölkerungsstatistik ergänzt und möglicherweise eines Tages überholt und ausgemustert wird. Stärker noch als die Zahl der schwarzen Amerikaner wächst die Zahl der Einwanderer aus lateinamerikanischen und asiatischen Staaten. Beide Gruppen strömen mit großem Arbeitselan in die Vereinigten Staaten von Amerika und drängen auf ihrem Weg nach oben zunächst einmal die schwarzen Amerikaner aus den schlecht bezahlten Arbeitsplätzen und später dann die Weißen aus den besser bezahlten Positionen. Rassenkrawalle in den schwarzen Wohnbezirken von Miami und New York richteten sich bereits gegen Einwanderer aus El Salvador, Nicaragua und Korea. Und gerade Asiaten sind in der Konkurrenz mit den Nachfahren afrikanischer Sklaven ziemlich rigoros – ohne Sentimentalität und ohne jedes Schuldgefühl.

Es mag also durchaus sein, daß der Traum des einzelnen schwarzen Amerikaners mehr Aussicht auf Erlösung verspricht als die große Vision der Politik, an einer ganzen Gruppe von Amerikanern das Unrecht vergangener Jahrhunderte wiedergutzumachen. Es ist schon etwas bitter, daß Amerika in einer Stunde des außenpolitischen und militärischen Sieges gute Ratschläge für den Umbau und die Rettung anderer Gesellschaften hat – also der Sowjetunion beispielsweise –, und in den eigenen Städten ist die Großmacht ohne zündende Rezepte. Sollte für das schwarze Amerika ein General und Kriegsheld der Erleuchter und Erlöser sein, dann muß wohl auch dem weißen Amerika noch der Prophet erscheinen. Keiner, der sie immer weiter treibt zu neuen Horizonten. Sondern einer – vielleicht ein Präsident –, der auch auf einem gewaltigen Kontinent das Konzept populärer macht, sich den großen und seit langem auf eine Lösung wartenden Aufgaben in der Gemeinschaft zu stellen und nicht nur weg- und weiterzuziehen. Amerika, die große Wegwerf- und Weglaufgesellschaft des freien Westens, müßte endlich etwas zur Ruhe kommen, und seine Menschen sollten auch einmal versuchen, da, wo sie nun einmal sind, glücklicher zu werden.

Der Schwarze Elch spricht

Wahrscheinlich hat sich der Bazillus in den Londoner Jahren in meiner Seele festgesetzt, diese Bewunderung für Menschen mit einer ausgefallenen Vision: für Erfinder des völlig Unsinnigen, Bastler gegen alle Gesetze der Natur, Schöpfer des Unmöglichen, hemmungslose Träumer. Wenn einer reich war, intellektuell brillant oder voller Verdienste um den Staat, wurde er von seinen britischen Landsleuten mit müder Gelassenheit akzeptiert. Leuchtende Augen, wahre innere Bewegung blitzten dagegen auf, wenn jemand von einem Zeitgenossen sagte: »Der oder die ist völlig verrückt!« Ein Lob, das sich Briten verdienten, die mit irgendwelchen Tretpropellern fliegen wollten oder ihr Leben voller Inbrunst einer alten Dampfmaschine weihten.

In Amerika vermisse ich manchmal diese Eigenbrötler, die Tüftler, die kühnen Konstrukteure des Zweifelhaften. In einer einsamen Gegend im amerikanischen Westen habe ich dann doch noch jemand aus dieser seltenen Gattung getroffen: Ruth, eine gütige alte Dame, von allen liebevoll »Ruthie« genannt.

Angesteckt wurde sie von ihrem Mann, Korczak Ziolkowski, einem Bildhauer polnischer Herkunft. Er war ein sehr spontaner Mensch, und als er vor fünfzig Jahren im

Bundesstaat Süd-Dakota ein rotbraunes Felsmassiv sah, beschloß er, daraus ein Monument von nie dagewesener Größe zu hämmern. So riesig, daß die Pyramiden in Ägypten dazu im Vergleich klein und bescheiden sein sollten: Kopf, Arm und Pferd des Indianerhäuptlings »Crazy Horse«. Denn dieser Häuptling »Verrücktes Pferd« hatte nicht weit von hier, auf den Schwarzen Hügeln des Nachbarstaates Montana, den letzten großen Sieg für die Ureinwohner Amerikas erfochten.

Korczak ist vor neun Jahren über seinem Werk und seiner Vision dahingestorben. Doch »Ruthie« und sieben ihrer Töchter und Söhne sprengen, hämmern und schaben noch immer an jenem Berg. Eine der dümmsten Fragen, die man der alten Dame stellen kann, ist: »Wie lange denn noch? Wann ist das Denkmal fertig?« – »Dies«, so antwortet sie jedesmal gütig, »ist völlig unmöglich zu sagen!« Korczak hatte kurz vor seinem Tode noch einmal der Familie ans Herz gelegt, nie ungeduldig zu werden, nie zu ungestüm am Berg herumzusprengen oder zu meißeln, langsam vorzugehen bei dem kolossalen und doch delikaten Werk. Achteinhalb Millionen Tonnen Gestein sind schon vom Berg gesprengt und weggeschafft. Doch auf Anhieb erkennen, was dort eigentlich entsteht, kann der Tourist auch nach einem halben Jahrhundert noch nicht. Dazu bedarf es der Phantasie und des guten Willens. Der Kopf des Pferdes, auf dem der Häuptling reitet, ist mit drei Meter dicken Farbstrichen auf den 200 Meter hohen Felsen gemalt. Am Kopf des Häuptlings, der allein schon die Höhe eines neunstöckigen Gebäudes hat, sieht man zwei Löcher – die Augen.

Es wäre ein Wunder, wenn Ruth die Vollendung des Werkes noch miterleben könnte. Vielleicht ihre Kinder und Enkel ... Und das in Amerika – einem Land, das nicht einmal mehr die Geduld aufbringt, den Morgenkaffee durch den Filter laufen zu lassen, geschweige denn lange an seinen Bauten herumzuwerkeln. »Verrückt, völlig verrückt . . .« ist denn auch der meistgehörte Kommentar der Besucher.

Daß das Objekt dieser unendlichen Mühe nun auch noch das Prädikat des Verrückten in seinem Namen trägt, mag Zufall sein. Der Häuptling »Crazy Horse« war eigentlich nicht so irre, wie der so wenig schmeichelhafte Name vermuten läßt. Dem Weißen Manne hat er nie getraut, hat nicht mit ihm verhandelt, hat keine Verträge mit den Weißen abgeschlossen. Sie haben diese Verträge ja doch nie gehalten. In die Geschichtsbücher ist er eingegangen durch seinen Mut und einen Ausspruch von demutsvoller Verwegenheit. Es heißt, er sei am Morgen vor der großen Schlacht mit den Truppen des Generals Custer aus seinem Zelt getreten, habe einen Blick auf die über den Schwarzen Hügeln aufgehende Sonne geworfen und gesagt: »Heute ist ein schöner Tag zum Sterben!« In dieser Stimmung führte er die Sioux und Cheyenne am 25. Juni 1876 zum letzten großen Sieg.

Und eine alte Dame, die den gewaltigen Reiter in einen Berg einkerbt, sagt mit der gleichen trotzigen Zuversicht: »Wann wir fertig werden, ist doch ziemlich egal. Wichtig ist, daß wir nicht aufgeben!« Die Botschaft des Denkmals an die Menschen von heute, der Ruf des mit vorgestreckter Hand aus einem Felsen herausreitenden Häuptlings lautet: »Dort ist mein Land, wo meine Toten begraben liegen!«

Zum ersten Mal bin ich an einem kalten Tag im Februar 1973 in jenen Hügeln von Dakota gewesen. Zu jener Zeit war Amerika noch in den Vietnamkrieg verstrickt. Henry Kissinger hatte im Jahr zuvor seine geheime Reise nach China angetreten; auf der Bühne der internationalen

Politik war es durch die neuen Mitspieler, die Chinesen, nicht mehr so festgefahren monoton. Selbst zwischen Moskau und Washington bahnten sich neue Beziehungen an, während jener Krieg in Indochina weiterlief. So etwa acht Monate vor dieser Reise nach Süd-Dakota waren sechs Einbrecher im Hauptquartier der Demokratischen Partei in einem Washingtoner Apartmentgebäude namens »Watergate« festgenommen worden. Der sogenannte Watergate-Skandal begann sich zu entwickeln, an dessen Ende ein Präsident zum Rücktritt gezwungen werden sollte.

Aber dies alles wurde für kurze Zeit von einer Meldung in den Schatten gestellt, daß fern in den Hügeln von Dakota 200 junge Indianer einen Handelsposten besetzt hätten, den sie nun mit Waffengewalt verteidigen wollten. Die Regierung hatte die Nationalgarde mobilisiert, Düsenjäger flogen über das besetzte Haus in der Prärie. Und Kamerateams aller Rassen und Nationen machten sich auf den Weg ins Indianerreservat der Sioux.

Wir waren natürlich voreingenommen, klar auf der Seite der Indianer. Fast fühlten wir uns schon selbst wie Indianer, als wir an den Truppen des Staates vorbei durch die Prärie ins Zentrum des Geschehens schleichen wollten. Noch heute erinnere ich mich an die Nationalgardisten mit der kugelsicheren Weste, die uns hinter irgendeinem Hügel stoppten. Einer hielt mir kaugummikauend das Gewehr an den Kopf, während ein anderer umständlich die Personalien prüfte.

Wir haben alle ein bißchen übertrieben damals: die Indianer, wir Journalisten und wohl auch die Sicherheitskräfte des Staates. Aber die Welt erfuhr plötzlich noch einmal von »Wounded Knee«, einem Massaker, dem letzten Gefecht in der traurigen indianischen Geschichte.

Wo anfangen, wo aufhören, wenn man auch nur einen kurzen Abriß geben will vom grausamen Schicksal der Indianer? Wahrscheinlich hatten sie schon verloren, als Kolumbus vor 500 Jahren auf einer der vielen Inseln, die heute die Bahamas sind, den Fuß auf ein unbekanntes Ufer setzte.

Freundlich-neugierige Menschen haben die Ankömmlinge begrüßt. In seinen Briefen an den spanischen König Ferdinand schrieb der Entdecker: »Die Inder, die ich hier traf, sind von Natur aus ziemlich ängstlich.«

Schon der Name, den die Eroberer den Völkern einer vorher nicht bekannten Welt verpaßten, ist zum Symbol dafür geworden, wie wenig ernst man diese Menschen nahm. Man muß es Kolumbus sicherlich verzeihen, daß er bis zu seinem Tod die Dimension seiner Entdeckung nicht erfaßte, daß er beharrlich glaubte, die fernen Küsten seiner insgesamt vier Reisen seien Indien – nur von einer bisher noch unerprobten Seite angesteuert. Irgendwelche Inseln westlich des Ganges . . . Aber in den Jahren nach Kolumbus hatten die Europäer es wohl doch begriffen. Selbst die Kirche räumte schließlich ein, daß die Welt urplötzlich größer war, als es die Bibel in den bisherigen und begrenzten Interpretationen erlaubte. Nur die Menschen auf dem von Kolumbus entdeckten Kontinent, der nun eindeutig nicht die andere Seite Indiens war, blieben auf ewig eine Art Inder. Die deutsche Sprache läßt wenigstens noch eine Unterscheidung zwischen Indern und Indianern zu. Auf englisch sind diese wie jene »Indians«. Man nahm sie nicht ernst genug, um sie wirklich kennenzulernen und sich von Kultur zu Kultur mit ihnen auseinanderzusetzen. So wie es Gärtnern und Dienstboten ergehen konnte, deren Herrschaften sich nicht die Mühe machten, immer neue Namen zu lernen. Ein

Kutscher nach dem anderen hieß ein für allemal Johann. Das gab dem eigenen Weltbild Ordnung.

Alles, was seit Kolumbus geschah, mußte zwangsläufig zur Niederlage und zum Elend der amerikanischen Ureinwohner führen. Schon die Frage, die der erste Europäer auf jeder neuentdeckten Insel stellte, ließ für die Beziehungen der Zukunft nichts Gutes erahnen: »Wo gibt es hier Gold?« Die ersten, denen man diese Frage stellte, zeigten mit dem Arm nach Süden, und so wurde man die seltsamen Gäste fürs erste los.

Der Versuch, aus den Indios Christen zu machen oder Farmer oder Händler, hatte von vornherein keine Chance. Das Konzept war auch etwas zu unattraktiv. Sie lebten doch, und die Natur versorgte sie. Das einzige aus dem Reisegepäck der Weißen, das sie wirklich packte, war der Alkohol. So blieb ihnen schließlich nur die Rolle des Sklaven oder Störenfrieds. Ersteres unter der Knute der Spanier und Portugiesen im südlichen Amerika und letzteres unter dem Ansturm der Engländer, Holländer und Franzosen im Norden.

Es wäre sicher eine gewagte Theorie, den Kontinent vor Kolumbus für das Paradies zu halten. Für ein gigantisches Reservat der Natur, in dem der Mensch nur zum Guten fähig war und jede Sünde unbekannt. Doch da die Techniken nicht so weit entwickelt waren, waren auch die Möglichkeiten des Tötens und Zerstörens limitiert. Keiner weiß, wie viele Menschen vor Kolumbus im heutigen Nord- und Südamerika lebten. Die Schätzungen schwanken zwischen zehn und 120 Millionen. Kulturen haben sich gegenseitig ausgerottet. Und wenn es stimmt, daß sie vor 20 000 Jahren über das Eis oder irgendeine Landbrücke zwischen Sibirien und Alaska in die immer wärmeren Regionen vorstießen, bis es schließlich zur Antarktis hin wieder kälter wurde, dann kann ein solcher Völkerwanderungsprozeß wohl ohne Gewalt und Grausamkeit nicht abgegangen sein.

Von den mindestens 400 verschiedenen Stämmen, die ihre Sprachen untereinander genausowenig verstanden wie die Begrüßungsworte des über den Ozean herangesegelten Kolumbus, lebten nicht alle als Jäger und Sammler. Einige Kulturen im Gebiet des heutigen Mexiko hatten größere Städte hervorgebracht als Spanien im 15. Jahrhundert. Die Bauten waren gewaltiger. Auf dem Gebiet der Astrologie war man weiter. Die Opferrituale von damals halten mit jedem Grusel- und Horrorfilm Hollywoods mit. Was da also alles von einem hastigen Eroberer unter der Rubrik »Inder« verbucht wurde, steht in seiner Vielfalt der Völker und Stämme dem alten Europa in nichts nach.

Im Norden – in den heutigen USA – gab es friedliche Indianerstämme und grausame Krieger. Schon Karl May, der die Jagdgründe Winnetous persönlich ja nicht kannte, als er sie in leuchtenden Farben beschrieb, hat die Sioux nobler porträtiert als die Komantschen. Für die Komantschen war der Kriegszug gegen andere Stämme mehr als nur der Kampf um Jagdgründe oder Beute. Sie verherrlichten Krieg, sie töteten gerne.

Auch die Prärien von Dakota und die Landschaft der Schwarzen Hügel haben also schon vor dem Eindringen der Weißen Krieg und Grausamkeit erlebt. Nach dem Erfolg eines inspirierenden Films – »Dance with Wolves« – warnte die ehrwürdige Zeitung »Washington Post« vor dem Entstehen neuer Mythen. Vor allem vor der These, daß der Schauplatz der letzten großen Indianerkriege und des Massakers von »Wounded Knee« beim Anrollen der weißen Siedler zum ersten Mal in seiner Geschichte durch Gewalt den Besitzer gewechselt hätte. Die Sioux haben die Stämme der Cheyenne und der Kiowas von dort vertrieben. Die wiederum sollen die Krähen-Indianer besiegt und davongejagt haben, davor seien es die Arapaho gewesen, die dort lebten.

Doch mit dem Zug der Weißen zu neuen Horizonten im Westen bekam das Verjagen und Töten von Indianerstämmen System. Im Grunde waren die Ankömmlinge ja nicht überzeugt, daß die Neue Welt überhaupt schon jemandem gehörte. Sie wollten sich irgendwo niederlassen, Indianer sträubten sich gegen derart aggressive neue Nachbarn. Es kam zu den von Hollywood so oft verfilmten Greueln: Siedler – auch Frauen und Kinder – werden von Indianern überfallen und grausam zugerichtet. Zunächst wurden von der Regierung im fernen Washington auch schon mal die Abenteurer und Siedler ermahnt, sich aus den Gebieten der Indianer herauszuhalten. Doch schließlich war der Zustrom der Weißen so groß, daß nur noch die Indianer als Verlierer, als Opfer und notfalls als Ruhestörer und Bösewichte in Frage kamen. So mancher Präsident oder Minister wäre ja so gern vertragstreu und fair gewesen, der Geist der Zeit war aber dagegen. Ein Präsident nach dem anderen machte das Vorschieben der Grenze nach Westen zum nationalen Ziel des jungen Staates.

Jedesmal, wenn man wieder einmal Indianer von ihrem Land verjagte, versprach die Regierung ihnen neues Land. Sogenannte Reservate, ein Jagd- und Wohnrecht auf ewig – »solange die Ströme fließen«. Doch ewig dauerte immer nur so lange, bis jemand entdeckte, daß auch das gerade erst für die Indianer reservierte Gelände von wirtschaftlichem Wert und Nutzen sei. Man trieb sie von einer neuen Heimat in die nächste, und jedesmal wurde der Lebensraum karger und enger. Die Zäune, die man um viele der Reservate zog, sollten nicht Eindringlinge abhalten wie der Draht um ein privates Gelände. Es waren eher Zäune, wie man sie um Konzentrationslager zieht.

Es hat immer wieder Aufstände und Kämpfe gegeben, und die Indianer standen den Soldaten an Grausamkeit nicht nach. Regierungstruppen trieben Indianerstämme kreuz und quer durch Nordamerika zu immer neuen Reservaten. Indianer brachen aus ihrer Zwangsinternierung aus und wollten wieder in die alten Jagdgründe zurück. In der letzten Hälfte des 19. Jahrhunderts belauerten, jagten und überfielen sich Weiß und Rot in einem beiderseits gereizten, militanten Klima. Jener General George Armstrong Custer, der vom noch jungen Sioux-Häuptling »Crazy Horse« geschlagen und getötet wurde, war ein besonders fanatischer »Kreuzritter« der Indianerkriege.

»Crazy Horse«, der noch 1876 gesiegt hatte, wurde schon im Jahr darauf von Soldaten gefangengenommen und interniert. Er starb unter merkwürdigen Umständen; es war eine Art »Widerstand gegen die Staatsgewalt«. Einer seiner weißen Bewacher stach ihm das Bayonett in die Seite.

Indianertrupps zogen wie gesetzlose Banden durch das Land. Soldatentrupps waren unterwegs, sie einzufangen wie entlaufene Herden. Hier und da gab eine Gruppe auf und wurde in einem Fort oder Lager der Regierungstruppen unter Aufsicht gestellt, hier und da wurde eine Gruppe niedergeschossen, hier und da überfielen Indianer wieder einen Treck von Siedlern. Haß und Hysterie auf beiden Seiten versperrten jede Hoffnung auf eine friedliche Lösung.

Die Lebensbedingungen in den Indianerreservaten waren jämmerlich. Unter den gehetzten und erschöpften Stämmen breitete sich die Überzeugung aus, daß nur noch ein

Wunder, ein Zauber, daß nur noch übernatürliche Kräfte helfen könnten.

Das Ende in diesem zermürbenden Kampf, die Niederlage, das Massaker von Wounded Knee, begann mit unheimlichen Tänzen. Ein heiliger Mann in den Bergen von Nevada hatte eine Vision gehabt. Wie eine Wolke und wie ein Wirbelwind sollte von Westen her über ganz Amerika eine neue Welt heraufziehen. Die von den modernen Gewehren der Weißen fast ausgerotteten Büffel würden plötzlich wiederkehren, und die Weißen würden wieder verschwinden wie ein böser Traum. Dazu müßten die Stämme der Indianer überall im Westen ihre Gesichter mit roter Farbe bemalen und unermüdlich den Tanz der Geister tanzen. Dann würde alles wieder so sein wie früher – als hätte es die Weißen nie gegeben. Und die Indianer tanzten.

Die Behörden und Soldaten um das Pine-Ridge-Reservat in Süd-Dakota wurden nervös und verboten das Zeremoniell. Die Sioux tanzten weiter. Die Behörden versuchten es mit einem Kompromiß: drei Tage Geistertanz im Monat. Die hungernden, verzweifelten aber seelisch aufgeputschten Indianer tanzten und tanzten. Das Ende kam nicht in einem klaren, heroischen Kampf. Am Ende stand ein Mißverständnis, eine hysterische Entladung, ein blutiges Gemetzel, von dem man noch heute nicht genau weiß, wie es dazu kam und wer die Schuld daran trägt.

Frierend und zerlumpt waren die letzten Indianertrupps im Reservat von Süd-Dakota hin- und hergezogen. Die Gruppen unter verschiedenen Anführern vereinigten sich und trennten sich wieder. Es war Dezember 1890, und es war kalt. Sie hatten nicht für den Winter vorsorgen können, unter den Indianern herrschte Hunger. Die Kunde kam, daß am Grand River der Häuptling »Sitting Bull«

getötet worden sei. Der »Sitzende Bulle« war in seiner Jugend ein Rebell gewesen, dann als berühmte, aber friedliche Attraktion in der Wildwest-Show von Buffalo Bill bis nach Europa gereist; und schließlich starb er als Aufständischer gegen die Bevormundung seines Volkes.

Einige seiner Reiter hatten sich nach seinem Tod dem Häuptling »Big Foot« angeschlossen. Doch der war krank, und die meisten seiner entmutigten Krieger hatten schon ihre Waffen abgegeben, als es vor dem Zelt des Häuptlings zu einem Gerempel zwischen Soldaten und zwei Indianern kam. Der eine hatte plötzlich doch noch ein Gewehr und tötete einen Offizier. Darauf schossen die Soldaten auf alles, was Indianer war – Männer, Frauen und Kinder. Sie schossen auf die, die in ihren Zelten schliefen, auf die, die herbeiströmten, und die, die fliehen wollten. Einige starben nicht gleich. Doch die Soldaten brachen nach dem letzten Schuß das Lager ab und ließen Tote und Verletzte so zurück, wie sie gefallen waren.

In der Nacht darauf zog ein Schneesturm über Süd-Dakota herauf. Und später ist jemand mit einem Photoapparat zum Schauplatz des Geschehens zurückgekehrt und machte Photos von den Opfern. Der Häuptling »Großer Fuß« war in einer bizarren Haltung im Schnee festgefroren, Fuß und Hand dem Photographen entgegengestreckt, als wenn er eine turnerische Übung versuchte.

Die Historiker sind sich einig: Das Massaker von Wounded Knee in South-Dakota markiert den Abschluß der Eroberung Amerikas durch die Weißen und das Ende der indianischen Geschichte.

Der zweite Aufstand von Wounded Knee – der, den ich dann miterleben konnte – verlief voller Leidenschaft, doch schließlich ohne dramatisches Ende. Die jungen Indianer zogen sich aus dem besetzten Land zurück. Die Nationalgarde packte ihre Gewehre wieder ein. Es gab eine Reihe von Gerichtsverfahren. Was aber doch dabei herausgekommen ist, war ein erwachendes Bewußtsein in einer kleinen, fast ausgelöschten Bevölkerungsgruppe der »frühen« Amerikaner, etwas Besonderes zu sein. Allein in den letzten zehn Jahren hat die Zahl der Indianer sowie der Eskimos und der Eingeborenen auf den Aleuten um fast vierzig Prozent zugenommen. Es sind immer noch nicht viele, wenn man bedenkt, daß ihren Vorfahren vor 500 Jahren der ganze Kontinent gehörte. Etwa zwei von heute 250 Millionen Amerikanern. Aber immerhin: Ihre Zahl wird wieder größer.

Durch höhere Geburtenraten allein ist der Zuwachs nicht zu erklären. Und durch Einwanderung – wie bei dem Zustrom aus Lateinamerika – nun eben auch nicht. Woher sollten Indianer nach Amerika strömen? Einer der wesentlichen Faktoren ist, daß Amerikaner, die nach der Niederlage von Wounded Knee fast hundert Jahre lang nicht mehr viel von ihrer indianischen Herkunft wissen wollten, die keinen Stolz dabei empfanden, sich einer gedemütigten, fast ausgelöschten Bevölkerungsgruppe zuzurechnen, nun wieder ihrer Umwelt und den Behörden selbstbewußt zu Protokoll geben: Ich bin Indianer!

Bei einem Motorradfahrertreffen in Süd-Dakota, zu dem im vergangenen Jahr 300 000 verwegene Gestalten auf ihren Harley-Davidson-Maschinen angeritten kamen, habe ich einen dieser jungen Amerikaner kennengelernt. Er heißt Paul Jones, von Geburt ist er ein Chippewa. Als er zwei Jahre alt war, wurde er von weißen Eltern adoptiert. Sie liebten ihn, er liebte sie. Paul wuchs in Massachusetts heran wie alle anderen Kinder in einer weißen Gegend. Etwas dunkler die Hautfarbe, aber entschlossen, nur noch Amerikaner zu sein. Besondere Merkmale: keine.

Doch dann – in den höheren Klassen der Schule – fing Paul plötzlich an, sein Haar wachsen zu lassen. Das war so um die Zeit, als die jungen Indianer Wounded Knee besetzten. Er kleidet sich heute auf eine dem Alltag angepaßte Weise wieder wie ein Chippewa. Nur bei der Arbeit trägt er Jeans und feste Stiefel. Denn Paul ist Dachdecker von Beruf. »Eines Tages«, so sagte er mir, »werden wir Indianer wiederkehren. In einem höheren Sinne. Man muß nur daran glauben!« Seinen Namen Paul Jones hat er inzwischen abgelegt. Seine Freunde nennen ihn »Horse«. Nach »Crazy Horse«, seinem Idol und Helden.

*D*a ist noch ein Punkt zum Thema Indianer, der nicht ausgelassen werden darf vor lauter Schlachten und Gemetzel. Die Kultur der ersten Bewohner des Kontinents, über die sich die stürmischen Eroberer so wenig Gedanken machten, greift heute plötzlich auch auf die Seelen weißer Amerikaner über. Nicht aller, nicht schon der Mehrheit, doch wenige sind es nicht. Es ist eine Religion, ein Lebensgefühl, ein sorgendes, persönliches Verhältnis zu einer in den letzten 500 Jahren mißhandelten und zersiedelten Natur. Es ist die Botschaft der Weisen und Heiligen des Indianervolkes, deren Lehren und deren Träume spätestens bei Wounded Knee zertrampelt wurden, die heute plötzlich doch ein andächtiges Publikum findet.

Einer der Philosophen und Propheten seines Volkes ist »Black Elk« gewesen, ein Medizinmann der Oglala Sioux. 1863 geboren, hat er die turbulenten, tragischen Zeiten miterlebt. Er kannte noch »Crazy Horse«, der ein entfernter Vetter war. Aber das ist jetzt nur ein Thema am Rande.

Ist es ein Kanon des indianischen Glaubens, oder ist es nur ein lebhafter Traum, den er der Nachwelt überliefert hat?

Möglicherweise ist es vor allem ein neuer Blick auf die Welt. Menschen sehen sich, die Tiere und die Natur als eine große Familie an. Sie wechseln ihre Gestalt, gehen ineinander über. Überliefert wurden das Leben und die Lehre des »Schwarzen Elchs« durch einen Poeten aus Nebraska, der den damals schon hochbetagten Medizinmann im Reservat in Süd-Dakota besuchte. Tagelang saßen sie zusammen, und John Neihardt schrieb auf, was der alte Indianer erzählte. Das Buch, das dabei herauskam und das seit den dreißiger Jahren immer wieder neu aufgelegt wird, hat den schlichten Titel: »Schwarzer Elch spricht«.

Nun werden Sie erwarten, daß ich auf zwei, drei Seiten klar auseinanderlege, was – im Unterschied zu unserem Glauben und Denken – die Religion und Lebensphilosophie der Sioux ist. Aber da bin ich einfach überfordert. Versuche ich es nach dem Denkschema des Journalisten, verliert das Gleichnis seine Seele. Und versuche ich mich als Religionsinterpret, wird die Geschichte für so manchen von uns kritischen Geistern irgendwann wirr. Etwa die Hälfte dieses Buches ist traurige indianische Lebensgeschichte, das andere sind Träume. Von Pferden, deren Mähnen fliegen wie der Wind des Blizzards, aus deren Nüstern es wie Donner schnaubt. Von Fluggänsen, deren Augen glitzern wie der Morgenstern. Von Menschen, die auf ihrem Weg zum Flammenden Regenbogen zu Elchen und zu Bisons werden. Und der Erzähler verwandelt sich in einen Adler im Gleitflug über den höchsten Höhen der Welt. Die sechs Großväter, die in ihrem Zelt dort oben auf ihn warten, statten ihn schließlich mit der Kraft und dem Zauber aus, sein Volk, die Sioux, zu retten.

Der ergreifende Schluß der Erinnerungen und Visionen eines Indianerlebens ist eine letzte Wallfahrt des alten Mannes zu jenem Berg, über dem er einst in seinen heiligen Träumen schwebte. Verzweifelt ruft er seinen Großvätern zu: »Ich habe den Baum unseres Volkes nicht zum Blühen gebracht, seht meine Tränen! Hört meine schwache Stimme ein letztes Mal: Macht, daß mein Volk lebt!«

Was lehrt uns eine solche Religion? Vielleicht, daß an irgendeinem Ast des toten Baumes eines Tages doch noch Blätter sprießen. Daß wir auf allen Kontinenten irgendwann in unseren Träumen den Wind und die Sterne als unsere Verwandten erkennen, die Welt als Mutter, die Tiere als Geschwister. So feindselig und fremd ist der Gedanke ja nicht. Nur wird er immer wieder zurückgedrängt in einem hektisch-modernen Alltag.

Wenn der Schwarze Elch spricht, warum muß man als Sioux geboren sein, um seine Botschaft zu erspüren? Mehr und mehr junge Amerikaner hören heute seine schwache Stimme: »Voller Ehrfurcht sollst du über den heiligen Boden der Erde schreiten. Und jeder Schritt darauf sei ein Gebet . . .«

»Westward ho!«

Das Auge ist es nicht mehr gewohnt, eine solche Weite zu schauen. Kein Baum, kein Strauch. Nur gelb-braune Felder und dann am Horizont ein Strich. Darüber ist der blaue Himmel. Nach vorne gelb und blau, nach hinten gelb und blau, und nur querab zur Seite das graue Band der Straße. Von links kommt aus der heißen Luft die schnurgerade Reihe hölzerner Telephonmasten herangeflimmert, wird zum Standort des Betrachters hin hart und scharf und flimmert dann auf der anderen Seite wieder ab in eine unendliche Ferne.

Der Motor des Autos ist abgestellt, und es ist still. Man hört nichts – wahrhaft, absolut nichts ... Das ist für Menschen unserer Zeit ein völlig ungewohnter Klang. Während der Fahrt hatte wenigstens noch im einzigen Sender, den das Radio in dieser Einsamkeit auffangen kann, ein Prediger mit aufdringlicher Stimme das Ende der Welt vorhergesagt. Jetzt steht man da und hat wirklich Zweifel, ob es jenseits dieses Horizonts das übliche, laute Leben noch gibt.

Sie ist ein urgewaltiges Erlebnis: die große Ebene des Wilden Westens. Zu ihr gehören Bundesstaaten wie Nord- und Süd-Dakota, Wyoming, Teile Montanas und Idahos.

In Amerika sind nicht alle Himmelsrichtungen gleich. »Westen« ist mit Abstand die größte; im Vergleich mit dem Küstenstreifen des Ostens mindestens viermal so groß. »Westen«, das ist auch mehr ein seelischer als ein geographischer Begriff. Für viele der Pioniere vor 200 Jahren fing dieser Westen noch weit vor dem Mississippi an – und zwar so etwa bei Kentucky – und zog sich kreuz und quer von Nord nach Süd über den nordamerikanischen Kontinent in die Weite. Natürlich auch in jene Richtung, die ja seinen Namen trägt.

Wer Mut hatte, dem lag auch der Drang auf die andere Seite des Kontinents im Blut. Das Unbekannte, in allen Erzählungen geradezu Märchenhafte, zog junge Leute magisch an. Im Westen wartete die Zukunft, der Westen war der wahre Traum, das eigentliche Amerika. Es kam natürlich noch die Rastlosigkeit einer sich frisch gründenden Nation hinzu, weiter und immer weiter zu ziehen. »Westward ho!« war der Ruf an die Pferde. Und Archibald MacLeish schrieb in seinem Gedicht »Brief aus Amerika«: »America is West and the wind blowing . . .« Amerika heißt Westen, und der Wind, er weht . . .

Die Städte und die längst bestellten Felder im Osten waren bald nur noch das halbe Abenteuer und das halbe Paradies. Natürlich gab es auf der Strecke Indianer und Spanier und Franzosen, die aus dem Feld zu schlagen waren. Doch es wartete auf den Unternehmungslustigen und Starken auch ein hoher Preis: Pelze und Büffelfelle, Gold und Mineralien aller Art – und eben Land, soweit das Auge schaute. Dazu kam die Idee eines nationalen, politischen Kreuzzugs, Amerika vom Ozean im Osten zum leuchtenden Ozean im Westen unter dem Sternenbanner zu vereinen.

Also, da sind wir nun. Auf der Landkarte der USA ganz einfach zu finden: mit dem Zeigefinger irgendwo in die Mitte und dann hoch zur kanadischen Grenze. In Süd-Dakota liegen diese Weizenfelder und Prärien, dieser Himmel, dieser nördliche Teil einer Vision. Schon vom Flugzeug aus, kaum war es nach der Zwischenlandung in Chicago wieder gestartet, war die Weite nicht zu übersehen. Zwei Stunden lang bis zur Landung in Rapid City Felder, Felder, Felder ...

Wieder im Auto, der Prediger im Radio ist immer noch beim Weltuntergang; man wird langsam müde von seinem schrecklichen Eifer. Die Sonne blendet, links und rechts flache Landschaft bis zum Horizont, und die Straße führt immer geradeaus, bis sich plötzlich doch ein Ort ankündigt. Auf der Karte ist eine Stadt eingezeichnet mit dem klangvollen Namen »Scenic«: hübsche, malerische Kulisse.

Der Name hat nicht zuviel versprochen. In der Ferne leuchtet das Weiß der »Badlands« hervor, einer seltsam geformten, mondähnlichen Kulisse. Aus einem Boden wie aus krümeligem Kalk hat die Natur in Millionen von Jahren Höhenzüge und Täler geschliffen – wie ein ausgelaufenes Meer, ohne jeden Rest von Leben. Und gleich daneben das scharfe Ufer grüner Wiesen. Der Ort selbst ist auf eine ähnlich bizarre Weise tot: Häuser mit zugenagelten Fenstern, über verrosteten Eisenbahnschienen wächst Gras. Die Masten der Telephonleitung stehen noch, nur die Drähte hängen traurig zu Boden. Mal baumelt noch eine Gardine hinter zerbrochenen Scheiben, mal an der Wand eine alte Bierreklame und daneben das gerade noch zu entziffernde Schild, daß Alkohol an Indianer nicht ausgeschenkt werden darf. Auf einem Hof rosten Autowracks vor sich hin, alles in allem etwa dreißig Gebäude befinden sich in unterschiedlichen Stufen des Verfalls.

An der Tankstelle ist Leben. Drei Motorradfahrer wollen in einem wichtigen Anliegen ganz sicher gehen und lassen sich immer noch einmal beschreiben, in welcher Richtung die nächste Ortschaft liegt, wo sie Bier verkaufen. Denn die »Longhorn Bar« auf der anderen Straßenseite ist schon seit Jahren geschlossen. Es soll dort eine Schießerei gegeben haben, bei der zwei Menschen starben. Und dann, in langsamem Schritt mitten auf der Fahrbahn der Straße, eine Reiterin. Sie bringt ihr Pferd zum Stehen und stellt sich vor: »Ich heiße Melissa, ich komme aus Scenic, meiner Familie gehört hier die ganze Stadt!«

Warum die Stadt so heruntergekommen sei? Die Leute seien eben weggezogen ... Melissa, dreizehn Jahre alt, rät mir, nach den Einzelheiten ihren Großvater zu befragen. Der sei der Chef der Familie.

Wir finden den Großvater im »General Store«, einem himmelblau gestrichenen Wellblechgebäude. Von der Straße her hat der Laden keine Tür. Man geht hinten herum, an allem möglichen Krempel vorbei, einem alten hölzernen Pferdewagen und einem grellrot-modernen Coca-Cola-Automaten.

Das Innere des Ladens ist ein atemberaubendes Durcheinander wildwestlicher Impressionen. Eine Mischung von Museum, Wohnzimmer und Trödlermarkt. Ringsum an den Wänden Bilder naiver Malerei aus dem Cowboyleben. Sie reiten bei Sonne, Schnee und Regen, sie arbeiten, schießen und prügeln sich in lila und in rosa Farben. Dazwischen Indianerschmuck und Büffelschädel, Versteinerungen aller Art – garantiert eine Million Jahre alt –, die aus dem Kalk der Badlands zum Vorschein kamen. Mokassins und Cowboyhüte, T-Shirts, Tomahawks und Perlen. Und dann hinter einem langen, gläsernen Tresen Lebensmittel und Waren zum täglichen Gebrauch, wie man sie in jedem amerikanischen Supermarkt findet.

Drei Sioux-Indianerinnen aus dem Pine-Ridge-Reservat, das gleich hinter der blauen Wellblechbaracke beginnt, lösen gerade ihren wöchentlichen Scheck von der Sozialhilfe ein. Der verblaßte Hinweis vor der »Longhorn Bar« hängt auch hier: »An Indianer kein Alkohol!«

Hinter dem Tresen er . . . Ein alter Mann mit gewaltigem grauweißem Bart unter einer blauen Baseballmütze. In den Indianerfilmen meiner Bildungsjahre in preiswerten Kieler Vorstadtkinos gab es immer einen Helden, der »Fuzzy« hieß. An ihn werde ich spontan erinnert. Nur, dieser Mann mit dem Rauschebart hat sehr ernste, nachdenkliche Augen. Er hat die Geschichte seiner Stadt schon so oft erzählt, selbst Japanern, Australiern, Franzosen. Er geht mit mir auf die Hauptstraße seiner Geisterstadt und stellt sich vor: Hallie Merrill, 82 Jahre alt.

Ja, ihm gehöre hier in der Umgebung sozusagen alles. Ihm und seiner Tochter: alle Grundstücke, alle Gebäude, die Tankstelle, eine Cafeteria und selbst die schon lange geschlossene »Longhorn Bar«, sogar eine Farm ganz in der Nähe. Es war billig, dies alles zusammenzukaufen, die Menschen seien ja nach und nach weggezogen aus dieser Stadt. Viele hätten einfach die Tür ihrer Häuser hinter sich zugeschlagen, nicht einmal abgeschlossen, weg waren sie. Eine typische amerikanische Geschichte . . . So etwa 500 Menschen lebten hier einst, heute sind es elf.

Das Jahr 1906 war die große Zeit der Stadt. Das war das Jahr, als die Eisenbahn durch Scenic kam und hier auf dem Wege weiter nach Westen einen Stopp einlegte. Die ganz wilden Jahre der Besiedlung des Westens waren da schon vorbei: der Goldrausch in Kalifornien 1849, zehn Jahre später auch in Idaho und Montana; und schließlich 1870 Gold in den Schwarzen Hügeln von Dakota. Die »Union Pacific«- und die »Central Pacific«-Eisenbahnen hatten gerade im Jahr zuvor – 1869 – die Schienenstränge aus Ost und West mit dem symbolischen goldenen Nagel zusammengeschlossen. Und ein anderes historisches Ereignis lag erst sechzehn Jahre zurück, als die Eisenbahn damals nach Scenic kam: Bei Wounded Knee, ganz in der Nähe, im Pine-Ridge-Reservat, hatte es jenes letzte große Gefecht zwischen Soldaten und Indianern gegeben. Jene wilde, hemmungslose Schießerei... Das Herz des Indianers, begraben an der Biegung des Flusses ...

Also, die Eisenbahn war 1906 ins Städtchen Scenic gekommen. Die Regierung hatte den aus Osten zuströmenden Weißen – den sogenannten »Homesteaders« – kleine Parzellen zugewiesen. Es war ein soziales Siedlungsprogramm in jenen Tagen. Für Menschen, die aus Europa kamen, der Traum vom eigenen Stück Land. Die Felder waren nicht groß, doch sie ernährten die Besitzer. »Zwei lange Straßen zogen sich durch den Ort«, erzählt der Mann mit dem weißen Bart, »sie hatten einfach alles. Es gab eine Bäckerei, eine Bank, Getreidesilos, Restaurants, mehrere Billard-Hallen.« Zwei große Feuer wüteten durch die Stadt, aber die seien nicht der Grund für den langsamen, aber schließlich unaufhaltsamen Verfall gewesen. Was den Wegzug der Menschen aus der Umgebung von Scenic bewirkte, war die wirtschaftliche und technische Entwicklung.

»Die Parzellen waren einfach zu klein«, so erinnert sich Hallie Merrill an die dreißiger und die fünfziger Jahre. »Die großen Farmen im Westen produzierten mit modernem Gerät, die Höfe der Siedler wurden unrentabel. Mehr und mehr verkauften ihr Land und zogen in die Städte nach

Osten oder Westen.« Der Prozeß setzte sich fort und beschleunigte sich. Selbst der, der zwei oder drei andere Höfe übernommen hatte, war schließlich immer noch zu klein, um mit den wirklich großen Farmen konkurrieren zu können. Der alte Merrill und seine Tochter kamen 1964 in die sterbende Stadt. Sie haben erst die Bar gekauft, dann den Laden und die umliegenden Grundstücke und schließlich einfach alles. Ich stelle ihm noch die Frage nach der Zukunft. Eigentlich keine sehr intelligente Frage.

»Zukunft ...« sagt er und schaut müde unter seiner Baseballmütze hervor. »Es gibt keine Zukunft in dieser Gegend.«

In der Nähe der toten Ortschaft besuchen wir noch einen der letzten Farmer. Die Jobgens sind einmal aus Deutschland nach Amerika gekommen. Doch irgendwer vor drei oder vier Generationen hat vergessen, seinen Kindern und Enkeln weiterzusagen, woher denn genau.

John Jobgen, der Farmer, zieht auf einem riesigen Traktor seine Runden. Am alten Farmhaus der Trumans vorbei. Das waren früher einmal seine Nachbarn. Dann gaben die Trumans auf und verkauften John ihr Land. In den letzten vierzig Jahren hat er sieben seiner Nachbarn fortziehen sehen. Und allen sieben hat er das Land abgekauft. Es ist wie ein grausamer Ausleseprozeß der Natur: »Du übernimmst, oder du wirst übernommen!«

Joyce Jobgen, die Farmersfrau, geht mit uns durch das alte Haus der Trumans. »Irgendwie scheut man sich, es abzureißen. Es waren doch meine Freunde. Sehen Sie, die Gemeinschaft, von der meine Großeltern immer erzählten, ist einfach verlorengegangen bei uns im weiten Westen. Immer größere Farmen, immer weniger Menschen. Die Geschäfte in der Umgebung können nicht mehr leben, die Städte sterben ab. Wenn du dir ein Paar Schuhe kaufen oder mit den Enkelkindern etwas unternehmen willst, dann fährst du fünfzig Meilen bis zur nächsten Stadt.«

Und die Zukunft?

»Es sieht nicht gut aus«, sagt die Farmersfrau, die sich im Alter plötzlich in der Republikanischen Partei Süd-Dakotas engagiert und die bei der letzten Wahl um einen Sitz im Senat nur knapp unterlag. »In den nächsten zehn Jahren wird sich die Zahl der Bauern in den USA wohl noch einmal halbieren. Wenn es keine neue Landwirtschaftspolitik gibt, dann geben nochmals 500 000 Farmer auf. Dann wird es in Zukunft nur noch Mega-Farmen geben, Betriebe von Leuten, die in der Stadt wohnen, die Schlipse tragen und andere mit riesigen Maschinen für sich auf die Felder schicken. Sie werden alles aus der Natur herausholen und nichts zurückgeben. Wo immer es diese Farmer der Zukunft schon gibt: Sie sprühen die Bäume und töten sie ab, weil sie der Wirtschaftlichkeit im Wege stehen, sie reißen die Gebäude nieder, sie wollen so große Felder wie möglich. Im Winter bläst der Wind den Boden durch die Luft, die Menschen ziehen sich zurück. Es ist einfach nicht das, was der liebe Gott einmal mit seiner Schöpfung plante!«

An Fläche übertrifft jeder der sechs Bundesstaaten im nördlichen Westen der USA die meisten Staaten Europas. Doch fünf dieser riesigen Gebiete haben nicht einmal eine Million Bewohner. Die Tendenz ist sinkend. Immer mehr Städte veröden, die Jugend wandert ab. Nicht nur aus den Städtchen wie Scenic, die von der Landwirtschaft lebten. Man ist einfach zu weit von den großen Märkten entfernt. Ein Flackern auf den Computerschirmen ferner Börsen, und kleine Öl- und Bergwerksgemeinden im Westen sind in ihrer

Existenz bedroht. Die Eisenbahn hat ihr einst so ehrgeiziges Streckennetz längst auf ganz wenige Routen des Güterverkehrs reduziert. Vom Geschäftsmann, der die Grenzen von heute und morgen sucht, wird das Traumland von gestern schnell überflogen. Die ersten Experten sagen bereits voraus, die »Great Plains«, die Ebenen und Prärien in Amerikas Nordwesten, könnten schon im Zeitraum der nächsten Generation bis auf ein paar wirtschaftlich rentable Inseln von den Menschen völlig aufgegeben werden. Jedenfalls von den Nachfahren der weißen Siedler und Pioniere, die das Land einst den Indianern so grausam abgerungen haben.

Die ersten Zukunftsplaner schlagen bereits vor, östlich der Rocky Mountains wieder riesige Naturparks entstehen zu lassen. Ein Amerika, wie es die Vorfahren von »Sitting Bull« und »Black Elk« ihre Heimat nannten. Büffel sollen wieder angesiedelt werden und viele andere Arten wilder Tiere, die den »broken dreams«, den zerbrochenen Träumen der Europäer, zum Opfer fielen. Man solle, so plädieren sie, nicht mehr versuchen, die wirtschaftlich bedrohten Gebiete durch Ansiedlung neuer Industrien und Wirtschaftsbranchen wiederzubeleben. Man solle die kleinen Städte des Westens einfach sterben lassen und den letzten Bewohnern – wie etwa der Familie Merrill in Scenic – Geld anbieten, damit auch sie endlich gehen. Auf diese Weise entstünde in diesen Weiten wieder ein Amerika, wie es vor Christoph Kolumbus war.

Es gibt natürlich auch eine Gegentheorie, die den Trend der Zukunft nach den Gesetzen des Geldes hochzurechnen sucht. Erstens werde es im Westen ja die ganz großen Farmen geben – Farmen, die die Welt ernähren könnten; dazu die vielen Pioniere unserer Tage, die sich »eher von Disteln und Stacheldraht ernähren möchten«, als fortzuziehen in die Stadt. Und zweitens gebe es so viele Cowboyseelen unter reichen Leuten, die bei einem allgemeinen Ausverkauf des Westens der Versuchung nicht widerstehen könnten, private Ländereien so groß wie Königreiche zusammenzukaufen. Und eine dritte Möglichkeit sei schließlich, daß so, wie damals die Weißen aus Europa vor hundert oder zweihundert Jahren die organisatorisch und waffentechnisch unterlegenen Indianer aus ihren Jagdgründen vertrieben, eine neue Welle von Eroberern die jetzigen angeschlagenen, hilflosen Bewohner des amerikanischen Westens von ihren Ländereien verdrängen könnten. Diesmal nicht durch Gewehre, sondern durch Geld. Die Japaner und Koreaner haben Mangel an Land, und es gibt schon viele große Farmen im Westen, die japanischen Besitzern gehören. In der Konkurrenz mit den tüchtigen und von einem Drang über den Pazific nach Osten beseelten Asiaten fühlen die Nachfahren der Pioniere von einst heute eine ähnliche Ratlosigkeit und Ohnmacht, wie sie damals die Sioux, die Cherokee und die Apachen befiel.

Es ist natürlich ein Trost, daß sich von allen kühnen sozialen Theorien selten eine hundertprozentig erfüllt. Doch tragisch bleibt es auf jeden Fall, daß der stürmische Treck nach Westen schon 200 Jahre später als unrentabler Kreuzzug erscheint. Als eine Beute, mit der der Sieger nichts mehr anzufangen weiß. So vieles wurde zerstört, so viele Indianerstämme wurden ausgerottet. Und dann wird der weite Wilde Westen wirtschaftlich langsam abgeschrieben. Wer könnte dem »Schwarzen Elch« und den Geistern seiner Väter die traurige Entwicklung erklären?

Und auf dem Bildschirm plötzlich ein Krieg ...

Wo – nach dem Sieg über Saddam Hussein – ist die nächste Schlacht? Wer ist der nächste Feind?« Treuherzig, fast fröhlich antwortete der General: »I haven't the foggiest! Ich habe keine blasse Ahnung!« Und dann erklärte Colin Powell, der Oberste im Kreise der Generalstabschefs und Amerikas ranghöchster Soldat, die neue Lage. Es sei für die Militärexperten der USA in den letzten vierzig Jahren geradezu ein Luxus gewesen, mit der Sowjetunion einen festen Feind, eine feste Bedrohung zu haben. Die Politiker, die Bevölkerung und die Planer im Pentagon hatten ein klares Bild von der Welt, und wenn es Streit über den Verteidigungshaushalt gab, lagen die Statistiken der Waffensysteme und der Truppenstärken sauber geordnet auf dem Tisch. Für jedes Militär hat ja der Feind die gleiche schreckliche, aber auch nützliche Funktion wie die Mächte des Bösen für eine Religion: Er ordnet das eigene Denken, er stärkt die eigene Entschlossenheit. Und nun plötzlich, zum Ende des Jahrhunderts, in den Hauptquartieren des Westens eine gewisse Verwirrung und seelische Leere ...

Der amerikanische Generalstabschef formulierte es so: »Das einzige, was sich nach dem Ende des Kalten Krieges noch mit Sicherheit feststellen läßt: Wir sind eine Supermacht, ein Hauptdarsteller auf der Bühne der Welt. Und rund um den Globus tragen wir Verantwortung!«

Ist das gut? Ist das schlecht? Wie erklärt man nun dem Haushaltsausschuß des Parlaments, wieviel Geld, wie viele Soldaten und welche neuen Waffensysteme die Großmacht für einen derart vagen, zweifelhaften Auftrag braucht? Heißt das, daß die USA in Zukunft auf allen Kontinenten dieser Welt auf der steten Ausschau nach Bösewichten sein wollen, nach potentiellen, heute noch völlig unbekannten Feinden? Wird das Land das können? Wird das Land das wollen? Werden amerikanische Präsidenten nach dem Ende des Ost-West-Konflikts und nach dem Sieg am Golf den Auftrag der Geschichte haben, überall militärisch Ordnung zu schaffen, wo Gewalt und Willkür die Stabilität einer Region oder den freien Strom des Welthandels bedrohen? Die Antwort wird wohl sein: Im Prinzip ja, in der Praxis möglichst nein. Jedoch – um den Mächten des Bösen ein warnendes Signal zu setzen –, Amerikas »Vielleicht . . .« war noch nie so fest wie heute! Allein die Möglichkeit eines Eingreifens der USA könnte und sollte allen Diktatoren dieser Welt ein Anlaß sein, verlockende Abenteuer noch einmal zu überdenken.

Der Krieg am Golf war wohl der erste einer neuen Generation. Kleinere Expeditionen wie das Landen von Fallschirmjägertruppen auf der karibischen Insel Grenada und in Panama wurden in der Fachwelt noch mit der Begründung »verbucht«, daß hier ja etwas vor der Haustür der Großmacht geschah – in einem Einzugsbereich, in dem auch nach der alten Ordnung der Welt Moskau und Washington das Gewohnheitsrecht für sich in Anspruch nahmen, für Ruhe und Ordnung in der Interpretation ihrer eigenen Interessen zu sorgen. Das Besondere am Krieg gegen den

Irak war, daß er für die Menschen und auch für die Politiker in den USA gleichsam aus heiterem Himmel kam. Saddam Hussein war gestern noch Freund, und plötzlich war er Feind. Dazwischen lag keine Zeit, Leidenschaften aufzubauen oder irgend etwas zu begreifen.

Es wird einer Großmacht nicht immer leichtgemacht, ihre Freunde nach noblen Kriterien auszusuchen. Gäbe es rund um den Persischen Golf nur Datteln und Reis, dann wären die wechselseitigen Beziehungen wohl von freundlicheren, gleichgültigen Gefühlen geprägt gewesen. Was kümmert die Amerikaner der Irak? Was wäre Kuwait in den Augen von Amerikanern? Linien im Sand, die die Briten einst zogen, als das Osmanische, das Türkische Reich zerfiel. Vor dem Zeitalter des Öls waren selbst für die Bewohner jener Region staatliche Grenzen kein aufregendes Thema. Britische Offiziere zogen mit der Landkarte durch Wüsten und Dörfer und holten dazu die Meinung der Seßhaften wie der Beduinen ein: Hältst du den Scheich von Schardscha für deinen Herren oder irgendeinen anderen Emir in der Gegend? Es kam bei dieser Befragung ein ziemlich bunter Flickenteppich heraus. Grenzen wurden zur logischen Absurdität in einer Wüstengegend, wo sie eigentlich völlig bedeutungslos waren. Aus arabischer Sicht haben die Briten ihr Splitterwerk mit Leidenschaft betrieben, um im arabischen Raum keinen zu stark werden zu lassen und so den eigenen Einfluß auch nach dem Rückzug als Welt- und Kolonialmacht noch zu erhalten.

Wenn irgendeine westliche Macht viel vom Nahen Osten versteht – Amerika wird es wohl nicht sein. Die inneren Bande zu Israel sind eng, der Rest des Interesses ist einer Laune der Natur zuzuschreiben: Mehr als die Hälfte aller Ölreserven der Welt lagern rund um den Persischen Golf. Das Interesse am Irak wurde erst 1980 so richtig geweckt, und das Verbindende war ein gemeinsamer Feind. Es war die Zeit, als die USA nach der Niederlage von Vietnam eine zweite große Demütigung durch ein Land hinnehmen mußten, das nach der Größe und seiner militärischen Macht weit unter der Liga einer Großmacht war. Im Iran war der Schah, ein Verbündeter und Schützling der USA, von islamischen Fundamentalisten gestürzt worden. Und die Emotionen dieser nach modernen Maßstäben völlig unbegreiflichen Bewegung wurden dadurch aufgeputscht und wachgehalten, daß die Revolutionären Garden einfach die Botschaft der Weltmacht USA besetzten und alle dort mit einem amerikanischen Paß für 444 Tage gefangenhielten. Auf amerikanischen Fernsehschirmen wurde jeder neue Tag der Demütigung und der Hilflosigkeit schmerzvoll zelebriert. Mit dem großen militärischen Apparat der USA war einem solchen Gegner nicht beizukommen. Die politische Statur des Präsidenten Carter ist darüber zerbröckelt, die Nation verweigerte ihm die Wiederwahl und entschied sich für den neuen Hoffnungsträger Ronald Reagan.

Als 1979 im Nachbarland Irak ein Generalleutnant namens Saddam Hussein an die Macht kam, war eines seiner ersten nationalen Anliegen ein Krieg mit dem Iran. Für die gedemütigte Großmacht war dies wie ein Geschenk des Schicksals. Denn es konnte aus amerikanischer Sicht ziemlich gleichgültig sein, um welche Grenzen, um welche Inseln es dabei ging. Der Iran des Revolutionsführers Khomeini hatte plötzlich einen passenden Feind gefunden, einen arabischen Nachbarn, der mit dem gleichen, rücksichtslosen Fanatismus in verlustreiche, heilige Schlachten zog und der die iranischen Schiiten bremste, ihren Einfluß weit in den arabischen Raum hinein auszuweiten. Die Leidenschaft der USA für den Irak war niemals überschwenglich. Doch in den acht Jahren des Krieges zwischen dem Irak und dem Iran war die amerikanische Politik kalt und kalkulierend darauf ausgerichtet, daß der Iran auf keinen Fall der Sieger sein sollte.

Der Krieg war von mittelalterlicher Grausamkeit, wurde aber mit modernsten Waffen ausgefochten. Er war ein Irrsinn, aber in den Augen der amerikanischen Diplomatie ein nützlicher Irrsinn. Und eine der besonders gefährlichen Folgen war, daß der Irak, ein Staat mit nur sechzehn Millionen Menschen – nicht einmal ein Drittel der Bevölkerung des Iran –, nach China, der Sowjetunion und den USA die viertgrößte Armee der Welt aufbaute. Sie rangierte nach Waffen und Soldaten vor den Heeren Frankreichs, Großbritanniens oder Deutschlands. Wirtschaftlich war das Land des Saddam Hussein hoch verschuldet, aber militärisch war es ein Gigant. Saddam Hussein bezog seine Waffen aus dem Ostblock, aus China, Frankreich, auch aus den Vereinigten Staaten. In den Tagen vor dem Krieg um Kuwait, als die Sensiblen in der amerikanischen Politik nach allen möglichen Gründen suchten, um das Blutvergießen zu vermeiden und auf das Wirken von Handelssanktionen zu setzen, ist von den Argumenten, die für ein hartes Vorgehen sprachen, eines immer besonders schwer zu widerlegen gewesen: daß die ganze Welt sich hier ein Monster herangezüchtet hatte, dem sie sich früher oder später würde stellen müssen.

Im amerikanischen Parlament hatte es noch in der Woche vor dem irakischen Einmarsch in Kuwait eine Debatte über Sonderkredite an den bevorzugten, verhätschelten Handelspartner Irak gegeben. Die Regierung Bush wollte sich die Möglichkeit offenhalten, Saddam Hussein für den Einkauf von Getreide eine Bürgschaft in Höhe von zwei

Milliarden Dollar einzuräumen. Und das Argument der Senatoren, die die Linie der Regierung vertraten, war: Wenn wir Saddam keine Kredite einräumen, kauft er das Getreide nur woanders! Die Männer im Weißen Haus hatten außerdem gerade die Exportkontrollen für die Ausfuhr nuklearer Technologie an den Irak erleichtert. Und ein paar Tage später galt dasselbe Land als nuklearer Schrecken für die Menschheit. Die letzte größere amerikanische Waffenlieferung war gerade erst abgewickelt, da dämmerte es den amerikanischen Militärs, daß diese Waffen wohl demnächst gegen sie selbst, gegen die Lieferanten, eingesetzt werden könnten.

Das Verhältnis des Präsidenten George Bush zu seinem Amtskollegen Saddam Hussein erinnerte stark an jenes klassische Urteil, das John F. Kennedy über einen südamerikanischen Diktator fällte: »Mag sein, daß er ein Hundesohn ist. Aber er ist unser Hundesohn!«

Plötzlich – von heute auf morgen – war aus dem zwar ungeliebten, aber doch recht nützlichen Freund am Persischen Golf ein gefährlicher Feind geworden. Es ist nicht leicht für ein Volk, es war nicht leicht für die Amerikaner, eine so abrupte Wende seelisch nachzuvollziehen.

Acht Jahre zuvor habe ich schon einmal ein Land vor einer dieser mit dem klaren Kopf nicht begreifbaren Situationen erlebt. Großbritannien schickte im Frühjahr 1982 seine Flotte in die Schlacht nach Falkland. Auch das ist damals ein bizarres, unwirkliches Erlebnis gewesen: Krieg um ein paar Inseln am Ende der Welt, die den Briten nichts bedeuteten. So mancher Untertan Ihrer Britischen Majestät mußte erst einmal den Atlas zu Rate ziehen, um sich klarzuwerden, wo diese Inseln überhaupt liegen, für die nun britische Soldaten ihr Leben riskieren sollten.

Für die meisten Briten – wie später für die meisten Amerikaner – fand der ferne Krieg eigentlich nur auf dem Fernsehschirm statt. Mehr böser Traum als Wirklichkeit. Man fühlte sich an alte Hollywood-Filme erinnert, irgend etwas wie Errol Flynn als »Pirat der Königin« oder als »Herr der sieben Meere«. Jeder hatte es zunächst für einen Irrtum gehalten, den die Diplomatie wohl schnell aufhellen und aus den Nachrichten schaffen werde.

Es war wie das Einlegen einer falschen, längst ausgemusterten Rolle im Kino des Lebens. Jeder im Publikum ruft spontan: »Das kann doch nicht wahr sein! Das haben wir doch hinter uns!« Aber der Vorführer stellt sich taub, und der Film spult sich ab, als hätte die Menschheit seit dem Mittelalter nichts aus ihren Fehlern gelernt. Eine Hilflosigkeit breitet sich aus, das Gefühl stellt sich ein, daß die Ereignisse sich an sich selbst entzünden und daß Vernunft nichts mehr bewirken kann, um der Katastrophe auszuweichen.

*I*ch grabe im Archiv und in alten Manuskripten, um mir noch einmal Amerika am 1. August 1990 in Erinnerung zu rufen. Es war 19 Uhr in Washington – am Golf war es schon 3 Uhr früh und ein neuer Tag –, als irakische Panzer Kuwait überrollten. Die Politik und die Diplomatie – und natürlich auch wir Journalisten – sind der Menschheit keine große Hilfe dabei gewesen, den Konflikt rechtzeitig aufzuspüren und eventuell zu seiner Entschärfung beizutragen. Das war im Falklandkrieg so, und nun sollte es sich wiederholen: Die kühnen, aufgeklärten Geister unserer Zeit hielten solche Krisen einfach für zu albern, um ihnen ihre kostbare Zeit zu widmen. Allen in den höheren Rängen der Politik war es unter ihrer Würde, die exotische Thematik ernst zu nehmen und sich intensiv mit derart unseriösen Gerüchten zu befassen.

Die »Washington Post« berichtete an jenem 1. August auf Seite 14 unten von jenem seltsamen Streit, der zwischen dem Irak und dem kleinen Kuwait ausgebrochen war. In Jeddah in Saudi-Arabien waren Delegationen zusammengekommen, um über eine Forderung des großen Nachbarn im Norden gegen das kleine Emirat im Süden zu verhandeln. Kuwait habe ihr Territorium verletzt, klagten die Irakis; es habe unrechtmäßig Erdöl im Wert von 2,5 Milliarden Dollar aus irakischen Feldern abgezapft. Im übrigen war schon seit längerem klar, daß die Irakis mit den niedrigen Ölpreisen nicht zufrieden waren – ein Mißstand, den sie darauf zurückführten, daß Saudi-Arabien und all die anderen Öl- Emirate der Region zuviel Öl produzierten und auf die Weltmärkte pumpten. Aber alles in allem war man in der Hauptstadt der USA überzeugt, daß der Irak es niemals wagen würde, Kuwait deswegen militärisch anzugreifen. Man hielt alle Meldungen, die vom Golf eintrafen, für das übliche Pathos und Theatergetöse der arabischen Seele. Mal sind sie Brüder, mal sind sie Feinde; am besten, man hält sich da raus!

Die wichtigen amerikanischen Themen an jenem 1. August waren: der Rauschgift-Prozeß gegen den schwarzen Bürgermeister Washingtons, die Krise des amerikanischen Sparkassenwesens, die Rivalität zwischen Michail Gorbatschow und Boris Jelzin, die deutsche Einheit und eine bizarre Rebellion in Trinidad. Wie gesagt, auf der 14. Seite war auch der Streit zwischen dem Irak und Kuwait registriert. Staatssekretär John Kelly vom Außenministerium hatte vor einem Kongreßausschuß bestätigt, daß der Irak eine größere Zahl Soldaten vor der Grenze zu Kuwait zusammengezogen habe. Der zuständige Mann für Angelegenheiten des Nahen und Mittleren Ostens bis hin zum südlichen Asien versicherte den Parlamentariern, die USA würden alles tun, was in ihren Möglichkeiten stünde, um die Stabilität der Region am Golf zu bewahren und »unsere Freunde« zu unterstützen, wenn sie bedroht werden sollten. Aber dann stellte der Assistant Secretary of State zur Beruhigung der Gemüter fest: »Die USA haben keinen militärischen Pakt mit irgendeinem Staat am Golf. Wir haben es – historisch betrachtet – immer vermieden, bei Grenzstreitigkeiten in jenem Raum Partei zu ergreifen!«

Etwas Ähnliches hatte fünf Tage zuvor auch die Botschafterin der USA, April Glaspie, dem irakischen Führer Saddam Hussein zu Protokoll gegeben, als sie zu einer überraschenden Audienz gerufen wurde. Gleich darauf war sie in den Sommerurlaub geflogen. Die Lage am Golf war also – aus amerikanischer Sicht – gespannt, aber nicht unbedingt ernst zu nehmen.

Ich selbst habe an jenem 1. August einen Bericht für die »Tagesthemen« nach Deutschland überspielt: »Warum sinkt der Dollar?« In dem Beitrag zum – wie wir damals glaubten – aktuellen Problem jenes Tages kommt ein amerikanischer Wirtschaftsjournalist zu Wort, der meint, Amerikas Tage auf dem Weltmarkt seien gezählt. Daher die Dollarschwäche. »Der niedrige Kurs der amerikanischen Währung spiegelt die Überzeugung auf den Finanzmärkten wider, daß die Musik nun einfach woanders spielt«, sagte der Experte. »Die Bedeutung Japans und Europas steigt. Amerika, soviel läßt sich sagen, hat Zweifel über sich selbst und seine Rolle in der Welt!«

Einen Tag später wurde über solche Zweifel nicht mehr viel geredet. Der Staatssekretär Kelly hatte übrigens an jenem 1. August nachmittags, um 15 Uhr, noch einen Gast aus dem Irak in seinem Büro im sechsten Stock des Außenministeriums. Botschafter Mohammed Al Mashat versicherte dem Amerikaner, all die Gerüchte über einen Angriff seines Landes gegen Kuwait seien Hysterie und Übertreibung. »Machen Sie sich keine Sorgen, vom Irak wird niemand angegriffen!« Wenige Stunden später rollten die ersten irakischen Panzer über die Grenze nach Kuwait.

Der ungleiche Kampf hat nicht lange gedauert. Im Weißen Haus in Washington rief noch in derselben Nacht der Sicherheitsberater des Präsidenten, Brent Scowcroft, seinen Stab zusammen. Der Grenzstreit in einer fernen Wüste begann zur Krise der Großmacht zu werden – und damit zum Konfliktherd für die ganze Welt.

Stationen einer Krise

Um die Erinnerung aufzufrischen, ein kurzer Zeitplan des Krieges. Die meisten Daten sind auf die amerikanische Ostküstenzeit ausgerichtet, einige geben das Datum und die Ortszeit des Irak, Kuwaits und Saudi-Arabiens an. Manchmal verwischt es sich auch, wie hoch nun wo die Sonne stand, als da oder dort dieses oder jenes passierte. Jene Fernsehsender, die heute »live« in alle Winkel der Erde strahlen, haben es sich ohnehin längst abgewöhnt, ihren Zuschauern einen »Guten Morgen« oder »Guten Abend« zu wünschen. In ihrem Sendereich geht die Sonne nie unter. Auch in den USA mit drei verschiedenen Zeitzonen zwischen New York und San Francisco und nochmals zwei Stunden Differenz nach Alaska und Hawaii verkünden die fröhlichen Moderatoren ohnehin nur: »It is nine minutes past the hour ...«, also neun Minuten nach der vollen Stunde, wo immer der Zuschauer am Gerät sitzen mag, was immer ihm dort die Stunde schlug.

In Bagdad geht die Sonne zwei Stunden früher auf als in Berlin, und von dort nach Washington braucht sie noch einmal sechs Stunden, um den Atlantik zu überqueren. Was immer am Golf in den frühen Morgenstunden geschah – das ist die ideale Zeit für den überraschenden Angriff –, an der

Ostküste der USA war es dann gerade früher Abend am Tag zuvor. Gerade die Zeit für die »Evening News« der großen Fernseh-Networks.

Einer, der in diesem Krieg völlig das Gefühl für Zeit und Raum verloren hatte, war der Korrespondent des Deutschen Fernsehens in Washington. Wenn in Deutschland das Frühstücksfernsehen begann, war es in Washington Mitternacht. Um 13 Uhr deutscher Zeit begann das »Mittagsmagazin«, dann war es in Washington 7 Uhr früh. Die Tagesschau nachmittags um 14 Uhr, um 16.30 Uhr amerikanischer Zeit die »Tagesthemen« und um Mitternacht wieder das Frühstücksfernsehen. Und wenn er zwischendurch dann doch mal zum Schlafen kam, erschien ihm im Traum Saddam Hussein ...

Also, erinnern Sie sich noch? Es begann, als die meisten Politiker im Urlaub waren, im Sommer 1990:

1. Am 2. August Iraks Invasion nach Kuwait. Der amerikanische Präsident Bush unterzeichnet einen Erlaß, der amerikanischen Firmen ab sofort jeden Handel mit dem Irak verbietet. Der Sicherheitsrat der Vereinten Nationen verurteilt die Invasion.

2. Am Wochenende des 4. und 5. August versammelt Präsident Bush seinen Krisenstab in Camp David. Am Nachmittag des 5. August startet eine Delegation unter Führung von Verteidigungsminister Cheney nach Saudi-Arabien, um König Fahd den militärischen Beistand der USA gegen einen möglichen Angriff des Irak anzubieten.

3. Am 6. August nachmittags trifft Cheney in Jeddah in Saudi-Arabien ein. Die Gespräche mit König Fahd am Abend desselben Tages sind überraschend kurz. Der König willigt ein, daß im Verlauf der nächsten siebzehn Wochen

amerikanische Flugzeuge, Kriegsschiffe und Panzerdivisionen nach Saudi-Arabien verlegt werden. Insgesamt 250 000 Soldaten. Durch die Zeitdifferenz nach Washington gibt Präsident Bush noch unter demselben Datum den Marschbefehl für diese Truppen.

Der Oberkommandierende der Alliierten Truppen, General Norman Schwarzkopf, sagt nach dem Krieg, daß in den ersten Wochen nach der Besetzung Kuwaits Saddam Hussein eine große Chance gehabt hätte, auch Saudi-Arabien zu überrennen. Zahlreiche Arabien-Kenner äußern die Überzeugung, daß in einem solchen Falle kein anderes Land Arabiens der Stationierung amerikanischer Truppen zugestimmt hätte. Die Öl-Emirate – so lautet diese Theorie – hätten in einem solchen Fall Saddam Hussein als den starken Mann Arabiens akzeptiert und versucht, sich sein Wohlwollen zu erkaufen.

4. Ebenfalls am 6. August 1990 beschließt der Sicherheitsrat der Vereinten Nationen in New York weltweite Handelssanktionen gegen den Irak.

5. Am 17. August droht der Irak damit, alle westlichen Geschäftsleute und Touristen, die sich im Gebiet des Irak aufhalten, als »menschliche Schilde« gegen einen Angriff von außen zu benutzen.

6. Am 28. August wird Kuwait feierlich zur »19. Provinz« des Irak erklärt.

7. In Helsinki in Finnland treffen sich am 9. September der amerikanische Präsident Bush und der sowjetische Präsident Gorbatschow. Bush gelingt es nicht, Gorbatschow in eine Allianz gegen den Irak einzubinden. Beide fordern aber den Irak auf, sich aus Kuwait zurückzuziehen.

8. Ende Oktober läßt der amerikanische Präsident seine Berater wissen, daß es »politisch« zu lange dauern könne, bis

sich Saddam Hussein unter dem Druck des gegen den Irak verhängten Handelsembargos zu einem Rückzug aus Kuwait entschließt. Im Pentagon und im »Central Command« werden Pläne ausgearbeitet, Kuwait durch einen Angriff zu befreien.

9. Am 8. November gibt der US-Präsident den Befehl, die Zahl der nach Saudi-Arabien in Marsch zu setzenden US-Soldaten zu verdoppeln. Die neue Zahl: etwa 400 000.

10. Am 29. November setzt der Sicherheitsrat der Vereinten Nationen den irakischen Streitkräften eine Frist, sich aus Kuwait zurückzuziehen. Sollte dies nicht bis 15. Januar 1991 geschehen sein, würden »alle erforderlichen Mittel« eingesetzt, die Irakis aus Kuwait zu entfernen. Die allgemeine Übersetzung für »alle erforderlichen Mittel« lautet: »notfalls Gewalt«.

Insgesamt 28 Nationen erklären sich bereit, nach den Prinzipien der Vereinten Nationen eine »Allianz gegen den Aggressor« zu bilden. Großbritannien schickt 54 Flugzeuge, 17 Kriegsschiffe und 25 000 Soldaten; Frankreich entsendet 42 Flugzeuge, 7 Kriegsschiffe und 15 000 Soldaten; Saudi-Arabien und die Emirate beteiligen sich mit 150 000 Soldaten, Ägypten mit 40 000 und Syrien mit 15 000 Mann und entsprechendem Gerät.

11. Präsident Bush schlägt zur diplomatischen Beilegung der Krise einen Besuch des irakischen Außenministers Tariq Aziz in Washington vor und einen Besuch des amerikanischen Außenministers Baker in Bagdad. Er nennt zunächst keine Termine. Der Plan scheitert schließlich daran, daß der irakische Präsident sich weigert, für den Besuch Bakers in Bagdad einen Termin vor dem 12. Januar zu akzeptieren. Dies ist der amerikanischen Seite zu spät, um noch den Rückzug der Irakis bis zum 15. Januar zu erreichen.

12. Am 6. Dezember kündigt Saddam Hussein die Freilassung aller westlichen Geiseln an. Die festgehaltenen Geschäftsleute und Touristen reisen in Sonderflügen aus dem Irak aus, soweit sie nicht schon vorher nach stark publizierten Sondermissionen prominenter Politiker verschiedener Nationen das Land hatten verlassen dürfen.

13. Sechs Tage vor Ablauf der Frist zu einem möglichen Angriff treffen sich der irakische Außenminister Aziz und sein amerikanischer Amtskollege Baker in Genf. Die Suche nach einem friedlichen Ausweg scheitert. Minister Aziz weigert sich, einen Brief des amerikanischen Präsidenten an den irakischen Präsidenten in Empfang zu nehmen.

14. In einer historischen Sitzung am 9. Januar 1991 geben beide Kammern des amerikanischen Parlaments dem Präsidenten die Vollmacht, amerikanische Soldaten in den Krieg zu schicken. Im Senat stimmen 52 mit Ja und 47 mit Nein, im Abgeordnetenhaus stimmen 250 mit Ja und 183 mit Nein. Anschließend bestätigen beide Kammern einstimmig den Kriegskurs der USA. In der ersten, entscheidenden Abstimmung haben weder Republikaner noch Demokraten geschlossen dafür oder dagegen gestimmt. Da aber in beiden Häusern des Parlaments die Demokraten über die Mehrheit verfügen, war es ein klares Allparteien-Mandat für den Kurs eines republikanischen Präsidenten.

15. Am 17. Januar morgens arabischer Zeit – noch 16. Januar abends in Washington – beginnt der Luftkrieg über dem Irak und den irakischen Stellungen in Kuwait. Er dauert 42 Tage. In den letzten hundert Stunden dieses Krieges wird auch am Boden angegriffen.

Am 27. Februar versammelt George Bush sein Kriegskabinett im Ovalen Arbeitszimmer des Weißen Hauses, läßt sich die Lage vortragen und erklärt: »Ich will, daß das Töten aufhört!« Um Mitternacht dieses Tages stellt die Allianz das Feuer ein.

Kuwait ist befreit. Die Irakis hatten nie eine Chance, diesen Krieg zu gewinnen. In Kampfhandlungen starben 148 Amerikaner. Wie viele Opfer es auf irakischer Seite gegeben hat, wird die Welt wohl nie genau erfahren. In einer Zeit, in der sonst alle so stürmisch zur Kamera und zu den Mikrophonen drängen, hat keine der kämpfenden Parteien mehr ein Interesse gezeigt, das Ausmaß ihres Leidens und Sterbens zu publizieren.

»Heil Dir, Maria!«

Man muß nicht unbedingt die Regeln des amerikanischen Football verstehen, um den Schlachtplan der Amerikaner und ihrer Verbündeten zu begreifen. Aber es hilft. Der Spielführer, jener Bär von einem General, der Oberkommandierende mit dem für einen Amerikaner etwas exotischen Namen Schwarzkopf, hat nach dem Sieg den Feldzug in der Wüste immer wieder an den Feinheiten gerade dieser Sportart deutlich zu machen versucht. Nichtamerikaner macht dieses muskelprotzige Gegeneinanderkrachen gepolsterter, helmgeschützter Hünen manchmal etwas ratlos. Und viele sensible Europäer sind entschlossen, ein solches Ritual selbst dann nicht zu begreifen, wenn sie es könnten. Dies bewahrt die Vorurteile, daß die amerikanische Gesellschaft nun einmal auf allen Ebenen von Gewalt geprägt und durchzogen sei.

Um die allzu starren Konzepte wenigstens durch einen verwirrenden Gedanken etwas aufzulockern, hier der Hinweis eines gelegentlichen Football-Fans, daß ich im Unterschied zu Europas Fußballfeldern nirgendwo in den Stadien der USA jene Gitter und Käfige vorgefunden habe, durch die man die Zuschauer und Anhänger des heimischen Vereins von denen der Gastmannschaft trennen müßte. In

Washington sitzt also die Gemeinde der »Redskins« biertrinkend, johlend und Hot dogs essend – arm und reich, alle Hautfarben und sozialen Schichten – neben den Fans der »Miami Dolphins«, und die Vorstellung, Zuschauer könnten sich gegenseitig blutig schlagen, gilt im sonst so rauhen Amerika als ziemlich abartiges Verhalten.

Also, ein Einblick in den Ablauf des Spiels und damit auch jener entscheidenden, abschließenden Phase des Krieges am Golf. »When the kickoff came, our team was ready to play ball«, hatte General Norman Schwarzkopf den Journalisten stolz erklärt. Als der Anstoß kam, waren die Truppen der Alliierten bereit zum Spiel. Die Irakis hatten inzwischen die Lust verloren. Football – um dieses nur abzuschließen – ist eine Bodenschlacht, mit der ein amerikanischer Junge schon vertraut gemacht wird, bevor er lesen und schreiben lernt. Es ist ein Sich-vorwärts-Kämpfen, Schritt um Schritt, es erfordert Mut und Kraft, aber auch Teamgeist und Taktik.

Ein geduldiger amerikanischer Freund hat einmal versucht, mir das so brutal aussehende Spiel als eine Art Schach zu erklären, und ich erinnere mich, über den Vergleich gelacht zu haben. Denn was man im Stadion oder auf dem Fernsehschirm üblicherweise geboten bekommt, läuft folgendermaßen ab: Der Schiedsrichter gibt das Signal, Köpfe und Körper knallen aufeinander, nach fünf Sekunden ist die Aktion vorbei, und niemand vor den Fernsehschirmen oder in der riesigen Schüssel des Stadions könnte mit Sicherheit sagen, wo denn nun eigentlich der Ball geblieben ist. Von einem Laien für den gutgläubigen Nichtfachmann erklärt, ist Football eine Mischung von Elementen des Volleyball, des Rugbysports und des europäischen Fußballspiels. Das heißt: Handball wäre eigentlich der bessere Vergleich, denn es wird mehr geworfen und mit den Händen an allem Ergreifbaren gezerrt als mit den Füßen gegen den Ball getreten.

Eine Mannschaft greift an, die andere versucht, den Angriff abzuwehren, wobei jede Seite sowohl für den Angriff wie für die Abwehr gesonderte Mannschaften hat. Wenn die »Redskins« ihre elf Offensivspieler auf den Rasen schikken, dann hält die Defensivmannschaft aus Miami oder New York dagegen. Und sämtliche Spieler werden sofort ausgetauscht, wenn den Washingtonern das Angriffsrecht verlorengeht.

Dann und wann – unter dem aufbrausenden Jubel der Menge – kann es schon passieren, daß aus dem Gewirr der wuchtig aufeinandergeprallten Körper plötzlich ein befreiender Wurf den Ball nach vorne treibt, ein Spieler ihn fängt und nun, gejagt von den Körpern der Gegner, die Gasse zur Torlinie sucht. Von vorne und hinten und von allen Seiten werfen sich ihm die Verteidiger entgegen – versuchen, ihn zu rammen oder auf irgendeine Art zu Fall zu bringen, ihn am Arm zu zerren oder am Fuß zu greifen. Die eigene Gesundheit und die Unversehrheit des Gegners sind in diesen hektischen Sekunden keine wichtigen Sorgen. Die Rauheit ist Tugend und nicht Sünde in diesem Spiel. Das Ganze ist ein totaler Kampf um jeden Yard (nicht ganz ein Meter), den der Ball nach vorne oder hinten dringt. Nach jedem »Down« kommen die Gehilfen des Schiedsrichters mit dem Bandmaß wie die Landvermesser, um den Verlauf der Front neu aufzunehmen.

Eine solche Gründlichkeit ist in den verschlungenen, zähen Partien des Kampfes von spielentscheidender Bedeutung. Denn die Mannschaft im Angriff muß Zug um Zug in vier Anläufen oder Raufereien – also in vier sogenannten »Downs« – insgesamt zehn Yards an Boden gewinnen. Gelingt ihnen das in einer solchen Vierer-Serie nicht, dann verlieren die Angreifer das Angriffsrecht und müssen nun ihre Verteidigungsmannschaft auf das Schlachtfeld schikken. Die Erlösung – so etwas wie ein »Tor« – ist der sogenannte Touchdown, wenn ein Spieler mit dem Ball in der Hand über den Spielfeldrand, über die Linie des Gegners läuft, springt, fällt oder rollt.

Es wäre sicher gewagt, zu behaupten, daß ein solcher Sport – in früher Jugend aufgenommen – auf die Wehrertüchtigung der Nation abzielt. Aber mit einem so plötzlichen, für den einzelnen Soldaten so schwer begreiflichen Auftrag zum Töten konfrontiert – vor dem Sandkasten einer Wüste am fernen Persischen Golf –, half wohl der Erklärungsversuch in den Kategorien des Football, dem grausamen, exotischen Abenteuer vertraute, amerikanische Züge zu geben. Schwer vorstellbar, daß einem deutschen General in einer ähnlichen Situation derart sportliche Vergleiche einfallen könnten.

Also, die Strategie des Sieges, der Schlachtplan der Alliierten im Krieg am Golf: Im Football nennen sie es »Heil Dir, Maria!«

Nachdem die Journalisten und die Öffentlichkeit in aller Welt, vor allem aber Saddam Hussein und seine verbunkerten, eingegrabenen Truppen wochenlang gerätselt hatten, was eigentlich im Aufmarschgebiet südlich des besetzten Kuwait vor sich gehen könnte und was der Schlachtplan der Angreifer sei, trat, als alles vorbei war, am 27. Februar 1991 – um 21 Uhr saudischer, um 13 Uhr amerikanischer Ostküstenzeit – die massige Gestalt des Generals Schwarzkopf vor ein paar Schautafeln mit roten und blauen Kästchen und Kreisen und begrüßte die internationale Presse: »Meine Damen und Herren, ich danke Ihnen, daß Sie hier sind! Ich hatte ja versprochen, Ihnen den kompletten Ablauf unserer Operationen zu erklären, sobald die Lage es erlaubt.« Und dann kam des Rätsels Lösung, fiel Licht in ein Dunkel, das keine Fernsehkamera, kein noch so gescheiter Experte und kein noch so frisch pensionierter General in den Fernsehstudios der Welt in den Wochen davor hatte durchdringen können. Im Gegenteil: Die meisten hatten sich um ihren guten Ruf spekuliert.

Jene in einem kahlen Raum in Riad und jene vor den Fernsehschirmen in aller Welt, die etwas vom amerikanischen Football verstanden, waren eindeutig im Vorteil. Auf die, denen diese Bildung fehlte, wurde keine Rücksicht genommen. »Ich nehme an«, sagte der General, »Sie kennen die Situation, wenn der Quarterback – der Spielführer – die letzte, verzweifelte Chance für einen Touchdown sucht ... Er geht ein paar Schritte zurück vom Kampfgetümmel. Und plötzlich rennen alle Stürmer seiner Mannschaft weit nach außen auf einen Flügel des Spielfeldrands. Sie spurten, so schnell sie können, in die Zone vor der Linie am Ziel. Und dann wirft der Quarterback ihnen den Ball in hohem Bogen zu ... Das ist es im Kern das, was wir getan haben.«

Den Ausdruck »Hail Mary!« für eine solche Strategie kennt jeder Footballfan in den USA, doch nur wenige haben sich Gedanken darüber gemacht, warum der Spielzug wohl einen so biblischen Namen hat. Wahrscheinlich, das ist die überwiegende Ansicht, weil eine Portion Verzweiflung in einem solchen Manöver liegt und man auf die Hilfe höherer Mächte hofft. Die Gefahr, daß der Gegner den Ball abfängt oder daß er über die Seitenlinie ins Aus trudelt, ist groß. Es ist der Augenblick für ein Gebet. Bei allen ernsten Zweifeln, ob sie sich für Football interessiert: Man entschied sich, Maria um Beistand anzurufen.

Der General, neben dessen Bett in einem saudischen Bunker immer eine Bibel lag, hat oft gebetet in den Tagen vor dem Angriff. Jeden Morgen ging er vor die große Lagekarte, auf der nach immer neuen Luft- und Satellitenphotos und nach den Erkenntnissen aller verbündeten Spionageorganisationen die Stellungen des Feindes eingetragen wurden. Und eins der inbrünstigen Gebete des Norman Schwarzkopf war an jedem Morgen, daß Saddam Hussein seine Truppen weiterhin so stationiert lassen möge wie in den ersten Tagen, als er Kuwait überrollte: mit starken Verteidigungslinien nach vorn – nach Süden – und mit einer hohen Konzentration seiner Feuerkraft zur See, also nach Osten hin. Die Flanke zur Wüste im Westen war somit offen.

Von Saddam Husseins Fähigkeit als Stratege hatte der Oberkommandierende auf der anderen Seite ohnehin nie viel gehalten. Und er formulierte seine Verachtung so: »Er ist weder ein bedeutender Stratege, noch ist er in der Kunst militärischer Führung geschult. Er ist kein Taktiker, kein General, kein Soldat. Mit diesen Einschränkungen ist er natürlich ein großer Militärexperte …« Und was in der Sache – nach dem Urteil des Siegers – ein schwerer Fehler des irakischen Obersten Feldherrn war: Er habe sich diese »Mutter aller Schlachten« des Jahres 1991 vorgestellt wie die Grabenkämpfe des Ersten Weltkrieges, habe mehr als 500 000 irakische Soldaten ins besetzte Kuwait hineingestopft wie in einen Sack – alles starr und ohne jede Möglichkeit zu manövrieren – und habe sich dann auch noch gewundert, daß die Alliierten nicht spontan gegen seine Linien und Gräben anstürmten. Und schließlich war der irakische Stratege auch noch überrascht und enttäuscht, daß sein Feind – als er schließlich doch angriff – auch noch von der falschen Seite kam.

Die Strategie des Generals auf der anderen Seite ist ja inzwischen reichlich gefeiert worden. Durch die massiven Luftangriffe wurden die Brücken und Straßen zwischen dem Irak und der Front zerstört, den Truppen Saddams wurde der Nachschub abgeschnitten. Die irakische Luftwaffe konnte nicht mehr starten, so erdrückend war die Lufthoheit der Alliierten; die meisten Radarsysteme und Kommunikationszentralen waren zerbombt. »Der Feind«, so drückte es Schwarzkopf auf jener Pressekonferenz aus, »konnte nichts mehr sehen. Die Irakis wußten nicht mehr, was vor ihren Linien und um sie herum geschah.« Und dann »Hail Mary!« – der weite Wurf des Quarterback auf den westlichen Flügel. Acht Divisionen – Amerikaner, Briten und Franzosen – schwärmten 200 Meilen in die Wüste aus. Dazu Tausende und Tausende von Tonnen an Nachschub: Verpflegung, Wasser, Treibstoff, Munition.

Die Alliierten waren nur 150 Meilen südlich von Bagdad, und später sollte eine Diskussion darüber entbrennen, warum sie nicht weiter nach Norden zogen, um den Mann zu stürzen, der die Seele dieses Krieges war. Es wurden völkerrechtliche Motive genannt und allerlei moralische Bedenken. Der entscheidende Grund wird wohl gewesen sein, daß die Allianz, die angetreten war, Kuwait zu befreien, in Bagdad vor den Ruinen gestanden hätte, und niemand hätte gewußt, wo dieser Saddam Hussein denn nun eigentlich sei. Die Amerikaner erinnerten sich nur zu gut, wie leicht es gewesen war, das kleine Ländchen Panama zu besetzen, und wie schwer, in einer chaotischen, fremden Welt den Diktator aufzuspüren.

*D*och zurück zum »Heil Dir, Maria!«, zu den Gebeten eines amerikanischen Generals, irgend etwas in letzter Minute könne seinen Plan, seine Kriegsstrategie durcheinanderbringen; zu seinen Ängsten an jedem Morgen, die Armee Saddam Husseins könnte plötzlich doch noch ihre starren Positionen aufgeben und die Flanke im Westen absichern. Allerdings, die Chancen, dies mit Erfolg zu tun, wurden nach jedem Tag der alliierten Bombenflüge immer geringer. Und doch: In den Gebeten eines Generals muß es außer Saddam Hussein noch einen zweiten Gegner gegeben haben – einen, dem man nicht traute, vor dem man sich schützte. Im Hauptquartier in Saudi-Arabien quälte den Oberkommandierenden Schwarzkopf die schreckliche Vision, irgend jemand im eigenen Lager könnte zu den eigenen Journalisten über »Heil Dir, Maria!« plaudern und so die Irakis warnen. Denn eines war klar: Bei dem massiven Aufgebot, mit dem allein die amerikanischen Fernsehsender in den Krieg gezogen waren, bei dem überaus harten Wettbewerb und dem gewaltigen Interesse in der Heimat mochte man auf irgendeine journalistische Ethik nicht bauen. Und jegliche Zurückhaltung aus einem übergeordneten Motiv hat mit einem starken amerikanischen Verfassungsgrundsatz zu ringen: dem Recht der Öffentlichkeit, informiert zu werden, »the right of the public to know . . .« Man kann uns Journalisten – allen – den Vorwurf ja wohl auch nicht machen, wir hätten in diesem Krieg zu viele Informationen unterdrückt. Keiner war scheu und zögerlich und hat sein Wissen oder auch nur sein Halbwissen zurückgehalten. Aber viele haben erheblich mehr gesagt, als sie selbst wirklich wußten.

So war ein wesentlicher Teil der alliierten Strategie gegen die eigenen Journalisten gerichtet. Immer wieder fütterte man sie mit Hinweisen auf alliierte Manöver zur See, auf Landemanöver mit so theatralischen Namen wie »Drohender Donner«. Und dieser Donner rollte dann durch die Schlagzeilen und über die Fernsehschirme. Er rollte vor allem live in den Weltraum und von dort über die Satelliten von CNN in alle Winkel der Erde, um unter anderem den Zuschauer Saddam Hussein in irgendeinem Bunker im Irak in seinem Glauben zu bestärken, der Angriff seiner Feinde werde von See her kommen. Oder aus Richtung Süden. Die Wirklichkeit, so wurde einem Diktator über den Fernsehschirm des Feindes vorgegaukelt, formt sich nach Deinem starken Willen! An der Westfront jedenfalls donnerte es nie. Und Journalisten, die sich auf eigene Faust in jenen Teil der Wüste aufmachten, wurden von ihren Bewachern rüde zurechtgestoßen. Ein amerikanischer Oberst aus dem Pentagon ging sogar so weit, den saudischen Behörden eine Liste amerikanischer Journalisten zuzustecken, die in Sperrgebieten angetroffen wurden. Und die Empfehlung des Colonel William Mulvery an die Saudis war, »ein paar Aufenthaltsvisa zu widerrufen, damit die Journalistenzunft die Lage begreift«.

Am Ende war die ganze Vorsicht oder Hysterie noch nicht einmal von kriegsentscheidender Bedeutung. Saddam Hussein glaubte ohnehin nur an die eigene Genialität. Der Angriff der Alliierten kam von Süden und Westen. Und die irakischen Soldaten waren inzwischen mürbe gebombt und demoralisiert. Sie waren hungrig und unausgeschlafen. Eines der größten Probleme der Alliierten gleich nach Beginn des Bodenkrieges war es, die Flut von 65 000 Kriegsgefangenen in geordnete Bahnen zu lenken, sie zu entwaffnen und zu versorgen. Nach hundert Stunden war der Bodenkrieg vorbei. Wenn es je in der Geschichte eine Rangordnung für Feldherrn gab, die feige aus sicheren Bunkern heraus ihre Soldaten in aussichtslose Schlachten schickten, dann qualifizierte sich Saddam Hussein mit dieser Schlacht um Kuwait für einen der vorderen Plätze. Vielleicht, daß Adolf Hitler aus Anlaß der Schlacht um Stalingrad den Befehl zu ähnlich sinnlosem Sterben gab. Der Vergleich zwischen den beiden wurde ja zur Genüge strapaziert. Doch was sie nun einmal auf eine erschreckende Weise verbindet, ist der totale Verlust von Realität, der Abbruch jeglichen Dialogs mit der Außenwelt, der Gedankenaustausch nur noch mit sich selbst und selbstgeformten höheren Mächten. Und eine hochentwickelte Nachrichtentechnik hat nichts dazu beitragen können, Licht in die Bunker und in die Köpfe von Diktatoren zu strahlen.

Vier Monate nach dem Krieg kam es in Washington zu einem rührenden Ritual. Die Verleger der großen amerikanischen Zeitungen und die Generaldirektoren der Rundfunk- und Fernsehgesellschaften schrieben dem Verteidigungsminister der USA einen Brief. Sie verurteilten darin »den Versuch«, die Presse zur Desinformation der Irakis benutzt zu haben. Hier wurde vor allem der unlautere Trick gerügt, Pläne für eine bevorstehende amphibische Landung vor der Küste von Kuwait in Umlauf zu bringen, um von der Heil-Dir-Maria-Taktik abzulenken. Der Pressesprecher des Pentagon, Pete Williams, hat denn auch artig versprochen, die Beschwerden der Nachrichtenzunft gründlich zu studieren und daraus für die Zukunft zu lernen. »Es wäre falsch, wenn der Eindruck entstünde«, sagte er, »daß wir nun auf ewig und immer so vorgehen werden, wie wir es im Krieg am Persischen Golf getan haben!«

Der Satz läßt beinahe vermuten, die USA hätten noch vor, auf immer und ewig neue Kriege zu führen. Wenn aber der nächste Krieg kommt – wer weiß, wann, wer weiß, wo –, dann sollten wir Journalisten nicht allzu treuherzig auf die noblen Vorsätze der Militärs vertrauen. Sie werden auch beim nächsten Mal wieder siegen wollen. Und die, deren Aufgabe es ist zu informieren, werden möglicherweise aus dem Krieg am Golf gelernt haben, mit größerer Nüchternheit auseinanderzuhalten, was sie wissen und was nur Gerücht ist oder Spekulation. Durch die Entwicklung der Technologie sind die Nachrichten schneller geworden. Aber – um einmal dieses seltsame Wort zu gebrauchen – »wahrer« wurden sie dadurch nicht. Und wer sich berauschen läßt von seinen technischen Möglichkeiten und von der eigenen Unfehlbarkeit, dem ergeht es wie Saddam Hussein. Es ist ein unsentimentales Gewerbe, man muß mit Journalisten kein Mitleid haben.

Videospiele und Psychogramme

Bestimmte Impressionen dieses Krieges – Bilder, Eindrücke, »Images« und erschreckende Symbole – sind in der Seele der Menschheit haften geblieben und werden noch auf absehbare Zeit die Phantasie bewegen. Und eine dieser faszinierenden, schrecklichen Visionen unserer Zeit sind die Bildsignale, die von der elektronischen Kamera auf einer ins Ziel schießenden Bombe zurück ins Cockpit des Flugzeugs gesendet werden. Von dort gleich weiter über Satelliten in die Fernsehnetze der Welt ist es dann nur noch ein Schritt, der technisch durchaus zu bewältigen wäre. Die Kabelsender in den USA haben ja schon vor Gericht um das Recht geklagt, Hinrichtungen direkt übertragen zu dürfen. Warum also nicht auch dies? So könnte dann durch den Weltraum in die USA und von dort zurück durch den Weltraum wieder zum Kriegsschauplatz ein elektronischer Impuls auf dem Bildschirm erscheinen, und jene, die demnächst getroffen werden, erkennen die Umrisse eines Gebäudes wieder und rufen: »Sieh mal, das sind wir!«

Die Raketenangriffe auf Israel und auf die Städte in Saudi-Arabien, die die Zuschauer in aller Welt »live« – in dem Augenblick, in dem die Rakete am Himmel aufglüht – in der ersten Reihe miterleben durften, waren ja schon ein

Vorgeschmack des Schreckens der Zukunft. Ein Luftalarm in Tel Aviv war in New York wie in Hamburg oder Paris ein unmittelbares, bedrohliches Ereignis. Natürlich: Zunächst einmal war das Leben dort in Gefahr, wo die Kameras standen, und vor den Fernsehschirmen in Israel. Aber die Schauplätze wechselten so atemberaubend schnell, daß sich überall die Maßstäbe verwischten, Betroffener oder Zuschauer zu sein oder beides.

Die »Videospiele« der Elektronik ließen die Menschheit in eine Zukunft schauen, die eigentlich auf die ganz große Apokalypse programmiert gewesen ist. Die Geräte standen schon lange in den Arsenalen und warteten auf einen anderen Krieg. Was immer Saddam Hussein alles falsch kalkulierte – so übertrieben intelligent kann seine Strategie schon deshalb nicht gewesen sein, weil er sich ausgerechnet in dem Augenblick mit einer Großmacht überwarf, als dieser ein ebenbürtiger Feind, ein Großmachtgegner, abhanden gekommen war. Da lagen die »smarten« Bomben und Raketen, da wurden die Überschall- und Tarnkappenflugzeuge aus den Hallen gerollt, für die der amerikanische Steuerzahler Milliarden ausgegeben hatte – nicht, um gegen ein Land der Dritten Welt wie den Irak gerüstet zu sein, sondern gegen die Waffenarsenale des sowjetischen Imperiums. So vieles an Schrecklichem war erfunden und noch nie in der Öffentlichkeit vorgeführt worden! »Einiges von dem, was wir haben, wird ihn verblüffen«, hatten die Generale in Washington dem irakischen Diktator prophezeit. Und es verblüffte nicht nur Saddam Hussein, es erschreckte uns alle.

»Da, achten Sie mal auf die Vordertür . . .«, hatte ein amerikanischer General den Journalisten in Riad und der live zugeschalteten Welt erklärt: »Wenn die Bombe gleich explodiert, dann fliegen die Splitter nach außen!« Man sah auf einem Monitor ein modernes Glas- und Betongebäude; einen nüchternen, lieblosen, praktischen Bau wie ein Hotel, eine Behörde oder eine Fernsehanstalt. Und die 900 Kilo schwere Bombe, abgeworfen von einem »Stealth«-, einem Tarnkappenbomber, war darauf programmiert, nicht durch das Dach oder die Wand einzuschlagen, sondern durch die Lüftungsschächte den Weg ins Innere zu suchen. Und als die Sprengstoffladung schließlich explodierte, kam für die Menschen in jenem Bau der tödliche Druck nicht von außen, sondern aus dem Inneren des Hauses. Und deshalb – wie das Video klar demonstrierte – flogen die Splitter aus Fenstern und Türen nach außen.

»Man wird luftkrank nur vom Zuschauen . . .«, hatte der General scherzend vermerkt. Und immer wieder zählte er seinem Publikum die Einschläge vor: »Erste Bombe, zweite Bombe . . .« Mal waren es Bunker, in denen das irakische Militär seine Scud-Raketen verbergen wollte, mal Brücken, mal eine Telephon- und Kommunikationszentrale, mal das Hauptquartier der Luftwaffe des Irak. Die Silhouette der Städte, die Flüsse, Felder und Wüsten waren in die Computer der tödlichen Waffen eingegeben, und die Raketen und Bomben suchten sich ihre Ziele nicht nach grob geschätzter Distanz zwischen Abschuß- und Einschlagstelle. Die Zerstörung war nicht dem Zufall überlassen und nicht der Zielkunst des Piloten. Die »smarte«, die pfiffig-gewitzte Rakete oder Bombe suchte sich den Spalt in der Tür, den Ventilator oder die Dehnungslücke zwischen zwei Geschossen als die Schwachstelle der Konstruktion und bohrte sich mit unbeirrbarer, »klinischer« Präzision in jenes Objekt, dessen Umrisse und Koordinaten sich mit den Daten im Zielcomputer deckten.

Und schließlich war da ein Bunker im Programm, in dem Frauen und Kinder Schutz gegen die Bomben gesucht hatten. Das irakische Volk war ja Krieg gewohnt, und die Bomben und Raketen des früheren Feindes Iran waren immer wild gestreut und unberechenbar vom Himmel gefallen. Das Tragische, das erschreckend Perfekte an dieser Katastrophe war, daß die Menschen in jeder Hütte und jedem Zelt sicherer gewesen wären als in dem markanten und nach den Maßstäben früherer Erfahrung so besonders schützenden Betonklotz.

Später sollte eine Debatte darüber entbrennen, ob die Amerikaner den Bunker bombardierten, um absichtsvoll Zivilisten zu töten. Oder ob das irakische Militär den technologischen Vorsprung des Gegners inzwischen so klar erkannt hatte und für Propagandazwecke nutzen wollte, daß man Zivilisten in einen Bunker lockte, um sie als Märtyrer zu opfern und anklagend der internationalen Presse vorzuführen. Tarnfarben, die früher ein Schutz gewesen sein mochten, ziehen im modernen Krieg das feindliche Feuer erst richtig an. Das Auge des Piloten kann man täuschen, Infrarot und Laser nicht. Ein Sprecher des Pentagon warf der Führung des Irak später vor, sie habe der Aufklärung des Feindes absichtsvoll Signale gesetzt: »Seht her, dies ist ein militärisches Ziel!«

Die Elektronik hat in diesem Krieg nicht nur das Töten, sondern auch das menschliche Denken in neue, kältere Dimensionen gestoßen. Und die Medien waren in diesem perversen Public-Relations-Duell die ehrgeizigen und hilflosen Statisten. Jede Seite zeigte den Kameras und den gegängelten Chronisten nur das, was in ihren Strategien ein nützliches »Image«, eine hilfreiche Propaganda sein könnte. Die Alliierten meldeten die Vernichtung militärischer Ziele, die Irakis führten den Kameras immer nur Zivilisten als Opfer vor. Und das erlaubte allen, die von diesem Krieg feste Vorstellungen hatten, nur das zur Kenntnis zu nehmen und bestätigt zu finden, was sich mit ihren vorgeformten Urteilen deckte.

Eine der besonders schwierigen Aufgaben für den Amerika-Korrespondenten in diesen Tagen war es, einem deutschen Publikum die Reaktion »der Amerikaner« zu vermitteln. Die Ergebnisse der Meinungsumfragen lagen ja überall vor: Eine zunächst knappe, dann wachsende und schließlich ungewöhnlich große Mehrheit stützte den Kurs des Präsidenten. In Krisenzeiten scharen sich Amerikaner immer um den Mann im Weißen Haus – jedenfalls zu Beginn der Krise.

Es stellte sich ziemlich früh heraus, daß Präsident Bush für sein weiteres Vorgehen einen ziemlich breiten Konsens der Weltgemeinde suchte. Aber es war auch klar, daß er mit jedem Telephongespräch und mit jedem Vorstoß bei den Vereinten Nationen den Rahmen des Handelns immer enger steckte. Er gab Raum auf der Suche nach friedlichen, diplomatischen Lösungen, drängte aber gleichzeitig auf Termine, bis zu denen die Ziele der Diplomatie erreicht sein müßten. Als Grund dafür wurde immer das Wetter genannt, die wiedereinsetzende Hitze im März. Aber man darf sicher auch davon ausgehen, daß der irakische Diktator sich von denen, die westliche Zeitungen lesen, die schwankende Seele Amerikas analysieren ließ und darauf eine Strategie aufbaute: Je länger sich eine Krise hinzieht, desto stärker bröckelt im Lager des Gegners die Moral!

Und so durchlebte die Völkergemeinschaft den in der Geschichte einmaligen Fall, daß sich die Welt bei allen Gebeten und aller Hoffnung auf Vernunft und Frieden eine

Frist und ein Datum setzte, das jedem Politiker mit Kreuzen und Ausrufungszeichen aus seinem Kalender entgegenleuchtete: »Dienstag, 15. Januar, eventuell Krieg!«

Die Fernsehsender bestellten vorsorglich schon ihre Bildleitungen, die Eurovision koordinierte und verteilte die Überspielzeiten von allen theoretisch bedeutsamen Schauplätzen der Krise, es wurden Programmplätze für Sondersendungen »freigeschaufelt«. Der Amerika-Korrespondent machte im Dezember noch eine Woche Urlaub, um für die Zeit danach alle üblichen Projekte und Einladungen abzusagen: »Sehr gerne wäre ich gekommen ... Unter normalen Umständen eine gute Idee ... Aber leider könnte sich Amerika zwischen Januar und April im Krieg befinden!«

Eine Nation, die eigentlich von der drohenden Katastrophe nur am Rande betroffen war, traf die Drohung eines neuen Krieges besonders unvorbereitet: die Deutschen. Gerade hatten sie das Geschenk der Einheit gefeiert, die ersten gesamtdeutschen Wahlen standen an. Der Tanz auf der Mauer und die Ode an die Freude waren um die Welt geklungen. Kühne Denker, die gute wie schlechte Entwicklungen immer gern in großen Zusammenhängen betrachten, prophezeiten nach der Befreiung Osteuropas schon das Ende der Geschichte. Die großen Ideen hätten sich erschöpft, ab jetzt bis zum Ende aller Zeiten nur noch vernünftiges, ganz normales Leben ... Und plötzlich am Horizont der nächste Krieg!

Vielleicht war es eine ganz natürliche Reaktion, die Amerikaner, die ja erkennbar auf eine schnelle Entscheidung drängten, statt die Dinge sich einfach entwickeln zu lassen, als sonderbare Wesen auszumachen – als eine Macht jenseits des Ozeans, die die Stimmung und die Zeichen der Zeit nicht richtig begriff. Ich war nach meinen Londoner Korrespondentenjahren und jenem inzwischen schon fast vergessenen Falklandkrieg auf seelische Komplikationen gefaßt, aber eben doch nur ungenügend vorbereitet. Damals, als die Kriegsflotte der Briten gen Falkland dampfte, hatte eine ratlose Heimat ihre Frage an den Beobachter in London immer wieder so formuliert: »Sind die Briten denn völlig verrückt geworden?« Und nun in Washington wurde ein schlichter Journalist mit Anfragen nach Psychogrammen überhäuft. Wie können die Amerikaner nur so kriegsbegeistert sein? Und: Was für ein Mensch ist eigentlich George Bush? Es kam mir so vor, als wenn Moderatoren täglich dieselben Fragen stellten, nur die Stimmen wurden immer leiser.

Schwer zu sagen, ob es einen Einblick in seine Seele gab: Präsident Bush hat vor dem Krieg und während des Krieges viel Golf gespielt, gefischt und regelmäßig gejoggt. Dabei ließ er sich auch stets bereitwillig photographieren. Und seine Mitarbeiter halfen uns Journalisten, die psychologische Seite aufzuarbeiten: Der Präsident wolle durch einen möglichst normalen Arbeitsalltag und auch durch den Sport und die Entspannung unterstreichen, daß er nicht ein Gefangener der Krise sei. Präsident Carter habe während der Auseinandersetzung mit dem Iran um die amerikanischen Geiseln in Teheran der Welt und den eigenen Landsleuten stets ein zerquältes, ziemlich hilfloses »Führungs-Image« vermittelt – eingemauert im Weißen Haus, selbst eine Geisel des von ihm nicht kontrollierbaren Geschehens.

Die Biographie dieses Präsidenten George Bush wurde noch einmal unter neuen Aspekten gelesen. War er früher – in den Wahlkämpfen – von seinen politischen Gegnern stets als wimmernder Weichling, als artiges, aber verwöhntes Kind aus reichem Elternhaus geschildert worden, als netter Freund bei gutem Wetter in sorglosen Zeiten, so wurden plötzlich all die Werte und Urteile unter ein neues Objektiv des politischen Mikroskops gelegt. Und die Betrachter sahen plötzlich in der heilen Welt des George Bush bestimmte harte, klare Linien, die sie vorher nicht beachtet oder falsch gedeutet hatten.

Es ist gewiß nicht als Lob gemeint, von einem Politiker zu sagen: »Er bezieht seine inneren Werte aus Meinungsumfragen und den Abendnachrichten im Fernsehen!« Von George Bush haben das auch seine Gegner nie behauptet. Der Vorwurf war eher, daß die Erziehung und das Wertesystem des Zöglings aus dem reichen Neuengland keine Qualifikation, keine äußere wie innere Abhärtung seien, um ein so großes, vielschichtiges und sozial rauhes Land wie die USA zu führen.

Eine Jugend wurde wieder aufgerollt: Geborgenheit in einer großen Familie, Bescheidenheit gepaart mit Selbstvertrauen, Ehrlichkeit, Fairneß und Disziplin, Kirche und Sport. Der Vater, Prescott Bush, war Partner eines großen New Yorker Finanzanlage-Unternehmens, wurde später Senator und Präsident des Amerikanischen Golfverbands. Die Erziehung und Karriere seines Sohnes war also ein völlig anderer Lebenslauf als der des Vorgängers im Präsidentenamt, Ronald Reagan. Nicht Kampf ums Überleben, Cowboy oder Hollywood – eher englische Elite als ungestümes Amerika.

Jeden Sonntag geht die Familie Bush in die Kirche. Die »St. Ann's Episcopal Church« im kleinen Städtchen Kennebunkport in Maine, wo sie Jahr für Jahr den Sommer verbringt, ist von den Vorfahren vor hundert Jahren gestiftet worden. Um 10 Uhr beginnt der Gottesdienst, um 10.40 ist er beendet. Der Schwerpunkt liegt auf Gesang und Liturgie: »Kein kompliziertes Ringen mit schwierigen theologischen Fragen!«, wie der Reverend Laman Bruner seine Predigt beschreibt. Gut und Böse sind klar voneinander zu scheiden. Und – das erschien während des Krieges in den überarbeiteten Psychogrammen eines plötzlich doch nicht so »weichen« Präsidenten ziemlich wichtig: Gott verlangt nach dem Glauben dieser neuenglischen Elite, daß der Mensch das Richtige tut. Und nicht, daß er nur die Konsequenzen verschiedener Möglichkeiten gegeneinander abwägt und so seine Entscheidung trifft.

Bevor er den Befehl zum Luftkrieg gab, hatte der Präsident lange mit zwei Pastoren telefoniert. Der eine hat – aus theologischer Sicht – Verständnis für harte Entscheidungen gezeigt, der andere war mit Leidenschaft dagegen. Und als er in einer Ansprache an die Nation den Beginn des Krieges verkündet hatte und vor dem Weißen Haus die Protestchöre der Demonstranten aufzogen, verbrachte George Bush den Rest des Abends in seinen Privatgemächern im Gespräch mit dem Fernsehprediger Billy Graham.

Bush selbst hat übrigens die Schrecken des Krieges erlebt, und zwar im September 1944, als sich der japanische Vorstoß gegen die USA mehr und mehr auf die japanischen Inselketten zurückzog und der Krieg immer grausamer und verlustreicher wurde. Bei einem Bombenangriff auf die Bonin-Insel Chichi Jima war sein »Avenger Torpedo«-Bomber in Brand geschossen worden. Der Turmschütze und der Funker des Flugzeugs haben den Absturz nicht überlebt. Nur George Bush, der Pilot. Auf dem amerikanischen U-Boot »Finback« hatte jemand eine Filmkamera dabei, als sie den verwundeten Flieger aus dem Wasser fischten. Er soll sich danach noch sehr lange mit der Frage gequält und beschäftigt haben: Warum stirbt der eine in jungen Jahren, und ein anderer überlebt? Es ist so unfair!

Aber waren dies die richtigen Geschichten, einen Mann und seine Unerbittlichkeit zu erklären? Menschen in aller Welt – nicht nur in Deutschland – konnten nun plötzlich seine seelische Ruhe nicht nachvollziehen – zum Beispiel, als er auf der Höhe des Krieges den Reportern plaudernd verriet: »Ich kann gut schlafen!« Viele schliefen eben nicht so gut bei dem Gedanken, daß Saddam Hussein schließlich noch Giftgas in seinen Arsenalen hatte. Dem Diktator in Bagdad traute ja jeder inzwischen jede Verzweiflungstat und jeden Irrsinn zu. Daran haben sich die Geister diesseits und jenseits des Atlantiks nicht geschieden.

Wahrscheinlich ist die historische und die seelische Lage in Deutschland so völlig anders gewesen als in den USA. Die einen nach einer langen Geschichte der Kriege entschlossen, eine bescheidenere Rolle zu spielen. Die anderen seit über hundert Jahren ohne Schlachten auf eigenem Boden. Zwei Weltkriege, auch Korea und Vietnam, waren immer Schrecken in fernen Ländern gewesen. Nie Hunger und nie zerbombte Städte daheim in den USA. Nur Mitleid mit jenen, die es persönlich traf, und manchmal hat es selbst dazu nicht gereicht. Die Soldaten, die geschlagen aus Vietnam wiederkehrten, haben in der Heimat einen kalten Empfang erlebt. Die seelischen Wunden einer Großmacht, die auszog, um die Welt zu retten, und die aus Südostasien gedemütigt wieder abzog, waren auch im Sommer 1990 noch nicht verheilt. Hätte wieder einmal ein Präsident gegen einen exotischen Diktator den Rückzug angetreten, hätte George Bush wohl keine großen Chancen gehabt, im Herbst 1992 für eine zweite Amtszeit gewählt zu werden. Die Angst vor den Überraschungen dieses Krieges war in den USA nicht so groß wie die Entschlossenheit, nicht noch einmal vor einem Fanatiker in die Knie zu gehen. Auch Jimmy Carter war ja ein Präsident gewesen, der sich von christlichen Überzeugungen leiten ließ. Aber der Makel, der ihn schließlich die Präsidentschaft kostete, war: für dieses Amt ein zu guter Mensch zu sein.

Ob »die Deutschen« generell soviel bessere, reifere Menschen sind als »die Amerikaner«, daran habe ich immer meine Zweifel gehabt. Denn im Alltag jener Monate und Wochen – selbst heute nach dem Sieg – sind mir die kriegsverzückten Flaggenschwenker nie begegnet. Sie haben eigentlich meist auf den Fernsehschirm gestarrt wie andere Nationen auch. Nur wenn die Meinungsforscher mit ihren Fragebogen kamen, dann fielen die Statistiken anders aus als fern in meiner Heimat.

Ja, die Siegesparaden waren alle etwas jubilant. Doch ist dabei zu bedenken, daß gerade eine Stadt wie New York sich aus Anlaß einer solchen Straßenparty vor allem selbst begeistert feiert, sich Mut macht nach einem manchmal etwas grauen Alltag und vor der Kulisse einer ungewissen Zukunft.

Wie überhaupt vieles unausgesprochen bleibt nach diesem Sieg. Saddam Hussein wird sicher bald vergessen sein. Auch Kuwait, um dessen Freiheit es ja angeblich ging, wird Amerikas Träume nicht lange bewegen. Doch nach dem Rückzug aus Vietnam und so vielem, was im Iran und im Nahen Osten geschah, war Amerika voller Zweifel an sich selbst und an den eigenen Möglichkeiten. Ein Pessimismus hatte sich auf die Seele gelegt: Wenn wir etwas unternehmen – gerecht oder ungerecht –, das kann ja wohl nicht erfolgreich sein!

Ob der Krieg die Golfregion von einem Monster befreien half oder ob er dort Wunden aufriß, wie das Schicksal der Kurden und Schiiten zeigt, ist zum Zeitpunkt der Siegesparaden noch nicht abschließend zu beantworten. Ein Frieden nach den Bedingungen Saddam Husseins wäre die ideale, unbeschwert-fröhliche Lösung sicher auch nicht gewesen. Nicht für die Nachbarstaaten am Golf, nicht für Israel, nicht für Europa und auch nicht für die Deutschen. Amerika – bei allen dunklen Flecken des Sieges – schaut wieder mit mehr Optimismus auf sich selbst. Ein Selbstvertrauen, das möglicherweise auch auf andere als kriegerische Bereiche ausstrahlt. Auf die Wirtschaft beispielsweise. Und vielleicht stärkt es sogar die Zuversicht, daß es in Zukunft nicht mehr neuer Kriege bedarf, um mit sich selbst im reinen zu sein. Die Wunden von Vietnam beginnen sich zu schließen.

Für George Bush ist die Expedition im Urteil seiner Landsleute auf jeden Fall ein Triumph gewesen. Seine Erfolge in der Innenpolitik sind nicht groß, zum Gesunden der amerikanischen Wirtschaft hat er noch nichts Erkennbares beigetragen. Das Erziehungssystem ist so schlecht, wie er es übernommen hat. Und dennoch ist heute – etwa ein Jahr vor den nächsten Wahlen in den USA – kein Herausforderer in Sicht, der gegen den Sieger am Golf eine Chance hätte.

Die neue Ordnung der Welt

Der Präsident stand im Rosengarten des Weißen Hauses, schaute mit schauspielerischer Verzweiflung zum Himmel und klagte: »Was ist denn bloß los mit dem Monat August?« Ein Jahr zuvor, im August des Jahres 1990, war Saddam Hussein in Kuwait einmarschiert und hatte damit einem amerikanischen Präsidenten gründlich den Sommerurlaub verdorben, nun – im August 1991 – rollten Panzer durch die Straßen von Moskau, und schon wieder hatte George Bush zwischen Golfspiel und Fischen eine außenpolitische Krise durchzustehen.

Die ersten drei Wochen im August 1991 sind ein solches Wechselbad der guten und der schlechten Träume gewesen, wie Amerika und die Welt dies in so gedrängter Form wohl selten erlebt haben. Als der Monat begann, schritten die Familien Bush und Gorbatschow noch Hand in Hand und voller Hoffnung auf eine bessere Welt durch die Räume des Kreml. Weltpolitik schien so einfach wie das herzliche Verhältnis der Bushs und der Gorbatschows zueinander. Da gab es wohl Probleme im wirtschaftlichen Bereich, aber mit gutem Willen und gesundem Menschenverstand sollten sie sich lösen lassen. Man nahm Abschied nach einem prunkvollen Gipfeltreffen, und achtzehn Tage später in jenem August wurde der amerikanische Präsident in seinem Urlaubsort Kennebunkport in Maine um Mitternacht mit der Nachricht geweckt, Michail Gorbatschow sei gestürzt worden. Hatte George Bush zu sehr auf diesen einen Mann gesetzt? Oder hatte er zu wenig getan, um ihm zu helfen? Hätte man den drohenden Sturm nicht voraussahnen können?

Kaum drei Tage später war der Spuk vorbei. George Bushs zunächst etwas schwankende, dann jedoch immer fester werdende Haltung hat mit Sicherheit zum Zusammenbrechen der Militär- und KGB-Verschwörung gegen den sowjetischen Präsidenten beigetragen: Keine Zusammenarbeit mit den Putschisten, alle amerikanisch-sowjetischen Wirtschaftsbeziehungen auf Eis! Aber ein anderer, ein Russe, hatte in den Tagen, an denen die Welt den Atem anhielt, geradezu übermenschliche Statur gewonnen. Boris Jelzin, der Präsident der Russischen Republik, hatte in einem architektonisch bemerkenswert scheußlichen Gebäude aus der Breschnew-Ära, dem sogenannten »Weißen Haus an der Moskwa«, wie eine Heldenfigur aus der Sagenwelt den hochgerüsteten Militärs den Mut genommen, die Feste des Volkes zu stürmen.

Wie die Entwicklung in der Sowjetunion weitergeht, will ich nach dieser Massierung guter und schlechter Träume lieber nicht zu prophezeien suchen. Der Putsch, den Gorbatschow und den die Welt ja immer irgendwann erwartet haben, hat sich abgeregnet wie ein lange ausstehendes Gewitter. Aber: Ob die Zukunft dessen, was wir seit rund sieben Jahrzehnten als Union der Sozialistischen Sowjetrepubliken gekannt haben, von nun an ewiger Sonnenschein ist, muß abgewartet und darf bezweifelt werden. Ein politisches Erdbeben hat das Land und seine Menschen verändert.

Dieses Kapitel »Die neue Ordnung der Welt« war eigentlich schon abgeschlossen, als plötzlich – an jenem 19. August – die Welt eben doch nicht mehr so geordnet war, wie das Weiße Haus in Washington es glauben machen wollte. Ein verzweifelter Autor kramte in seinen Notizen – bereit, alles umzuschreiben, jede Weisheit von gestern zu widerrufen –, da drehte sich die Geschichte schon wieder um 180 Grad. Also doch eine noble Ordnung in der Welt, dem Himmel sei Dank! Die noch tintenfeuchte Analyse aus den ersten Tagen des August wieder raus aus dem Papierkorb! Die zerknitterten Seiten glattgestrichen, zur Überarbeitung und zu neuen Thesen aber fehlte der Mut. Was gewachsen ist in jenen dramatischen Tagen des August, ist das Mißtrauen, die Vorsicht allen politischen Analysen gegenüber – besonders den eigenen.

Was nun also aus dem Papierkorb wieder zum Vorschein kam, waren die Notizen eines Journalisten, der vom 30. Juli bis zum 1. August 1991 den amerikanischen Präsidenten auf der Reise in die Sowjetunion begleitet hatte. Es war ein Besuch gewesen, der immer wieder verschoben worden war. Die Vertragstexte zur Reduzierung der atomaren Langstreckenwaffen wichen in den sowjetischen und den amerikanischen Entwürfen voneinander ab, hatte es immer wieder geheißen, zu 97 Prozent sei man sich ja einig; nur in den restlichen drei Prozent, da fehle es noch an Klarheit. Der Besuchstermin selbst war schließlich zum Politikum geworden. Mit Müh' und Not konnte er noch so in den Terminkalender des amerikanischen Präsidenten eingefügt werden, daß George Bush – wie in jedem August – pünktlich seinen Urlaub in Maine antreten konnte.

Die Erinnerungen an jene drei Tage in Moskau und Kiew erscheinen mir im nachhinein als ein seltsames, ein etwas unwirkliches Erlebnis: halb eine Welt wie daheim und halb altgewohnter bürokratischer Kommunismus. Und von beiden Systemen waren es eher die zweifelhaften Aspekte, die dem hastigen Besucher ins Auge fielen.

Hier nun also meine Notizen von jener Reise vor dem Gewitter:

*D*ie Sterne Amerikas glänzen heute nirgendwo heller als am Puschkin-Platz in Moskau. Weite Teile der Straße sind für den Fahrzeugverkehr gesperrt, Milizionäre sorgen für Ordnung, und durch eine breite Gasse metallener Gitter fließt ruhig der Strom der Russen oder Sowjetbürger ins »Hamburger«-Paradies von McDonald's. Es muß nicht unbedingt der Triumph der amerikanischen Küche sein, der sie so verzückt. Wer schon immer leichten Zugang zu solchen Schnellgerichten hatte, der wird den Heißhunger der Sowjets auf den »Big Mac« möglicherweise nur milde belächeln. Hier ändert sich vieles in atemberaubendem Tempo. Mag sein, daß alles, was den Besucher heute beeindruckt, morgen schon überholt oder selbstverständlich ist.

Im Sommer 1991 war das Wunder vom Puschkin-Platz schon nicht mehr die Tatsache, daß es dort »Hamburger« gab. Das für den einfachen Bürger so Faszinierende an diesem amerikanischen Unternehmen war: Man stellte sich an und bekam eine Ware von gleichbleibender Qualität und konnte in Rubel dafür bezahlen. Fünf Rubel für den »Big Mac«, so wurde mir erzählt. Mich selbst in die Schlange einzureihen, um es zu prüfen, dazu fehlte mir der Elan. Nur soviel hat auch der flüchtige Besucher sofort vom Alltag in Moskau begriffen: Für fünf Rubel gibt es dort sonst so gut wie nichts mehr. McDonald's kommt einem vor wie der letzte Pfeiler eines wahren, noblen Sozialismus. Endlich noch jemand, der sich um das Wohl der Massen sorgt! Alles andere rundherum ist Ratlosigkeit, sind leere Regale, Wucher und Schieberei.

Die Taxifahrer reagieren geradezu beleidigt, wenn man ihnen ihre eigene Währung als Bezahlung anbietet: »Rubel, das ist Papier!« Und die Preise in Dollar für alles mögliche im Moskauer Alltag ziehen langsam und beständig an. Man bekommt erstaunlich viel in der Hauptstadt der Sowjetunion. Selbst Eiscreme – eingeflogen aus den USA – und frischgezapftes »Jever«-Bier und Lego-Steine. Aber nur gegen Valuta, gegen »harte« Währung. Wie soll der einfache Russe an Dollar, Pfund, Yen oder D-Mark kommen?

Das Problem – so, wie die Kollegen unseres Moskauer Studios es mir beschrieben – ist, daß es wohl schon die Kaste der Pfiffigen und Wendigen, der cleveren Geschäftemacher, Makler und ersten Millionäre gibt. Doch jeder, der sein Geld mit ganz gewöhnlicher Arbeit verdient, wird bezahlt, als sei der Sozialismus noch intakt – als bekäme er für die frischgedruckten Rubelscheine noch billiges Brot und Fleisch. Die Sowjets verdienen wie bisher, aber das Geld, das man ihnen als Lohn in die Hand drückt, ist nichts mehr wert.

Nur, was hat Amerika damit zu tun? George Bush hielt auf jener Reise eine Ansprache vor 120 sowjetischen Unternehmern. »Risiko«, so erklärte er ihnen, »ist der Schlüssel für den zukünftigen Wohlstand der Sowjetunion!« Er hat wenigstens nicht mehr – wie noch drei Jahre zuvor sein Vorgänger Ronald Reagan – den Sowjets den Bankräuber Butch Cassidy als Vorbild anempfohlen. Aber die hohe Schule des Risikos in den USA ist es nun einmal, Verluste möglichst auf fremde Schultern zu verlagern.

Eine Geschichte am Rande dieses Staatsbesuchs: Wie bei

allen Auslandsreisen amerikanischer Präsidenten parkte auch diesmal neben der Präsidentenmaschine »Airforce One« ein Jumbo der »Pan Am«. Diese Fluggesellschaft hat bisher stets die Maschine für uns Journalisten gestellt. Das traditionsreiche, wohl bekannteste Flugunternehmen war stolz darauf, den jeweiligen Präsidenten auf seinen Auslandsreisen begleiten zu dürfen. Diesmal war die Stimmung in dem schon etwas heruntergekommenen Jumbo trauriger als sonst. Das Flugpersonal und das »White House Press Corps« feierten Abschied. Es wird wohl die letzte größere Reise der Gesellschaft im Troß des Präsidenten gewesen sein. Denn »Pan Am« hatte Konkurs angemeldet.

Die Seuche, von der das Unternehmen betroffen wurde, ist eine typisch amerikanische Krankheit. Es hat im Flugverkehr der USA unter dem Motto »Weniger Regulierung!« einen gnadenlosen Wettbewerb gegeben, dem viele Luftfahrtgesellschaften zum Opfer fielen. Fluggesellschaften haben Hotelketten aufgekauft und wieder abgestoßen, wurden selbst aufgekauft, oft in windigen Manövern; die Aktien wurden an den Börsen nach oben und nach unten manipuliert. Der Service wurde schäbiger und schlechter. Die Sicherheit des Fliegens wurde zum lästigen Faktor auf der Jagd nach dem schnellen Geld. Angesichts dieser Entwicklung ist der sowjetischen Wirtschaft nur zu wünschen, daß sie nicht auf direktem Wege aus der Herrschaft der Bürokraten in die Hand der Glücksspieler übergeht ...

Was hat man im Kreml vor? Das Rezept für die Überführung eines so riesigen Reiches vom bisherigen System zum Gegenteil erklären einem Russen mit folgendem Witz: »Gorbatschows Vorbild ist Großbritannien. Auf sowjetischen Straßen werden die Vorfahrtsregeln geändert: Es wird

nicht mehr auf der rechten Straßenseite gefahren, sondern links. Aber da Gorbatschow ein vorsichtiger Mann ist, übereilt er nichts. Die Umstellung soll in Stufen geschehen. Alle Autos fahren vorerst rechts wie bisher, nur die schweren Laster wechseln ab sofort auf die linke Seite der Straße . . .«
Boris Jelzins Radikalität macht da mehr Sinn.

Das sowjetische Öl könnte das Unterpfand einer neuen Liebe sein. Man hört die ersten Experten schwärmen: Sibirien könnte aufgrund seiner Ölvorkommen dem arabischen Raum den Rang ablaufen. Amerikanische Ölkonzerne und sowjetische Kombinate haben bereits Kontakte aufgenommen, die ersten Amerikaner bohren schon in Sibirien. Hotels und technologische Betriebe kooperieren. Es liegt im Interesse auch des Westens, die sowjetische Waffenindustrie auf nicht-kriegerische Produkte umzustellen. Aber generell scheint sich da eine Zusammenarbeit anzubahnen, bei der der Westen das Kapital, die Technologie und die Experten einbringt und die Sowjetunion die Rohstoffe. Für die vielen Menschen des riesigen Landes ist es schwer, in der neuen Welt der Marktwirtschaft eine sinnvolle Rolle zu finden. Deutschen in Ost und West ist dieses Phänomen ja nicht unbekannt.

Das Problem der Nationalitäten und Republiken macht den Amerikanern die neue Partnerschaft nicht leichter. Mit wem sollen sie verhandeln, mit wem langfristige Verträge schließen?

Es war ein seltsames Erlebnis, den amerikanischen Präsidenten bei jenem Besuch in der Sowjetunion vor dem Parlament der Ukraine zu beobachten. Seine Gastgeber forderten die Souveränität dieser heute noch sowjetischen Republik. Auf den Straßen standen die Menschen dicht gedrängt und riefen in Sprechchören nach Freiheit von

Moskau. Der Ukrainer Leonid Kraftschuck zitierte dem amerikanischen Gast zu Ehren Thomas Jefferson: »Alle Menschen, von ihrem Schöpfer mit unbestreitbaren, unabänderlichen Rechten ausgestattet ... darunter das Leben, die Freiheit, das Streben nach Glück.« Doch statt nun gerührt zu sein, daß Amerikas Ideale auch in der Ukraine so hoch in Ehren stehen, mahnte George Bush, doch nichts zu überstürzen. Die Überlebensfähigkeit der einzelnen Republiken müsse wohl bedacht sein.

Der manchmal sehr vorsichtige Präsident hat auch schon das Argument in die Debatte eingebracht, daß ja schließlich auch die USA ein Bund von Staaten seien, die gelernt hätten, miteinander auszukommen. Nicht besonders hervorgehoben wurde dabei, daß ein Krieg vor 130 Jahren, der diesen Zusammenhalt von Nord und Süd mit Gewalt erzwang, das größte Blutbad war, das die Vereinigten Staaten von Amerika je erlebten.

Einen besonders großen Schritt in Richtung auf eine bessere Welt haben die beiden Großmächte und Feinde von einst auf dem Gebiet der Abrüstung zurückgelegt. Auch George Bush – wie vor ihm Ronald Reagan – unterzeichnete mit Michail Gorbatschow einen Vertrag. Man kann ihn wie ein halb volles oder wie ein halb leeres Glas betrachten. Ist jenes Drittel der besonders schrecklichen, weitreichenden Atomwaffen hervorzuheben, die nun zerstört werden sollen? Oder ist das Entscheidende, daß auf beiden Seiten mindestens doppelt so viele Waffen vorerst bleiben?

Für mich war es der siebente »Abrüstungs-Gipfel«, zu dem ich als Journalist gepilgert war. Ich erinnere mich an einen weniger erfolgreichen Anlauf in Moskau. Das war 1974. Richard Nixon war damals Präsident der USA, und der

Zerfall seiner Autorität durch den Watergate-Skandal hatte bereits seine außenpolitische Handlungsfähigkeit erschüttert. Leonid Breschnew saß am anderen Ende des Tisches. Und auf einer Pressekonferenz zum Abschluß jenes Gipfeltreffens mahnte der damalige US-Außenminister Henry Kissinger, wenn es nicht spätestens in fünf Jahren gelinge, einen Einstieg in die Abrüstung zu finden, würden sich in Ost und West so viele Atomwaffen anhäufen, daß kein Politiker und kein General mehr intellektuell in der Lage wäre, noch einen Weg zu finden, wie man diese tödlichen Arsenale je entwirren und verringern könne.

Es sollte fast dreimal fünf Jahre dauern, bis der Durchbruch kam. Und während noch vor drei oder vier Jahren die Raketenzähler mit besorgten Mienen vor allen möglichen Ungleichgewichten warnten, hat diese Zunft inzwischen ihr Publikum verloren. War es früher die Abrüstung, die wie eine Lokomotive die Wagen der besseren Beziehungen, des Vertrauens und schließlich der Partnerschaft zog, so haben heute die nicht-militärischen Bereiche den Platz an der Spitze eingenommen und ziehen die Abrüstung hinterher. Auf beiden Seiten werden es Politiker und Militärs immer schwerer haben, die Menschen davon zu überzeugen, daß man für den Frieden und die Stabilität auf dieser Welt auch nur eine einzige dieser schrecklichen Waffen braucht.

Es bleibt zu hoffen, daß diese Entkrampfung zwischen den Großen auch kleinere und mittlere Feindschaften auf der Welt – die sogenannten regionalen Konflikte – langsam trockenlegt. Mag sein, daß dies der Weg zu mehr Frieden ist.

Was genau die neue Weltordnung ist, die der amerikanische Präsident seinen Landsleuten und der ganzen Menschheit in Aussicht stellt, das hat der Welt noch keiner klar beschrieben. Kritiker haben die Vokabel so übersetzt, daß nun nach dem Ausscheiden der Sowjetunion als Groß- und Weltmacht die Amerikaner den Wunsch anmelden, die einzige Führungsnation dieses Planeten zu sein. Eine solche Interpretation geht möglicherweise an den Träumen der Amerikaner weit vorbei. Nach einer Meinungsumfrage in den Monaten nach dem Sieg am Golf sagten acht von zehn befragten Amerikanern, ihr Land werde sich eine solche Rolle wirtschaftlich nicht mehr leisten können.

Der Vorwurf, der dem Sieger George Bush im eigenen Lande heute entgegenklingt, ist immer wieder der: Seine Interessen seien viel zu stark nach außen, auf die Welt gerichtet. Es werde Zeit, daß sich Amerika und sein Präsident endlich um die Zustände im eigenen Land kümmerten. Die Faszination der Amerikaner vom Rest der Welt ist ja immer schon arg begrenzt gewesen. Der Wunsch, Führer zu sein, und der Wunsch, sich aus der Weltarena zurückzuziehen, lagen immer sehr dicht beieinander. Und die früher so oft gehörte Theorie, außenpolitische Abenteuer seien für die USA das Mittel, die Märkte der Wirtschaft zu erobern und abzusichern, ist heute ein etwas hohler Slogan. Die große Herausforderung der USA wird es ja in Zukunft sein, nicht auf militärischem, sondern auf wirtschaftlichem Gebiet einen der oberen Plätze zu halten. Wessen Märkte auf lange Sicht am Golf gesichert wurden, das muß sich erst erweisen.

Der Militärhaushalt wurde schon vor dem Krieg gegen Saddam Hussein kräftig gekürzt. Und als die Helden vom Golf in die Heimat zurückkehrten, begann das Streichungsprogramm für amerikanische Garnisonen im In- und Ausland erst richtig. Die Verteidigung der USA ist nun nicht mehr auf den ganz großen Feind zugeschnitten, sondern auf eine abgestufte Skala kleinerer Übel. Ein Wiederaufflammen des Konflikts am Golf und ein Angriff Nord-Koreas gegen die Koreaner im Süden gehören dabei schon zu den »Major Regional Contingencies«, zu den Eventualitäten der höchsten Verwicklungsstufe.

Die übrigen Krisen sind entweder sehr schwer abzuschätzen oder ziemlich unwahrscheinlich. Der Kubaner Castro ist eigentlich noch der einzige Feind, der den USA aus »alten Zeiten« geblieben ist. Aber die Wahrscheinlichkeit, daß das isolierte Kuba irgendwelche Abenteuer gegen den übermächtigen Nachbarn im Norden wagt, ist nicht sehr hoch. Da könnte schon eher auf amerikanischer Seite die Verlokkung größer sein, ein fast vierzig Jahre altes Kapitel endlich abzuschließen. Früher, so verglich Außenminister James Baker einmal die Ära während des Kalten Krieges mit der Zeit danach, mußten die USA bei jedem strafenden »Klaps« gegen einen lokalen Störenfried – wie zum Beispiel den Libyer Ghaddafi – in ihre Strategie mit einbeziehen, wie wohl die Sowjetunion aus dem Konflikt herausgehalten werden könne. Das sei heute anders. So gesehen sind für die einzig verbleibende Großmacht heute Kriege wieder führbar und möglich geworden. Doch wäre es schon eine merkwürdige Neuordnung der Welt, wollte Amerika nun seine Armee darauf zuschneidern, selbst wieder »prächtige, kleine Kriege« zu führen.

Einen oberen Rang in der Krisenkalkulation der USA nimmt immer noch der Nahe Osten ein. Eine Gegend voller ungelöster Konflikte und antiamerikanischer Emotionen. Doch nach dem, was Saddam Hussein geschah, ist die Verlockung auch der radikalen Regime und Splittergruppen nicht mehr so groß, Amerika herauszufordern. Im Iran zum Beispiel wächst quer durch die politischen und religiösen

Fraktionen der Wunsch, den Teufel von einst nicht mehr allzusehr zu reizen.

Es folgt die Rubrik »Instabilität«, die jene Staaten auflistet, die von internen Nationalitätenkonflikten erschüttert werden und vom Auseinanderbrechen bedroht sind. Jugoslawien gehört in diese Rubrik. Und immer noch als bedrohlichste aller Möglichkeiten Chaos in der Sowjetunion.

Mehr und mehr nimmt das Militär der letzten Großmacht USA die Rolle einer weltweit einsetzbaren »Feuerwehr« ein – einer geschrumpften, aber durch ihre modernen Waffen schlagkräftigen Expeditionstruppe, die schnell über weite Strecken an ihren Einsatzort zu fliegen wäre. Die Krise selbst kann Geiselnahme oder Drogenhandel sein. Mag sein, der Gegner ist ein Staat, vielleicht ist er auch nur ein Ring von Gangstern. Eine besonders makabre Möglichkeit wäre, daß sich irgendein Diktator eine Atomwaffe bastelt oder sich eine solche Bombe aus dem Nachlaß einer sich auflösenden Nuklearmacht beschafft, um seine Nachbarn oder gleich die ganze Menschheit zu erpressen. Jede Verrücktheit steht auf dem Alarmplan dieser neuen Welt, wie wir sie spätestens seit James Bond mit soviel Vergnügen im Kino und auf den Fernsehschirmen sehen. Eins der Probleme auch nach dem Ende des Ost-West-Konflikts ist es geblieben, daß sich die Technologie der Zerstörung so stürmisch weiterentwickelt und sich das menschliche Denken in vielen Krisenregionen nur langsam über das Niveau von James Bond empor bewegt.

Wenn Sie diese Zeilen lesen, wissen wir schon etwas mehr, wie die Welt sich zwischen Gut und Böse entwickelt. Aber wie das Abenteuer der Sowjetunion endet, werden wir wohl erst in ferner Zukunft erfahren. Die wirtschaftliche Umstellung dieses Imperiums von einst ist eine unvorstellbar gewaltige Aufgabe, und einfache Lösungen gibt es nicht. Vielleicht war das Happy End der Krise vom August so etwas wie der Abschluß des zweiten Aktes, und jede Spekulation, jeder weitere stürmische Gedanke heute kann schon morgen Unsinn sein. Mein Papierkorb schaut mich erwartungsvoll an.

Kennzeichnend für jene Tage, als plötzlich Panzer durch die Straßen von Moskau rollten, war dies: An den Börsen von Frankfurt bis Tokio stürzten die Kurse, und der Wert des amerikanischen Dollar im Vergleich zu allen anderen Währungen stieg. Der Dollar steigt immer, wenn es Kriege und Krisen gibt, wenn die Welt in Angst und Sorge ist. Dahinter steckt ein Ur-Vertrauen in die ja sonst von so vielen Krankheiten geplagte Wirtschaft der USA. Vielleicht ist es Illusion, ganz sicher ist es unseriös. Doch es spukt eine nie klar begründete, eine fixe Idee in den Köpfen der Menschheit – beim Fachmann wie beim Laien ein Instinkt: Selbst wenn die Welt irgendwann doch untergehen sollte, dann geschieht das in Amerika – trotz allem – zuletzt!

Klar, als drei Tage später die Welt wieder geordnet war, verkauften die Spekulanten ihre Dollar, Yen und D-Mark wieder, streckten ihre verschüchterten Köpfe hoch.

Wahrscheinlich ist dies das tragische Schicksal eines Landes, das es auf sich nahm, die letzte Großmacht der Welt zu sein. Bei Unwetter und Sturm suchen andere die Hilfe, die Unterstützung und den Rat der USA. Und kaum wird das Wetter wieder schöner, fühlen sich viele aus dem Kreis der Mittleren und Kleinen wieder kräftiger und auch noch klüger als der letzte, der übriggebliebene Gigant.

Warten auf die Welle des Lebens

Fahren, fahren, fahren . . . Links eine Sanddüne, rechts gelbe und braune Hügel. Die letzte Tankstelle muß nun schon dreißig Meilen hinter mir liegen. Vielleicht wäre es doch eine gute Idee gewesen, zu halten und zu tanken. Die Landstraße – ein graues Band mit gelbem Mittelstreifen – verschwindet immer wieder zwischen den Hügeln, und wenn sie wieder auftaucht, ist immer noch kein Ort in Sicht. In der Ferne saugt eine Windhose den Sand in die Luft und trudelt über die verkrustete Erde wie ein gigantischer Kreisel. Der Radiosender – schwer zu sagen, woher – bläst Rockmusik über die gleißende Landschaft. Da und dort dreht sich ein Bündel verholztes Unkraut im Wind; mal fliegt es fast, dann wieder verhakt es sich zwischen Disteln, Wüstengras und Steinen.

Und plötzlich »Reel City«, die langersehnte Oase. Dort, wo der California Highway 33 den Highway 41 kreuzt, baumelt ein Verkehrslicht an einem riesigen Bogenmast. Das Licht blinkt in beiden Richtungen rot. Wer hier auf die Kreuzung zurollt, muß einfach mal schauen, wie er sich mit seiner Umwelt arrangiert. Es müßte schon ein merkwürdiger Zufall sein, wenn zur gleichen Zeit querab auf dem Highway noch ein anderes Auto heranrollen sollte.

An der Tankstelle, gleich neben der rot blinkenden Laterne, parkt ein gewaltiger schwarzer Sattelschlepper. Das hochglanzpolierte Schwarz wird von einem chromglänzenden Kühler aufgerissen, der die Strahlen der Sonne in alle Richtungen spritzt. Auch die Lampen und die beiden baumstammdicken Auspuffrohre, die sich hinter dem Fahrerhaus senkrecht in den Himmel biegen, blitzen in Chrom.

Was noch? Ein schmutzig-weißer Wohnwagen mit der Aufschrift »Restaurant«; auf der gegenüberliegenden Straßenseite ein Zaun; dahinter, so etwa 50 Meter im Quadrat, ein Markt im Freien. Zwei Männer sitzen unter einem Sonnenschirm auf der Bank und bieten Blumenvasen, Gartenzwerge und Kleiderbügel an. In ihrem wie in Furchen über die Erde gesäten Inventar runden Oliven im Glas und Poster von Elvis Presley und John Wayne das Warenangebot ab. Eben alles, was der Mensch in einer solchen Kulisse mit Sicherheit nicht braucht. Dazu die harte Sonne, der blaugraue Himmel, das unendliche Gelb und Braun dieser Landschaft. Es ist, wie ich hoffe, komplett und korrekt – das in Worten gemalte Bild von »Reel City«!

Es ist eine jener Momentaufnahmen amerikanischen Realismus – ungekünstelt, unsentimental, scharfgestochen. Ein ziemlich bizarrer und dann wieder ein so überaus praktischer Traum. Nirgendwo findet die Seele Schutz. Im Meer der unbekannten Weite eine Insel für Fremde, deren Wege sich kreuzen. Nichts lehnt sich an irgend etwas an, nichts wendet sich einander zu. Jedes einzelne Element liegt offen und frei im strahlenden Licht. Worte wie »anheimelnd« oder »Geborgenheit« wären das exakte Gegenteil dessen, was diese Raststätte ihren Gästen zu bieten hat. Und doch löst dieses amerikanische Bild in der Seele seltsame Stimmungen aus: herb, wild und unendlich schön. Das Gefühl, dem Himmel und der Erde gleich nahe zu sein. Dimensionen gehen ineinander über – eine Collage, ein Kunstwerk unserer Zeit, vom Licht der Klarheit bestrahlt ...

Auf jeden Fall tanken, dann aus dem Restaurantwagen eine Cola geholt. Da drinnen ist es so dunkel, wie es draußen hell ist, so kalt wie draußen heiß. Man tastet sich zum Tresen, während das Auge irgendwelche Konturen sucht; man ist geblendet, wenn man wieder ins Freie tritt. Der Wanderer setzt sich auf einen Stein und schaut der roten Lampe beim Blinken zu.

Der großstadtgeprägte, naturentwöhnte Mensch genießt die Weite und die Stille. Aber irgendwie hofft er natürlich auch, hier könnten noch wilde Dinge passieren. Ein Auto könnte am Horizont auftauchen, näher kommen und halten. Vielleicht steigt eine Familie aus, die immer schon einen Gartenzwerg suchte. Oder natürlich: Der Fahrer des Sattelschleppers muß ja irgendwann seinen Hamburger gegessen haben und gewichtig wie der Hauptdarsteller eines Cowboy-Films aus dem Dunkel des Restaurantwagens ins Scheinwerferlicht der Sonne schreiten, sich in das schwarze Führerhaus seiner kraftstrotzenden Maschine werfen, und Rauch wird aus chromglänzenden Rohren in den Himmel schießen ...

Dies ist es ... Dies ist Amerika! Der Wanderer kann ein solches Amerika schön oder auch häßlich finden. Es wäre sinnlos, irgendwelche Konzepte zu entwickeln, was an dieser »City« alles zu verändern, zu verbessern wäre. Nach europäischen Maßstäben ist sie ja ohnehin keine Stadt. Nicht einmal ein Dorf oder ein Ortsteil, oder eine Siedlung. Ein Irgend-Etwas so weit entfernt von jeder Zivilisation, daß der Schlüssel jeder Existenz hier Übermut und Selbstvertrauen heißt. Die Gedanken schwärmen aus zu jenen Pionieren, die in Einöden wie dieser ihr Lager aufschlugen und einen Pfahl in den Boden rammten mit der Aufschrift: »Ich bin jetzt hier, dies ist der Mittelpunkt der Erde!«

Das heißt, eigentlich dürften es von »Reel City« – der Stadt der Trommel, Walze oder Winde – nicht mehr als hundert Meilen nach Los Angeles sein. Aber es kommt einem so vor, als wenn jenes Chaos aus Autos und aus Menschen auf einem anderen Planeten wäre.

Großmacht, der Golfkrieg, Amerikas neue Rolle in der Weltpolitik – vielleicht sind das alles die falschen Sorgen und die falschen Träume. Der Horizont flimmert in der Mittagshitze, die Ampel blinkt. Was erwartet die Welt denn alles von Amerika?

Der Kummer eines Europäers ist es wohl, daß wir zu widersprüchlich träumen. Von grenzenloser, aber dann doch wieder hübsch geordneter Freiheit. Amerika als Paradies in wilder, unberührter Natur – sozial gerecht und wirtschaftlich solide. Und wenn es nach mir ginge: mit einem Restaurant an der Highway-Kreuzung in der Wüste, wo sie einen norddeutschen Kaffee servieren und wo es nicht nur Disteln, sondern auch Blumen geben sollte, wenn sie schon Gartenzwerge verkaufen ...

Die Stärke und die Besonderheit der USA sind es wohl schon immer gewesen, daß man die meisten europäischen Mäkeleien mit wohlwollender Gleichgültigkeit nicht verstand. Was immer dem Gast an Amerika nicht gefällt – es steht ihm ja frei, daheim in Europa alles besser zu machen. Amerikas Häuser und Amerikas Ortschaften sind nicht für die Ewigkeit gebaut. Mag sein, daß es zum Beispiel ganz praktisch wäre, die Strom- und Telephonleitungen so vieler amerikanischer Städte unter die Erde zu verlegen, damit nicht jeder größere Sturm die Bäume und Masten durcheinanderwirbelt. Man könnte die Häuser solider bauen. Aber wer garantiert dem Bauherrn oder der Telephongesellschaft, daß dieser Ort oder jene Wohnanlage von so unzweifelhafter Beständigkeit ist, daß sich die teuren Investitionen lohnen? Die amerikanische Lebenserfahrung mahnt, daß es im Zweifel klüger ist, in kürzeren Zeiträumen zu planen und nur so viel Geld, Fleiß und seelische Bindung in irgend etwas zu stecken, daß die Unternehmung schon nach ein paar Monaten Gewinn abwirft.

Der Wagen zwischen Wüste und Prärie mit der stolzen Aufschrift »Restaurant« kann jederzeit hinter einen Kleinlaster gehängt werden, die Gartenzwerge sind schnell eingepackt. Es gibt viel größere Ortschaften in den USA, die über Nacht entstanden sind und ebenso schnell wieder aufgegeben wurden.

Ist es ein Segen, oder ist es ein Fluch, daß Amerika so riesig ist? Muß man sich über Geschmack zerquälen? Gibt es einen Sinn, den Amerika nicht erkannt hat, einen Auftrag, den man hier verfehlt? Zwischen Steppe und Wüste kreuzen sich zwei Highways. Das Wunder ist ja eigentlich, daß hier überhaupt etwas passiert.

Wird es Amerikas Konzept auch in den nächsten 500 Jahren sein, daß es besonderer Konzepte nicht bedarf? Einfach nur Freiheit, Freiheit und Freiheit ... Daß jeder nur wacker danach streben soll, reich und immer reicher zu werden, daß die Natur das schon irgendwie aushält und sich immer wieder regeneriert und daß sich durch eine möglichst unkontrollierte Emsigkeit ganz automatisch auch Glück einstellt? Wenn nicht für alle, dann doch für die meisten ...

Falls es da Zweifel gibt, dann gelten sie gewiß nicht nur für die USA. Die Stärke dieses Konzepts, der Freiheit die Zügel schießen zu lassen, hat sich in den letzten zwei Jahrhunderten erwiesen. Menschen, die anderswo auf der Welt unterdrückt, gegängelt und entmutigt wurden, setzten in Amerika erstaunliche Kräfte frei – oft rücksichtslose Kräfte, oft von zweifelhaftem Nutzen und Geschmack; aber doch Kräfte, die die erste Hälfte dieses Jahrhunderts klar zum amerikanischen Zeitalter erhoben.

Die Frage ist, ob die technische und wirtschaftliche Entwicklung nicht zum Ende dieses 20. Jahrhunderts einen solchen Aufschwung genommen hat, daß auch die Größe der neuen Welt keinen Schutz mehr bietet, sich allen lästigen Folgen zu entziehen. Denn eines beunruhigt die Menschen heute in jenen abgelegenen Gegenden des Westens: die Gerüchte, die Meldungen in den Zeitungen und schließlich die erste selbsterlebte Gewißheit, daß da und dort die Preise für Farmland steigen, weil asiatische Investoren mit der ihnen eigenen Weitsicht im Investieren in den Asien zugewandten Bundesstaaten Amerikas Ländereien aufkaufen. Der Verkäufer streicht seinen Gewinn ein und zieht wieder einmal weiter. Doch von Jahr zu Jahr wird die Entscheidung komplizierter, wohin?

Wieder ins Auto. Die Cola ist ausgetrunken. Zu langes Grübeln in dieser Kulisse verstärkt nur die Gefahr eines Sonnenstichs. Der schwarze Sattelschlepper hat sich nicht gerührt; kein Gartenzwerg, kein Kleiderbügel, kein Poster von John Wayne wurde verkauft in der letzten Dreiviertelstunde. Die Sonne hat das Lenkrad des Autos so aufgeheizt, daß es nur mit einem Tuch angefaßt werden kann, sonst würden die Handflächen verbrennen. Es hilft, daß das Steuern in dieser Einsamkeit ein ziemlich unkompliziertes Manöver ist. Es geht einfach nur geradeaus. Ich nehme den Highway 41 in Richtung Bakersfield. Das Radio spielt immer noch Rockmusik. Dem Himmel fällt nichts anderes ein, als immer nur blau zu sein.

Links und rechts ziehen mal Wüste und mal riesige, grüne Felder vorbei. In gewaltigen Aquädukten bringen sie das Schmelzwasser aus den Gebirgen im Norden Kaliforniens in den sonnigen, trockenen Süden. Denn im Tal von San Joaquin fallen im Jahr nur fünfzehn Zentimeter Regen. Um Wein, Mandeln oder Oliven reifen zu lassen, brauchen die Farmer aber eine Wassersäule von mindestens einem Meter über der Anbaufläche. Der Mensch hat gelernt, die Wüste erblühen zu lassen. Das Verfahren ist teuer, das Wasser wird knapp. In Dürre- und Krisenzeiten haben die großen Städte wie beispielsweise Los Angeles ein Vorrecht, mit Wasser versorgt zu werden. Oft kalkulieren die Farmer mitten in der Saison den Wasserpreis gegen den zu erwartenden Marktpreis für ihre Produkte. Und wenn die Unkosten überwiegen, drehen sie den Wasserhahn ab und lassen die halbreifen Früchte einfach auf den Feldern verdorren.

Das Tal von San Joaquin ist eine jener gewaltigen Oasen, die die Welt ernähren können. Und eine der Besonderheiten und wohl auch der Stärken der amerikanischen Landwirtschaft ist die unsentimentale Art, mit der die Farmer und Rancher ihrem Gewerbe nachgehen. Von der Politik haben sie große Hilfen nicht zu erwarten. Im Konflikt zwischen der Wasserversorgung von Los Angeles (viele Wähler) und den Interessen der Bauern auf ihren riesigen Flächen (wenige Wähler) gewinnen immer die Städte. »Ich frage mich manchmal«, klagte mir ein Farmer in jenem halb blühenden und halb trockengelegten Paradies, »ob unsere Politiker und die Menschen in den Städten überhaupt noch eine Ahnung haben, woher ihre Nahrungsmittel kommen.«

Die Reise geht weiter in Richtung Pazifischer Ozean – dorthin, wo Amerika irgendwann zu Ende ist. Es ist ja schon immer Teil der Unruhe, des Abenteuers, der amerikanischen Lebensart gewesen, auf der Suche nach dem amerikanischen Traum weiter und immer weiter nach Westen zu ziehen. Wer erfolgreich war irgendwo unterwegs, der blieb zurück, wer kein Glück hatte, der machte sich immer wieder auf die Reise. Manchmal beschleicht einen Europäer der Verdacht, daß viele Menschen in den USA zu irgendeiner Form von »Heimat« so etwa jene sentimentale Bindung haben, wie sie der Tourist zu einem Hotel entwickelt. Es ist eine Herberge auf Zeit – praktisch und ohne große seelische Verpflichtung.

Im Auto durch Amerika, den Wind im Haar und aus dem Radio immer dieselben Schlager von immer neuen Sendern, die entlang der Route aufklingen und wieder verwehen ... Das ist ein schöner Rausch, ein aufputschendes, manchmal auch ein etwas schwermütiges Erlebnis. Das Gefühl schleicht sich ein, daß diese bequeme Art, so viel zu durchschweben, möglicherweise teurer sein könnte, als unsere Generation für diesen Rausch bezahlt. Unendliche Weite, von Menschenhand kaum berührt; Sonnenuntergänge als ein dramatisches Farbenspiel; wild zerklüftete Berge, liebliche Täler, Wüsten in allen Farben zwischen Weiß und Schwarz; mal eine tote, bizarre Kulisse, dann wieder brodelt es in einem Hexenkessel von Automobilen. Du fährst und fährst und hast das Gefühl, die ganze Welt sei an diesem einzigen Highway aneinandergereiht.

Immer wieder passiert der Reisende Orte, die aussehen wie ein Würfelspiel aus bunter Reklame. Mal ist die Kette der Schnellimbisse mit dem blinkenden mexikanischen Sombrero gleich vorne am Ortseingang aufgebaut – zwischen Pizza Hut und Kentucky Fried Chicken. Mal blinkt der Sombrero zum Ende der Ortschaft hin zwischen zwei Tankstellen und einem Beerdigungsinstitut. Mal gibt es die Tacos neben einer Kirche, die so etwa denselben Architekten gehabt haben muß wie der Getränkemarkt. Mal liegt der »Burger King« links, mal residiert er rechts vom Highway. Das sind so die Feinheiten, durch die sich Amerikas Schnell-Ortschaften voneinander unterscheiden. Wer die Zeit hat anzuhalten, kann sich überall schnell orientieren und zu Hause fühlen. Vor Überraschungen ist er sicher – etwa davor, daß es die bunte, besonders große Pizza, die er gestern abend im Fernsehen sah, in irgendeinem der Orte nicht gibt.

Los Angeles ist die Multiplikation dieser Architektur. Die Skyline der Innenstadt und ein paar andere markante Punkte sind wohl noch klar auszumachen. Doch sonst kann der Fremde in der riesigen Ebene Stunde um Stunde fahren, und immer wieder kommt es ihm so vor, als sei er an dieser Straßenkreuzung mit diesem Drugstore, der »Caltex«-Tankstelle und dieser Schnell-Esserei »Jack in the Box« schon mehrere Male vorbeigekommen. Die Zahl der Menschen, die Zahl der Automobile ist nicht mehr zu bremsen.

Die Straßen haben in dieser Stadt und in dieser Region einen romantischen Namen: »Freeways«, Wege der Freiheit. Doch sie sind oft so hoffnungslos verstopft, daß, wie Leutenant William Pasley von der California Highway Patrol es den Zuschauern des Deutschen Fernsehens erklärte, die Autofahrer in ihrer Frustration »durchdrehen« und gewalttätig werden. »Sie schießen aufeinander, rammen absichtsvoll andere Fahrzeuge, die ihnen im Wege sind. Sie werfen mit allem, was sie greifen können, prügeln sich, tragen Ringkämpfe aus. Woche für Woche gibt es in und um Los

Angeles etwa vier schwere Zwischenfälle dieser Art ...« Ein Heer von 2000 Psychiatern hilft der Endlos-Stadt zu funktionieren, hilft vor allem den zweifelnden Erfolgreichen, die mit Hollywood-Erwartungen ins Tal der Palmen und der Sonne kamen, eingekeilt in ihren Autos, Villen und Swimmingpools, zu überleben. »Sie sind so fest entschlossen, glücklich zu sein ... das ist ihr Problem!« sagt einer der Überlebenshelfer.

Um einem sonst so schwer erklärlichen Phänomen statistisch beizukommen: Vor zehn Jahren gab es im Traumland Kalifornien fünfzehn Millionen Autos. Heute sind es 22 Millionen. Und in zehn Jahren werden es 27 Millionen sein! Der Zuwachs an Straßen in den nächsten Jahren wird sich so ungefähr bei Null einpegeln. Es gibt einfach kein Land mehr, um in und um Los Angeles noch etwas für den Verkehrsfluß zu tun. Die »Freeways« mit sechs Spuren in jeder Richtung verschlingen sich in gigantischen Knoten, die Landschaft ist ein unendlicher Siedlungsbrei. Wer früher dreißig Minuten bis zur Arbeitsstelle fuhr, fährt heute eine Stunde oder schon neunzig Minuten. Der Zeitpunkt ist abzusehen, an dem es keinen Sinn mehr macht, daß der Mensch sich überhaupt noch auf die Straße begibt.

Die drastische – und eine sehr amerikanische – Lösung ist es, einfach wegzuziehen. Wohin? Weiter nach Westen? Das geht ja nun nicht mehr. Also drückt es einen Teil der aufgestauten Strömung an der Küste des Pazifiks nach Norden hoch: in die Staaten Oregon und Washington an der Grenze zu Kanada. Doch nicht jeder kann es sich leisten, die Route seiner Träume nach Norden umzulenken. So mancher schafft es erst im Rentenalter. Was aber bei denen, die nun aus Kalifornien fliehen, düstere Ahnungen aufkommen läßt, ist die oft völlig unvorbereitete, konzeptionslose, sehr amerikanische Art, mit der die neuen Paradiese im Norden dem Zustrom so vieler neuer Menschen begegnen. Rund um die Stadt Seattle im Bundesstaat Washington beispielsweise wird so hektisch und planlos gebaut wie früher rund um Los Angeles.

Grundstücksspekulanten und Makler machen auf ihre Weise ihr Glück. Es ist absehbar, daß auch an der allerletzten Grenze im Nordwesten der Lebensraum bald restlos zugewuchert ist.

Der Exodus aus Kalifornien, dem einstigen Symbol der Zukunft, verändert die Bevölkerungsstruktur der sonnigen Region. Es gibt Prognosen, nach denen die Gesamtzahl der Menschen in und um Los Angeles in den nächsten zwanzig Jahren mit 18,3 Millionen die Bevölkerung von New York übersteigen wird. Doch die Zahl der weißen Amerikaner werde beständig abnehmen und die der Immigranten stetig klettern. Einwanderer aus Mexiko und anderen lateinamerikanischen Ländern werden nach diesen Hochrechnungen im Jahre 2010 über vierzig Prozent der Bevölkerung stellen, Asiaten – vor allem zuziehende Koreaner – etwa zehn Prozent. Die weißen Amerikaner würden schon bald in ihrem Paradies von gestern eine Minderheit sein.

Na und? Nach der klassischen Theorie vom Schmelztiegel der Hautfarben und Nationen wären sie ja alle Amerikaner ... Und im Bild des bunten Flickenteppichs, das das Schmelztiegelkonzept schließlich ablöste, werden eben die intensiveren Farbflecken breiter ... Aber auch diese harmonische Illusion, bei der sich Kontraste gegenseitig zum Leuchten bringen, kommt mehr und mehr aus der Mode. Die meisten, die heute vom Süden her und vom anderen Ufer des Pazifiks in die Vereinigten Staaten strömen, haben nicht mehr den Wunsch, neue Menschen – Amerikaner –

zu werden. Den Asiaten wird daheim der Lebensraum zu eng, und viele sehen sich nicht als Abtrünnige ihrer eigenen Kultur, eher als die Vertreter Japans oder Koreas in der Zweigstelle und auf dem Absatzmarkt USA.

Die Zuwanderer aus Lateinamerika treibt einfach die Armut daheim über die Grenze nach Norden. Die meisten haben nicht die Absicht, Englisch zu lernen und in der neuen Heimat eine neue Identität zu suchen. Sie wollen ihre alte und gewohnte Sprache und Kultur in möglichst mexikanischen oder salvadorianischen Nachbarschaften wiederfinden – nur eben bei höheren Löhnen und mit einem höheren Lebensstandard als daheim. Die Mexikaner, denen ja einst Kalifornien entrissen wurde, erobern es auf eine undramatische Weise zurück. Der amerikanische Traum zerfasert.

»Wer sind wir?« fragte das Nachrichtenmagazin »Time« in einer Einstimmung auf die 500-Jahr-Feier zur Entdeckung Amerikas. Die verschiedenen Kulturen – Europäer, Indianer, Afrikaner, Lateinamerikaner und Asiaten – spalten sich auf und driften auseinander. Dieser Prozeß muß nicht unaufhaltsam sein, aber zur Zeit ist er politisch sehr in Mode. Vor allem an den schwarzen Universitäten gibt es eine breite Strömung, die die bisherigen amerikanischen Werte als zu europäisch abstoßen möchte. Amerikas Ideale und Amerikas Kultur – so kritisieren die Sprecher der Bewegung – seien von inzwischen längst verstorbenen weißen europäischen Männern erträumt. Also: für Verschleppte und Einwanderer aus dem afrikanischen Kulturkreis und deren Nachfahren keine kollektive Wahrheit. Eher ein gedankliches Korsett ihrer Unterdrückung.

Ob eine solche Gruppentrennung nun die endgültige Wahrheit ist, wird selbst von sonst sehr liberalen Geistern angezweifelt. Aber der Glaube an den »neuen Menschen«, der wie zu George Washingtons und Thomas Jeffersons Zeiten so naturgegeben unter der Sonne Amerikas heranreift, dieser Optimismus ist heute erschüttert. Denn die Verfassungsväter des 18. Jahrhunderts hatten ja beim Malen jenes Idealbildes vom Amerikaner die Farben Rot und Schwarz einfach von der Palette gebannt, und die vielen Schattierungen asiatischer und lateinamerikanischer Hautfarben, wie wir sie heute kennen, strömten noch nicht nach Amerika. Die Frage ist also, ob die Sünden und Versäumnisse von damals heute mit ein paar genialen Strichen der Politik zu korrigieren sind oder ob nicht auch die USA von jener Krankheit unserer Zeit befallen, geschwächt und eines Tages gar zerrissen werden, die heute an so vielen europäischen und asiatischen Nationen zehrt: jener Zerfall in Stämme und Nationalitäten, die lange Zeit zusammenleben konnten oder mußten und die nun ihren Haß gegeneinander entdecken.

Die Reise endet am Meer. Santa Monica Freeway, die letzten Ausfahrten sind die »Beaches«. Lassen wir den Himmel zur Abwechslung auch mal grau sein. Aber nur für kurze Zeit. Am Vormittag zieht der Nebel vom Pazifik her gegen die kalifornische Küste, und erst am frühen Nachmittag setzt sich die Sonne durch. In Richtung Norden, nach Malibu hin, steigen rechts sanfte, grüne Hügel empor. Hier oben eine Villa zu besitzen, das ist der letzte, sichere Beweis, den amerikanischen Traum erfüllt zu haben. Der Milliardär J. Paul Getty hatte hier einen römischen Palast auf der Höhe über dem Meer. Das Mobiliar hat er aus dem Nachlaß der zerfallenen Dynastien und untergegangenen Königreiche Europas zusammengekauft, um seinen Traum damit auszustaffieren.

Links vom Lenkrad verstellen zunächst die Strandhäuser der »rich and famous« aus der zweiten Liga dem Autofahrer das Meer. Diese Gruppe der Erfolgreichen zahlt das Privileg, direkt am Strand zu wohnen, mit dem Lärm und den Auspuffgasen der Autos, die kaum einen Meter hinter ihrem Heim die Küste hinauf- und hinunterbrausen. Aber jeder, der den »Pacific Coast Highway« nach Norden oder Süden fährt, wird in jedem Besitzer eines solchen Hauses mindestens den Filmschauspieler, wenn nicht gar den Börsenmakler vermuten. Daß der Mann glücklich ist, ergibt sich ganz klar aus dem Prestige einer solchen Lage. Wenn er unglücklich wäre, dann wären ja 500 Jahre Amerika eine reine Zeitverschwendung gewesen!

Hinter Alice's Restaurant beginnt die »Surfrider Beach«. Das Auto irgendwo wild geparkt und dann über die vier Spuren des Highway der Sprung zum Meer. Am Strand kommen einem Menschen in bunten Surfanzügen entgegen. Mit strähnigem, zotteligem Haar, in ihrem Blick der weite Ozean. Draußen hinter der Welle liegt eine ganze Kolonie auf dem Wasser. Es mögen fünfzig, es könnten auch siebzig sein. Sie liegen auf ihren Brettern, sie warten ... Schwer zu beschreiben, was der Zauber des Wellenreitens ist. Einer, der versucht, es mir zu erklären, fängt mit dem Nebensächlichen an: Er selbst habe seinen Beruf dafür aufgegeben. »Schauen Sie sich um«, sagt er und zeigt auf seine Artgenossen. »Die meisten sehe ich hier jeden Tag.«

Manchmal liegen sie stundenlang im Wasser und warten auf die Welle ihres Lebens. Auf eine Welle, die ihren Schwung von weit her, vom Rand eines Sturms in der Antarktis, holte und die nun in Kalifornien ans Ufer rollen soll. Es beginnt mit einem etwas dickeren Strich, mit einer leichten Unruhe am Horizont. Das Auge des Nicht-Surfers würde es gar nicht sehen. Und dann baut sich ein Wasserberg von etwa drei Metern auf, an den der Surfer, wild mit den Armen paddelnd, Anschluß sucht, aufspringt auf sein Brett und auf den Kamm der Welle und dann die Kraft der Wassermasse leicht, fast spielerisch für seine Manöver nutzt. Die Welle rauf, die Welle runter. Mal stehen, sitzen oder liegen sie auf ihrem Brett.

Josh Farberow, gerade siebzehn Jahre alt geworden, versucht, mir den Rausch zu beschreiben: »Wenn dir ein Manöver gelingt, das dir zuvor noch nie gelang, das ist hier irgendwo im Innern das schönste Gefühl, das du dir vorstellen kannst . . . Du fühlst ein Prickeln im ganzen Körper. Es ist das Perfekte. Du lebst!«

Josh hat ein sehr persönliches Abkommen mit seiner Schule, mit seinen Lehrern geschlossen: Wann immer an der Surfrider Beach von Malibu die Wellen hoch sind, dann ist er vom Unterricht befreit. Und wenn – was nicht allzuoft passiert – das Wasser ruhig ist, dann paukt sein Vater – ein Städteplaner und auch ein Surfer – mit ihm das schulische Pensum nach. Noch ist es schwer, den Siebzehnjährigen für irgendeinen der üblichen Träume zu interessieren. Ihn lockt kein Auto, ihn lockt nicht das Fernsehen, ihn lockt nicht das Geld. Vielleicht eines Tages eine Freundin . . . aber sie müßte schon eine sehr gute Surferin sein.

Es ist Nachmittag geworden. Die Sonne scheint hart und grell. Sie wirft dieses seltsam müde, dieses speziell amerikanische Licht über den Strand und das Meer. Die Autos brausen den »Pacific Coast Highway« nach Norden und Süden, aber der Blick zum Ozean ist frei! Amerika, die Grenze . . . Dort, jenseits des Meeres, beginnt die Welt wieder von vorn. Dort liegt auch irgendwo Indien, nach dem

Christoph Kolumbus vor 500 Jahren im falschen Ozean suchte. Ein neues Paradies, noch einen neuen Erdteil gibt es ja nun nicht mehr zu entdecken. Der Strand ist breit und noch naturhaft wild. Alles, was nicht wirtschaftlich genutzt wird, was das Interesse der »Developer« nicht weckt, läßt man in den USA in seinem natürlichen Zustand – und seien es ein paar Quadratmeter Urwald mitten in einer Millionenstadt. So bleibt eine Ahnung von der Ursprünglichkeit erhalten.

Ich stehe am Meer. Ich kann es sehen, spüren und riechen. Das Donnern der Brandung stürzt durch den ganzen Körper. Was haben wir von Amerika erhofft? Was ist ein verlorenes Paradies seinen Kritikern schuldig geblieben? Es gibt ja immer noch Menschen zwischen dem Atlantik und dem Pazifik, die einfach leben und die auf ihre Weise glücklich sind. Die Hektik der anderen hat ihr Glück nicht versperrt. Es scheint die Sonne, hier ist das Meer. Wenn dies dein Traum ist, dann greif doch zu!